木村大治
Daiji Kimura

見知らぬものと出会う

ファースト・コンタクトの相互行為論

東京大学出版会

Encounters with Extra-Terrestrials:
Interaction Theory on "First Contact"
Daiji KIMURA
University of Tokyo Press, 2018
ISBN978-4-13-013152-0

見知らぬものと出会う　目次

Ⅲ　枠と投射

プロローグ　宇宙・人

「ファースト・コンタクト」とは、字義的には「出会ったことのない他者との初めての出会い」のことを指すが、通常は「地球外の知性（あるいは宇宙人）との出会い」の意味で使われる場合が多い。後者の意味でのファースト・コンタクトを分析することによって、出会いや相互行為一般について論じるのが本書の目的である。

しかし「分析することによって」と言われても、と読者は思うかもしれない。いったい何を分析するのだろうか。実際のところわれわれはまだ、宇宙人と出会ったことがないのである。だがそこには別の切り口がある。そういった出会いについて、延々と思いをめぐらせ続けてきた人たち――SF作家たち――がいるからである。

次に引用するのは、日本のSF史においてよく知られた文章で、「S-Fマガジン」一九七四年七月号に掲載された『神狩り』の扉ページに書かれたものだが、著者の山田正紀は、当時二三歳だった。

「抱負」

なぜ書くのか、などと考えてみたこともないし、考えるべきだとも思わない。

一日に三・四時間、日によっては朝から晩まで机の前に座り、原稿用紙のマス目をただ埋め続けるというのは、それがどんなに苦痛を伴う作業であっても、結局は好きだからできることだ、と確信しているからである。なぜ書くのか、という問い、または、この作品を書いた動機はなにか、という問いは、なぜ山に登るのか、というそれ以上の愚問であるように思えるのだ――。

では、なぜSFなのか、と訊かれたらどうなのか？　それをも応えない、としたら、やはり、怠慢のそしりはまぬがれないだろう。

「想像できないことを想像する」

という言葉をぼくは思い浮かべる。一時期、この言葉につかれたようになり、その実現に夢中になっていたことがある――。

SFだったら、それが可能なのではないか？

だめだろうか？（山田 1974）

興隆期にあった日本SFの、青臭いとも言える意気込みを感じさせる文章である。そしてここに書かれた「想像できないことを想像する」というフレーズは、SFの持つ志向性をあらわす言葉として、その後、幾度となく引用されることになった。論理的には端的に矛盾したこのフレーズは、どのような形でSFの志向性を表現しているのだろうか。この問題が、本書を通じてのモチーフとなる。

しかし考えてみれば、「宇宙人」という言葉そのものも、これと同様な矛盾を含んでいることに気づく。「宇宙・人」と分かち書きしてみよう。「宇宙」とはすなわち、いまだわれわれの手が届かない場所のことを指している。だがそこに、「人」すなわち何らかの意味でわれわれの理解可能な存在がいるというのである。「宇宙・人」を考えるということ自体がまさに、想像できないことを想像しようとする営為なのだ。さらに言えば、よりわれわれに身近なはずの「他者」さえも、同様な構造を持っている。「他・者」とは、私の手の届かない「他」であると同時に、石ころなどの「物《もの》」とは異なる、私と同質の「者《もの》」でもあるのだ。本書では、一般に「コミュニケーション」とか「相互行為」と呼ばれる「他者」とのかかわりあいを、宇宙人に対するさまざまな想像をモチーフとして考えていく。

＊

本書の構成を簡単に紹介しておこう。

第I部では、われわれはいまだ宇宙人と遭遇していないという現実を踏まえ、しかもなお語られる「表象の中の宇宙人」とはいかなる存在かという問題を考える。そのあらわれ方は「あいつは宇宙人だ」といった物言いに始まり、想像譚やSFに描かれる宇宙人、UFOの話、そしてSETI（いわゆる宇宙人探査）と多岐にわたる。しかしその源には共通して、私が「投射」と呼ぶ、実際には想像できないものを、現実の何者かの延長上に見ようとする構えがあることを明らかにする。

そういった投射の基盤となるのが「いま私たちがしていること」すなわち「共在の枠」なのだが、第Ⅱ部ではまず、この「枠」を形作っている「規則性」の概念について考察する。その結果、一見自明であるかのようなこの概念に、ある種の不可知性がつきまとっていることが明らかになる。つまり、相互行為とはおよそどういうものであるかを、外延的にも内包的にも明示することは不可能なのである。この認識をもとに、これまで相互行為の基盤であるとみなされてきた、コード、身体の相似性、さらには「自分」という概念が、「リソース」の名のもとに相対化される。それらは宇宙人とのコミュニケーションにおいても必須ではないのである。

最後の第Ⅲ部で、そのような不確かな「共在の枠」を、どのようにして保持していくことが可能なのかが考察される。いくつかのファースト・コンタクトSFを比較することによって、そこには、とらえがたい「枠」を何とかしてとらえようという志向性が存在することが確認される。それは実は第Ⅰ部で「投射」と呼んだものであり、われわれは再び出発点に回帰することになる。このように「投射」と「枠」が互いを支えつつ進んでいく姿――双対性――こそが相互行為の基本的な構造なのであり、この循環さえ確保されるならば、見知らぬものとしての宇宙人とも、出会うことは十分に可能なのである。

I　想像できないことを想像する

第1章 「宇宙人」という表象

1 寓意としての宇宙人

本書では、「宇宙人との出会い」を手がかりに、相互行為について考えていくのだが、そのためにはまず、考察の対象となる「宇宙人」とは何かについて検討しておく必要がある。なぜいまさらそんなことを、と思われるかもしれないが、「プロローグ」に書いたように、幸か不幸か、われわれはいまだ宇宙人に出会ったことはないのである。(1) それにもかかわらず、われわれは日常的に「宇宙人」という言葉を口にする。この言葉はいったい何を指しているのだろうか。まずここから議論をはじめよう。

(1) 後述するコンタクティーと呼ばれる人々を除いての話だが。

「あいつは宇宙人だ」

「あいつは宇宙人だ」と言われる人物はたくさんいるが、ここではまずその代表として、元首相の鳩山由紀夫氏に登場していただこう。グーグルで「鳩山由紀夫　宇宙人」で検索をかけると、約二四万五〇〇〇件のヒットがある。[2] この比喩は広く日本人に共有されていると言ってよいだろう。鳩山自身からも、次のような発言がなされている。

> そう、私は宇宙人です（笑）。それもいいじゃないですか。日本人より地球人、地球人より宇宙人です。宇宙人なら、国境も関係なく世界を見ることができます。視野がはるかに広い。政治家もメディアも一方向からしか地球をみていません。国民の皆さんは、いつか必ずわかってくれると思います。今後ですか？　クリミアの真実は見ましたので、次はウクライナに行ってみたいですね。[3]（「週刊ＦＬＡＳＨ」二〇一五年四月七・一四日号）

鳩山はなぜ「宇宙人」なのだろうか。彼の切れ長の目と広い額が、「グレイ」と呼ばれる宇宙人イメージを思わせるということもあるだろうが、その主な理由は、しばしば「常識では考えられない」と評される彼の発想にあるのだろう。つまりそこには、「常識の到達不能性」という意味での異質さが感じられるのである。

次にもう一人、「宇宙人」と呼ばれる人物を紹介しよう。ジョン・フォン・ノイマンである。物理学者、数学者、計算機科学者……と、どういった肩書きで呼べばいいのかわからないほど多彩な業績を上げた二〇世紀前半の研究者だが、その能力を示す逸話はあまたある。たとえば彼は、同僚が手回し計算機で半分徹夜して解いた問題を五分で解いたという（マクレイ 1998／原著 1992）。彼は広く「火星人」と呼ばれていたようで、彼の娘マリーナ・フォン・ノイマン・ホイットマンは『火星人の娘（*Martian's Daughter*）』という自伝を書いている（Whitman 2012）。フォン・ノイマンはハンガリー生まれのユダヤ人なのだが、ハンガリーは二〇世紀の物理学に貢献した多くの頭脳を輩出した。マルクスは次のような言説を紹介している。「どうしてこの時期の東欧の小国ハンガリーに、多数の天才たちが生まれ育ったのか。科学史の中でも、これは興味深い謎となっている。そこから、『ハンガリー人科学者は異星人に違いない』という機知に富んだ風説が生まれた。ブダペストこそ、異星人が地球に降り立った土地だというのである」（マルクス 2001: iv／原著 1997）。

鳩山とフォン・ノイマン、ともに「宇宙人」と呼ぶに足る人物である。しかしよく考えてみると、その「宇宙人ぶり」は、ずいぶん異なっていることがわかる。鳩山の方は、「なぜそんなことを考えるのか」と思わせるその発想が、常人に到達不能なのだが、彼が超人的な計算能力を持っているわけではない。フォン・ノイマンの場合は、数学的思考能力は人間とは思えなかったわけだが、その言行はそれほど突飛だったというわけでもあるまい。

もう一点注意すべきは、宇宙人と呼ばれる彼らも、「端から理解不能な」人物なわけではない、ということである。もちろん鳩山もフォン・ノイマンも、普通に会話しあえる人間だろう。そうではあるが、特定の一点において飛び離れている、これが彼らを宇宙人と呼ばしめるゆえんだと言える。

（2）二〇一八年三月現在。
（3）http://news.livedoor.com/article/detail/9955715/

哲学と火星人

次に、若干意外なコンテクストにあらわれる宇宙人表象を見てみよう。その舞台は哲学である。ルートヴィヒ・ウィトゲンシュタイン[4]は『哲学探究』(1976／原著 1953)の第一三九節に、次のように書いている。

> わたくしはある映像を見ている。それは、ひとりの老人が杖に身を支えながら、けわしい山道をのぼっていく姿を表わしている。――しかし、どのように？　かれがこの姿勢で通りをすべりおちていたとしても、そのように見えないだろうか。**火星の住人**は、この映像をたぶんこのように記述するだろう。なぜわれわれがそのように記述しないのか、わたくしには説明する必要がない。(ゴシック体の強調は筆者による。以下の引用も同様)

ここでウィトゲンシュタイン[5]は火星人を、われわれとほぼ同等の認知能力を持ちつつも、何事かを共有してない存在として描いている。その「何事か」とはいったい何か、それを考えさせるのがこの断章の眼目なのだが、ここで火星人に欠落しているのは「身体的経験[6]」と呼べるものかもしれない。

次に紹介するのは、グレゴリー・ベイトソンの『精神と自然――生きた世界の認識論』の一節である。ベイトソンは人類学、精神病理学、動物行動学などに多彩な業績をのこし、フォン・ノイマンと同様、何々学者といったレッテルをつけがたい人物である[7]。彼は一九五〇年代の一時期、サンフランシスコの美術学校で教鞭を執っていた。以下はそのときのエピソードである。

> 美術学生に対してはもっと直接的な行動に出た。クラスは十人か十五人ほどの小さなもので、敵意か

らくる白けた雰囲気を漂わせていることくらいは、教室に入る前から察しがついていた。〔……〕こちらも準備は整っていた。用意してきた二つの紙袋の一つをあけると、私はゆでたてのカニを机の上に置き、彼らに向かってこんな挑戦的な問いを発したのである。――「この物体が生物の死骸であるということを、私に納得のいくように説明してみなさい。そう、自分が火星人だと想像してみるのもいいだろう。生物とは火星で日常的に接しているし、君たち自身も生物である。しかし勿論カニもエビも見たことはない。そこにこんな物体がいくつか流れ星になって降ってきたとする。そのほとんどは完全な形を留めてはいないが、観察の結果、これは生物の死骸であるという結論に至るとする。さあ、どうやってその結論に至るのか？」（ベイトソン 1982: 7／原著 1979）

学生たちはカニを見つめ、まず最初にこう答えてきた。――シ、ン、メ、ト、リ、ッ、ク、だ。右側と左側がそっく

(4) 論理哲学・言語哲学者。二〇世紀の哲学に決定的な影響を与えた。

(5) ちなみにウィトゲンシュタイン自身も、フォン・ノイマンが言われるような意味で「火星人的」な人物だったようである。マルコム（1974: 60-61／原著 1958）はウィトゲンシュタインの伝記に次のように書いている。「ウィトゲンシュタインは、議論をする相手の考えていることを言い当てる異常な才能をもっていた。〔……〕彼は、あるとき私に、教室で誰かが何か考えついたことで、彼自身がそれ以前に一度も考えたことがないものは、ほとんどありえない、と言ったことがあるが、これは大ぼらではなかった」。また、デレク・ジャーマン監督の映画『ウィトゲンシュタイン』（1993）には、ウィトゲンシュタインと語り合う「緑色の火星人」が登場する。

(6) ウィトゲンシュタイン自身はそこで、「自分たちはたかだか心理的に強制されているのであって、論理的に強制されているのではない」と、「心理的」という言葉を用いて論じている。

(7) ベイトソンは一般に「哲学者」とは呼ばれないだろうが、その論考は高度に哲学的なので、本節で紹介する次第である。

りだ。「よろしい。つまり何者かによって構成されたものであるというわけだな？　一枚の絵みたいに。」（ベイトソン 1982: 11）

こうして「左右対称」という規則性を持つことが生物の体の特徴であることに気づかせた後に、ベイトソンはもうひとつの紙袋に手を入れる。そこから出てきたのは、大きな巻き貝の殻だった。巻き貝の螺旋に左右対称という規則性はない。さあどうする……。こういった形で、授業は進んでいく。いかにもベイトソンらしい痛快な授業だが、ここで「火星人」は、われわれと知識や経験を共有はしていないが、しかし生物の体の規則性を認識しうる存在として描かれている。

三番目に、「心の哲学」で著名なダニエル・デネットに登場してもらおう。『志向姿勢の哲学——人は人の行動を読めるのか？』の中に、次のようなくだりがある。

まず、人間よりはるかに優れた知性体（たとえば**火星人**）が地球にやってきたとする。さらに、**火星人**にとって人間とは、頭のいい技術者にとっての簡単なサーモスタットのようなものだと仮定する。つまり、人間のふるまいをあらゆる細部まで予測するのに、志向姿勢のみならず設計姿勢も必要としないと仮定するのである。いわば**火星人**はラプラス風のスーパー物理学者で、たとえばウォール街の活況をミクロ物理学のレベルで理解できる。人間の目には株式仲買人・建物・売り注文・入札が映るが、**火星人**の目には運動する微粒子の巨大な群れが映る。そして、**火星人**は優秀な物理学者なので、毎日「ダウ平均終わり値」と書かれた紙テープにどんなインクの印が出てくるか数日前から予測できる。

（デネット 1996: 35-36／原著 1987）

ここで火星人は人間を、志向姿勢[8]を持たず、あたかも粒子の群れのように動く存在として見ている。[9] はたしてそのようなことが可能なのか。この問いを持ち出すことによって、デネットは志向姿勢という概念の有効性を確認するのである。

以上紹介した三人の哲学者が描く火星人[10]は、それぞれ、われわれの日常の他者認知やコミュニケーションで使っている「何ものか」を欠落させた存在として描かれている。しかし、その「何ものか」は、それぞれ微妙にずれていることに注意しよう。こういった学問の巨人たちが、火星人を引き合いに出して議論してくれているのは、際物と見られがちの「宇宙人研究」に携わっている者としてはたいへん有難いのだが、しかしそもそもなぜ、彼らの議論に火星人が登場しなければならなかったのだろうか。この点をもう一度考えてみたい。火星人が登場したのは、他者理解やコミュニケーションといったコンテクストであった。通常のコミュニケーションの場では、その機序を隠蔽するある種のメカニズムが存在していると言える。つまり日常的なつきあいは、われわれにとって自明なものであり、「それをどのようにやっているのか」をいちいち考えることはない。私はこういった事態を「日常性のベール」と呼んでいるが、そのベールを無理やりにでも引きはがそうとするとき、「われわれではないもの」としての火星人が登場してくるのである。

(8) intentional stance。ある対象が「信念」「欲求」「意図」といったものを持っているように反応するはずだとみなす構え。
(9) アイザック・アシモフ『銀河帝国の興亡』(1968-1970/原著 1951-1953) に出てくる「心理歴史学 (psychohistory)」にも同様な発想が見られる。
(10) 広く言えば宇宙人だが、彼らは一番に例としやすい宇宙人として、火星人を選んだのだろう。

最後に、そのような「引きはがし」の試みとして、宇宙人的な存在を日常的なコミュニケーションの中に現実に登場させた例を紹介しよう。エスノメソドロジーの創始者ハロルド・ガーフィンケルのおこなった「違背実験（breaching experiment）」である。彼は、自分の学生にわざと次のような会話をさせた。(11)

S（被験者）やあ、レイ。君のガールフレンドはどう？
E（実験者）「彼女はどう？」っていうのはどういう意味？　体の調子？　それともメンタルな意味？
S　僕は彼女はどうだって聞いているんだよ。どうかしたの？（いらいらした様子）
E　いや、君がどういう意味で言っているのかもう少し説明してほしいんだ。
S　やめようよ。今度の医学部の願書はどうなってる？
E　君は「どうなってる」というので何を言おうとしているんだ？
S　僕が言いたいことはわかっているだろう！
E　ほんとにわからないんだ。
S　どうかしたのかい？　病気なのか？（Garfinkel 1967: 42-43、筆者訳出）

E君がその後、友人をなくすことにならなかったかどうか心配だが、ガーフィンケルはこの実験で、日常的な相互行為がいかに「明示的にあらわれない期待」に裏打ちされているかを示したのである。E君はその意味で、いわば無理やり「宇宙人化」されたのだと言えるだろう。

このような実験が必要な理由を、物理学の例を引きつつもう一度考えてみたい。たとえば、高エネルギー物理学と呼ばれる分野がある。そこでは、光の速度近くまで加速した粒子をぶつけるなどといった実験がおこなわれている。通常のエネルギー領域ではあらわれない粒子の内部構造が、そのような極限の状況において見えてくるのである。また低温物理学においては、物質を絶対零度に近い状態に置くことによって、超伝導や超流動といった奇妙な現象が起こることが知られている。そこでは常温では熱的な擾乱によって隠されていた量子力学的な効果が、マクロな形であらわれてくる。このように、通常とはかけ離れた極端な状況ではじめてあらわになる現象が存在する。コミュニケーション論において、そのような状況を考えるとするなら、それこそが「宇宙人との出会い」だと言えるだろう。

2　宇宙人表象の歴史的変遷

「人間もどき」たち

ここまでは、現在に近い時点において、寓意的な意味で使われている宇宙人表象について見てきた。本節ではその作業を、歴史を遡る形でおこなってみたい。ただここで、注意しておかねばならないことがある。これまで見てきた宇宙人表象は、「人間とよく似てはいるが、ある点で人間と飛び離れた性質を持つ存在」として特徴づけられてきた。しかしそのような性質を持つ他者は、実はさまざまな時代や地域にわたって、「宇宙人」とは違う形でも見られてきたのである。ここで彼ら（それら）のことを「人間もどき」(12)

---

(11)　発話や行為の分析を通じて、人々の日常の生活世界の意味づけを研究する社会学の方法。

(12)　この用語は、手塚治虫の漫画『マグマ大使』（手塚 1965-1967）に登場する「人間モドキ」から借用したものである。人間モドキは、凶悪な宇宙人ゴアの手下の不定型生物で、人間に化けることができる。テレビ実写版では、マグマ大使の角から発する熱光線を浴びてどろりと溶けるシーンが不気味であった。

図1-1　加納がボンガンドの人々に描いてもらった「奇怪な住人」たち（加納・加納 1987: 31）

の名で呼んでおこう。

その一例として、私がこれまで三〇年以上にわたって人類学的調査を続けてきた、コンゴ民主共和国（旧ザイール）の民族ボンガンドの民話を紹介しよう。彼らはコンゴ盆地に広がる熱帯林の中で生活しており、その居住地では一九七〇年代前半から、日本人による霊長類学・人類学の調査がおこなわれてきている。ボンガンドの人々によると、森の中にはさまざまな「人間ではないものたち」（図1-1）が住んでいる。以下、類人猿ボノボの研究で知られる加納隆至の採集した民話（加納・加納 1987）を中心に、私自身の聞き取りを加えつつ紹介していこう。

インゴロンゴロ　ボンガンドたちにとっての造物主であり教示者。髪は長く、腰までのびている。体は小さいが、めっぽう強く、ナイフで刺そうが槍で突こうがけっして殺すことができない。

イックンジュキ（別名カイナ）　一本足で、足は非常に早く、一日数千キロメートル走っても疲れることはない。インゴロンゴロの別称とも言われている。「カイナ」の名は、旧訳聖書の「カイン」が訛ったもののようである。⑬

エトロ　半身は健全だが、半身は腐敗した者として表現されることがある。加納が現地の人に描いてもらった絵では、大きく膨れた腹を持ち、木にぶら下がる人間のように描かれている。エトロはゴリラのイメージが伝承化したものではないかと考えられる。⑭エトロもまた、インゴロンゴロの別称とも言われている。

エレンバ　森の中の倒木の朽ちた内部に群居して住む「人々」。普通は二本足で歩くが、ときにはチンパンジーのように四足で歩く。いつも武器として棒切れを持っている。加納は、エレンバは、コンゴ森林の先住者ピグミーがモデルになったのではないかと推定している。⑮

このように、ボンガンドたちの森では、さまざまな「人間もどき」たちが跳梁跋扈しているのである。彼らにとってそれはまったくのおとぎ話というのではなく、かなりのリアリティを持っている。実際私は一九八〇年代の調査で、森の中でイックンジュキの「ア！」という叫び声を聞いたと話す男に会ったことがある。

日本人の想像力も負けてはいない。河鍋暁斎の「百鬼夜行絵巻」(図1-2)には、不気味だがしかしユ

(13)　つまり、現地の宗教とキリスト教の習合形態と言える。
(14)　私が東部ザイールを旅行したとき、カフジ＝ビエガ国立公園でゴリラのポスターを買った。それをボンガンドの村で家の壁に張っておいたところ、訪れる人がそれを見て口々に「エトロだ」と言ったのである。しかし現在のボンガンドの居住地にはゴリラは生息しておらず、昔、彼らの祖先がゴリラの生息域を通過して移住していたときの歴史的記憶が残っているのではないか、と私は考えている。
(15)　ゴリラと同様、ピグミーも現在では、ボンガンドの住む地域には居住していない。

図 1-2　河鍋暁斎「百鬼夜行絵巻」の妖怪たち（出典＝ウィキペディア「百鬼夜行」）

ーモラスな妖怪たちがたくさん登場している。水木しげるの作品などはその延長上にあると言えるだろう。こういった人間の想像力は、このあとで見ていく、SFにおける宇宙人のイメージにも、さながらにあらわれているのである。

また、実際に存在する民族や動物種も、それらに関する情報が不確かな時代には「人間もどき」として表象されていたという事例も多い。たとえば、アフリカ熱帯林に住むピグミー系狩猟採集民は、一七世紀にはチンパンジーと混同されていたという歴史がある（北西 2010）。そういった人間もどきたちに囲まれて暮らしているのが、自分たち「本当の人間」なのだという信念[16]は、多く報告されている。

このように、人類の歴史において「自分たちそのものではないが、それに近い何者か」という表象は、ごく普通に存在してきたのである。人間はなぜか、そのような他者について想像を凝らすという性向を持っていると言えるが、本書では、そのうちで宇宙に住んでいるものたち、すなわち宇宙人に焦点を絞って分析する。

歴史上の宇宙人譚

「宇宙に住む人間もどきたち」の表象[17]は、記録に残っているものでは、西暦一六七年頃に書かれた、シリア人ルキアノスによる『本当の話』に遡るとされる（ルキアノス 1989／原著 167頃）。作品中では、船に乗っていたルキアノスが竜巻に吸い上げられ月に飛ばされる。そこには人間が住んでおり、「太陽の住民」と明けの明星をめぐって戦争をしている、といった筋書きである。(18) 一方、中国では、怪異譚『捜神記』に、遊んでいる子供たちの中に少年があらわれ、「僕は人間じゃあなくて火星人なんだよ。実は君たちに知らせることがあるんだ。三国は司馬氏のものになるぞ」（干宝 2000: 125／原著 四—五世紀）と予言をおこない、天に昇っていった、という逸話が記されている。また日本では、一〇世紀に『竹取物語』が成立しているが、月からやって来たかぐや姫がまた月に帰るという話なので、これも宇宙人譚と呼ぶことができるだろう。これらの物語では、月や火星や太陽に、地球によく似た異世界があるとされているのだが、その表象的位置づけは、異世界がたまさか宇宙にあったというだけで、海中にある竜宮城などとさして違わないものだったと言えるだろう。

近世に入ってからは、より「宇宙らしさ」が強調された宇宙人譚が書かれるようになる。一六五七年にシラノ・ド・ベルジュラックが書いた『日月両世界旅行記』（2005／原著 1657）では、主人公は朝露を瓶に

(16) たとえば、カメルーンの民族バムンは和崎春日の研究でよく知られているが、私がケニアのナイロビで和崎と喋っていたとき、同席していた言語学者に「バムン」の語源を尋ねたことがあった。すると「それはおそらくba（複数形をあらわす接頭辞）+mun（「人」）、つまり「人々」という意味だろう」という答えが返ってきた。

(17) ここでの議論は、宇宙人表象を研究している柴田悠の作成した資料（「宇宙人の歴史——彼らはなぜ地球を襲いはじめたのか」）、およびウィキペディア「宇宙人」の項目を参考にした。

(18) この時代の宇宙人観について、S・A・クランシー（2006: 125／原著 2005）は次のように書いている。「ピタゴラス学派は『月は地球に似ていて、地球とおなじように生物が住んでおり、もっと大きな動物や、わたしたちがどんなに努力してもつくることができないような美しい植物が生息している。月の動物は、強さもエネルギーも地球の動物より一五パーセントすぐれていて、排泄物は出さない。寿命は一五倍長い』と考えていた」。

図1-3　H. G. ウェルズ『宇宙戦争』のフランス語版の挿絵（出典＝ミラー『宇宙画の150年史』河出書房新社，2015年）画家のエンリケ・アルヴィン・コレアによる1906年の作品.

詰めて空中に浮き上がったり、奇妙な機械を作って自らを投擲したりといった工夫の末、やっとのことで月世界にたどり着く。そこは地球と同じような人々が住む、理想郷的な場所だった、という筋書きである。先行する物語に比して、月に行くための工夫がより具体的であり、その意味でSF的な色合いが濃くなっていると言える。

一七五二年にヴォルテールが書いた『ミクロメガス』（1988／原著1752）では、超大型の宇宙人が登場する。主人公のミクロメガスはシリウス星の出身で、身長は三九キロメートル、寿命は一千万年なのである。シリウスからの道中で土星人に出会い、二人連れで地球にやってくる。あまりにも大きいので、最初、彼にとっては極小な地球人を見つけることができなかったのだが、ひょんなことからその存在に気づき、両者の間で会話が交わされることになる。ミクロメガスの第一声は次のようなものである。「眼に見えぬ昆虫諸君、畏くも造物主の御手に依り、無限小世界の深淵中に生れた皆さん。私はまず測り難く思われる大自然の秘密を示し給うた神に対し、厚く感謝を捧げるものであります。おそらくわが宮廷で諸君に目見えることまでは許されないでしょうが、しかし私は何びとをも侮る気はありませんから、諸君を保護して差しあげましょう」(ヴォルテール 1988: 83-84)。宇宙人と言えども、ミクロメガスは実に紳士的なのである。

二〇世紀に近づくと、現代のSFと比べて遜色のない作品があらわれる。クルト・ラスヴィッツの書いた『両惑星物語』(1971/原著 1897)は、北極にひそかに火星人の基地が建設されており、やがて火星と地球の戦争が始まるという、まったく古さを感じさせない筋書である。[19] ただここで登場する火星人も、地球人とほぼそっくりであり、地球人との間に子供を作ることさえもできる。

そして一八九八年に、H・G・ウェルズの作品『宇宙戦争』(2005/原著 1898)が発表される(図1-3)。よく知られているように、火星から宇宙船が飛来し、中からあらわれたタコ型の宇宙人が戦闘機械に乗って地球人を攻撃するというストーリーである。人類はあやうく敗北しそうになるのだが、終盤で火星人は地球の微生物に感染して死に絶え、地球はかろうじて救われる。この作品は、次の二点において画期的だったと言える。まず登場する宇宙人がこれまでの宇宙人譚と違って、人間とは異質の「タコ型」であったという点である。この造形は、いまなお宇宙人表象のひとつの典型になっている。もうひとつは、そのような奇怪な火星人が、地球を侵略するというストーリーである。[20]『両惑星物語』などにも惑星同士の戦争というモチーフはあったが、それはあくまで対等な立場での争いだった。この一方的で無慈悲な侵略という強烈なイメージが、一九三八年の事件を引き起こすことになった。この年、アメリカでハロウィンの特

(19) ハヤカワ・SF・シリーズに収録されていることからもわかる。ラスヴィッツが「現代SFの父」と呼ばれているゆえんである。

(20) この点に関しては、後述する宇宙人類学研究会のメンバーである岡田浩樹から「タコはヨーロッパにおいて『悪魔の魚』とされ、ウェルズの造形はそういった表象的意味を受け継いでいるのではないか」という指摘をいただいている。

図 1-4　SF の挿絵にあらわれた宇宙生物たち（出典＝ミラー『宇宙画の 150 年史』河出書房新社，2015 年）

別番組として、『宇宙戦争』がラジオドラマで放送されたのだが、聞いていた人々の一部が、本当に火星人が襲来したと思いパニックを起こしたのである。(21) ドラマの監督は、俳優としても知られるオーソン・ウェルズであった。

以上、二〇世紀までの宇宙人譚について見てきたが、そこでの宇宙人表象は、おおよそ次のような形で変遷してきたと言ってよいだろう。

1　地球外に地球と同じような世界があり、そこでは人間とよく似た人々が暮らしている。

2　地球人と姿かたちが違う宇宙人が登場する。しかし彼らとのコミュニケーションは問題なくおこなわれる。

3　姿が地球人とまったく異なり、コミュニケーションも困難で敵対的な宇宙人がやってくる。

このような形で、宇宙人の「異なり方」は、その住み場所から容姿、そしてコミュニケーションへ、と進展してきたのである。

こういった宇宙人表象の変化と歩調を合わせて、人々のすぐ近くで跳梁跋扈していた「人間もどき」たちは徐々に姿を消していった。彼らはいわば宇宙へと追いやられたわけだが、そこには当然、「地理上の発見」の時代を経て、地球上に未知の地域が少なくなってきたという事情があるだろう。そして残ったのは、「宇宙、それは人類に残された最後の開拓地である」[22]といった状況であった。「人間もどき」たちは、未知として残された地球外へと住み家を移したのだと言える。図1-4に示したのは、『宇宙画の一五〇年史』（ミラー 2015／原著 2014）という本から取った、SFの挿絵画家たちが想像力を凝らして描いた地球外生物たちの図である。人間と似たものから、獣を思わせるもの、そしてクラゲのような生物まで、想像上の宇宙はいまだ、百鬼夜行絵巻を思わせる「気持ち悪い、でもわくわくする」連中に満ちあふれている。

サイエンス・フィクションの誕生

以上のような歴史を経て、宇宙人譚はだんだんとSFの体をなしてきた。二〇世紀以降のその発展については、このあとの章でさまざまな例を引いていくが、それにしても、「体をなしてきた」という当のSFとは、そもそも何なのだろうか。この点について、しばらく考えてみたい。

SF（Science Fiction）とは、その名のとおり「科学的な想像に基づいたフィクション[23]」と定義できるだ

(21) 実際はパニックというほどの騒ぎでもなかったという説もある。
(22) テレビシリーズ『宇宙大作戦（原題 *Star Trek*）』（1966–1969）の冒頭のナレーション。
(23) 私が子供の頃は「空想科学小説」と訳されることが多かったが、最近では単に「エスエフ」と呼ばれることがほとんどである。

ろう。この呼び名は、「ヒューゴー賞[24]」に名を残すアメリカの編集者・作家ヒューゴー・ガーンズバック[25]によって生み出されたと言われている[26]。しかしよく考えてみると、「サイエンス・フィクション」とはとても奇妙な言葉である。そこには「サイエンス」と「フィクション」が同居しているわけだが、そもそもサイエンス（科学）とは、観察可能な事実に基づき、論理的な推論を重ねることによって現象の記述をおこなうという営為ではなかっただろうか。一方、フィクションとは、事実でないこと、すなわち虚構を語ることである（実際、事実を書いたものは「ノンフィクション」と呼ばれる）。このように、「サイエンス」と「フィクション」は、そもそも水と油のように相容れない概念なのである。

しかしそのように言われたとき、SF関係者はすぐに反論するだろう。「SFにおけるサイエンスとは、厳密な意味での科学とは別のものを指しているのだ」と。そのサイエンスとは、「素人にとっての科学」とでも言えるだろうか。実際、現代の科学は専門化しすぎていて、素人にはさっぱり理解できないことが多い。デジカメがどうやって画像を撮っているのか、GPSがどうやって位置を計測しているのか、そういったことをきちんと説明できる人は少ないだろう。SF作家アーサー・C・クラークは「十分に発達した科学技術は、魔法と見分けがつかない[27]」と述べたが、SFにおける科学とは、まさにそのような、なかば魔法化した科学[28]なのである。それは「いまここにある科学」ではなくて、未来に向けて延長線を引いたその外挿の先にある、「そうなるかもしれない」「そうなってほしい」科学だと言える。それはいわば影のようなものだから、実態をつつけばぼろが出る。SFに登場するさまざまな道具立て、たとえば超光速航法、タイムトラベル、精神転送等々が、現実のものになる可能性はいまのところないのである。

異星人とのファースト・コンタクトをシミュレーションでやってみようという、CONTACT Japan[29]という集まりがある。私もこれまで二度、イベントに参加したことがあるが、二〇一五年七月におこなわれた"Back to CONTACT"の後の飲み会で、同席した人が、『すごい科学で守ります！——特撮SF解釈講座』という本のことを熱く語っていた。さっそく買い求めて読んでみると、あとがきに次のように書かれていた。

> 本書のタイトルの『すごい科学で守ります！』というのは、DAINA☆CON(30)でのトークショー以来の名称で、そのイヴェントを担当したスタッフの方がつけてくれたものです。気軽につけてくれたようですが、『SF』を表すのに、この『すごい科学』ほど適切な表現はないなと思い、今回そのまま使わせてもらっています。（長谷川 1998: 125）

---

(24) ファン投票によって選ばれるアメリカのSF文学賞。ネビュラ賞（作家同士の投票によって選ばれる）と並んでSF界最高の賞と言われる。

(25) ガーンズバックはアメリカの代表的なSF雑誌『アメージング・ストーリーズ』の初代編集長であり、草創期のSFの発展に中心的な役割をはたした。

(26) ただし、ガーンズバック自身は"Scientifiction"という呼び名を使ったと言われる（ウィキペディア「アメージング・ストーリーズ」）。

(27) この有名な言葉は、クラークの著書『未来のプロフィル』(1966: 28／原著 1962) 収録のエッセイに初出であるが、ここに引用したような形で述べられたのは一九七三年版である（ウィキペディア英語版「Clarke's three laws」）。

(28) たとえば「暗黒エネルギー」のことを聞いた人は、それが最新の宇宙論の用語だと知らなければ、ファンタジー・ノベルの話だと考えるに違いない。

(29) https://lazydog.sakura.ne.jp/cj/ 参照。シミュレーションに関連して、『異星人の正しい創り方』(CONTACT Japan 2008／原著 1996) という本を翻訳出版している。

(30) 日本のSF大会は、開催地の名にちなみ○○CONという名がつけられるという伝統がある。東京だとTOCON、大阪だとDAICONといった具合で、DAINA☆CONは「大名古屋コンベンション」の略である。

この「すごい」という、いかにも子供っぽい、しかし力強い言葉は、まさにSFにおけるサイエンスの「延長する力」を言い当てていると思う。

SFの歴史に話を戻すと、こういった形で科学の「延長」がおこなわれるようになり、SFというジャンルが姿をあらわしたのは、一九世紀の終わりから二〇世紀初頭にかけてのことだと考えられる。このことは、その頃から産業革命以来の科学技術の発展に拍車がかかってきたことと関係しているだろう。たとえば、主として科学の発展に貢献した人に贈られるノーベル賞は一九〇一年に始まっている。このままいけば科学は「すごい」ことになるのではないか。その先にはいったいどのような世界が待っているのだろう。そういった期待と不安が、サイエンス・フィクションという形の「延長」をおこなわせる原動力になったことは想像に難くない。

SFと人類学

いったんジャンルとして確立すると、SFの想像力は自然科学だけでなく人文・社会科学的な知をも巻き込みながら、さまざまな方向へと放散していくことになった。その中核にあったのが、文化人類学（以下簡単に「人類学」とする）の知見である。

SFと人類学の関係に思いをめぐらせると、たとえば『ゲド戦記』（2009／原著 1968-2001）、『闇の左手』（1978／原著 1969）などで知られるアーシュラ・K・ル＝グウィンは人類学者アルフレッド・クローバーを父に持ち、その作品も人類学的色彩の濃いものである。日本では、オーストラリア・アボリジニ研究者の上橋菜穂子が『精霊の守り人』[31]（1996）をはじめとする一連の作品を書いている。ここにも、人類学的な発想が随所に見られるのである。またいくつかのSFの中には、「異星人の人類学」とでも呼べる分野が登場する。オースン・スコット・カードの『死者の代弁者』(1990/原著 1986)には、異類学者(xenologer)と呼ばれる人々が出てくるし、A・E・ヴァン・ヴォクトの『宇宙船ビーグル号』(1978/原著 1950)に登場する総合科学者(nexialist)もまた、人類学者を彷彿とさせる。

そもそも、本書の表題とした「ファースト・コンタクト」は、文化人類学の用語だったとも言われている。[32] たとえば、一九三〇年代のニューギニア高地人とオーストラリア人作家たちの出会いを記録した *First Contact* (Connolly & Anderson 1987)と題された著作がある。後に詳しく紹介する、SFにおける「ファースト・コンタクトもの」の始祖とされるマレイ・ラインスターの作品 *First Contact* (邦題『最初の接触』1969/原著 1945)もまた、こういった人類学における異文化接触の記述にアイデアを得ている可能性が高い。

私は現在、「宇宙人類学研究会」という集まりに参加している。私自身のSFや宇宙人への興味は子供の頃からずっと続いていたし、コミュニケーション論について考えはじめてからは、ウィトゲンシュタインやベイトソンの論考に触れ、宇宙人を例にとることの重要性に気づかされた。そのようなことから、人類学と宇宙人をつないだ研究ができるのではないか、と考えていたのだが、それが実際の活動となったのは、二〇一一年のこの研究会の立ち上げからである。[33] しかしはじめて「宇宙人類学」という言葉を聞いた

(31) 『ゲド戦記』や『精霊の守り人』はSFというよりはファンタジーに分類されるだろうが、SF的な要素も多分に入っている。
(32) ウィキペディア「ファースト・コンタクト」には「第一に、『ファーストコンタクト』は文化人類学用語である」と書かれている(ただし、その出典は明記されていない)。
(33) また私はこれと並行して、「京都大学宇宙総合学研究ユニット」の人文・社会科学系のメンバーとしても活動している。

人は、ある種奇異な感じを受けるかもしれない。なぜなら、現地における調査というのが現代人類学の基本的な方法論なのだが、人類学者は当面のところ、宇宙で調査をするという機会が持てないからである。しかし、宇宙人類学は可能であるばかりか、人類学の領野を押し広げるキーになりうるということを、本書をここまで読み進んだ読者には納得してもらえるのではないだろうか。私は、この研究会の成果として出版した『宇宙人類学の挑戦』の冒頭に、次のように書いた。

> そもそも「人類学」とは人類について考える学問なわけだが、われわれが「人類」や「文化」といったものを意識するのは、その外部との対比がなされたときなのである。この文章を書いている現在、プロ棋士とコンピュータ・ソフトが争う「将棋　電王戦（第3回）」がおこなわれている。この催しは「人類VSコンピュータ」と銘打たれており、新聞記事にも「将棋　人間が連敗」などという見出しが躍っている。人間が孤塁を守っていると信じられていた知性の領域も、コンピュータに凌駕されるのではないか。そのように気を揉むとき、われわれは「人類」という概念をやけにリアルに感じている。宇宙もまた同じである。序章に出てくる、暗い宇宙に浮かぶ青い地球のイメージは、宇宙における人類の位置を知らしめてくれる。宇宙という外部に進出した人類の生を考えることは、まさに人類学に課せられた課題なのである。その意味で、宇宙が「フィールドワークに行けないほど遠い」ことは、むしろ好都合な条件だとさえ言えるだろう。（岡田・木村・大村編 2014: ii）

こういった意味で、宇宙人を対象にした人類学は、もっとも先鋭的な人類学だと言えるかもしれない。㉞私は宇宙人類学の一領域㉟として、宇宙人との出会いを想定することによって、他者存在についての理解を深めるという作業をしているわけである。

このように、SFと人類学の相性の良さは、人類学における「他者」の極限が宇宙人だと考えれば納得できるだろう。初期のSFにおいては、宇宙人という「他者」を考えるその延長の力の源は、つまるところ「科学」であった。しかし一九四〇年代から、宇宙人との出会いの社会文化的な意味をテーマとしたSFが続々と書かれるようになってきた。おそらくその発想は人類学に由来するのだが、このことはさしずめ「SFの人類学化」とでも呼びうるだろう。

それでは、人類学のいったい何が、そのような「延長」の原動力となったのだろうか。この議論の中心となるのが、人類学における「文化相対主義（cultural relativism）」（以下「相対主義」と記す）である。相対主義とは教科書的に言うと、「それぞれの文化にはそれぞれ独自の体系があり、それはその文化の外部から価値判断できるものではない」という考え方である。その逆に、自らの文化を基準として異文化の価値

この組織は、京都大学内で宇宙に関する学際的な研究をめざして作られたもので、その中心メンバーである磯部洋明から声がかかり参加することになった。宇宙ユニットでは、「宇宙人類学」だけでなく、「宇宙倫理学」（稲葉 2016）というテーマのもとでも研究が進められている。

(34) 海外においては、宇宙人と人類学は日本よりも親和的なようである。実際、*Aliens: The Anthropology of Science Fiction* (Slusser & Rabkin (eds.) 1987) や、*Extraterrestrial Intelligence and Human Imagination* (Traphagan 2015) といった著作が出版されている。

(35) 宇宙人類学研究会の対象が、本書のテーマである「宇宙人という他者との出会い」に限定されているわけではもちろんない。そこでは次のような多様な議論がなされている。

・人類史の中で、人類が宇宙に進出する意味とは何か。
・人類が宇宙に進出したとき、そこでの社会や文化はどのようになるのか。また、身体はどのように変容していくのか。
・宇宙に滞在するとき、狭い宇宙船や無重力状態といった環境で、人間の認知や経験はどのような影響をこうむるのか。
・科学技術や社会は、どのように宇宙開発にかかわっているのか。

図1-5　ドキの死を知らせるロコレ（通信用木太鼓）

を評価する態度は「自文化中心主義（ethnocentrism）」と呼ばれる。「人間もどき」の項で述べたように、自文化中心主義は多くの民族集団においてごく普通に見られるものだが、近代的な人類学の発展とともに、それに対する反省として相対主義が登場してきたという歴史がある。

具体的な例を挙げてみよう。東アフリカで広くおこなわれている女子割礼[36]は、時には施術された女性を死に至らしめることもある慣習だが、これを「残酷だ」「危険だ」「男性の優位性を示すためにやっている」などといった理由で禁止しようという動きが昔からある。しかし人類学者の中には、この慣習が当該社会で何らかの意味を持っているだろうという理由から、こういった動きに与することをためらう人もいるのである[37]。

また、私自身のコンゴでのフィールド経験からは、次のような事例を挙げることができる。私の調査していたボンガンドでは、呪術師のことをドキ[38]（*ndoki*）と呼ぶ。私がどうがんばっても理解できなかったのは、彼らのドキに対する態度である。非常に近い親族でも、ドキだと判断された途端に（多くの場合、近い親族がまさにドキだとされるのだが）、彼らは手のひらを返したようにその人のことを排除するのである。

加納・加納（1987）は、そういった状況を次のように記している（図1-5）。

ドキは、普段は普通人の中で、普通人と変わりない生活をしていて、正体を現すことはない。しかし、これぞと目ぼしをつけると、毒を盛ったり、呪いをかけたりして、かならず、その人を殺すのである。

〔……〕

ドキの疑いを受けた人は、村人たちの前で、自分のニワトリに、「サンバ（裁判の意）」と呼ばれる、つる[39]の根の煎じ汁を飲ませなければならない。サンバは、ドキに対しては致命的で、普通人に対しては何の毒性も持っていない、と信じられている。もし、ニワトリが無事であれば無罪であるが、ニワトリが死ねば、その持ち主の彼または彼女は、ドキであるとの判定をくだされる。その場合、自分の無実を証明するためには、今度は、自分がサンバを飲んでも無事であることを見せなければならない。

〔……〕

ある大酒を飲んだ青年が、翌朝、ベッドの上で死体となって発見された。あきらかに急性アルコール中毒と思われるこの事故死に、ヤロシディ[40]の人々は、ちがった判断を示した。彼の兄嫁に、ドキとしての疑いがかけられたのである。まず、彼女のニワトリがサンバにかけられ、すべて死んだ。つぎに彼女が、鉢一杯のサンバを飲み、村人注視の中で、よろめき歩き、倒れて死んだ。

私たちは、この事件を、森の中で、ロコレ（通信用木太鼓）で知った。ロコレのかすかな音に耳をすませていた私の案内人たちは、ロコレの音が終わると、歓声をあげた。「おお、われわれの村から、

（36）成人や結婚などのイベントに際して、女性器の一部を切除する行為。
（37）私自身は個人的には、女子割礼は止めるべきだろうと考えている。
（38）*ndoki* とはこの地域の共通語であるリンガラ語の呼び名であり、現地語のボンガンド語では *boloki* という。
（39）*Strychnos icaja* という植物で、猛毒のストリキニーネを含んでいる。
（40）当時のボノボの調査地のひとつ。

ドキが一人いなくなったぞ」と、彼らは叫んだ。途中で出会った人々とも、この話でもちきりだった。そして、その顔も、笑みくずれていて、自分たちを殺すかもしれなかったドキが発見され、死亡したことを、心から喜びあっていた。

私は、村人たちのこの無慈悲な歓喜に、強い衝撃を受けた。〔……〕モンゴ[41]の人々の生活において、唐突であまりにも無造作な〝死〟の訪れがなくならないかぎり、「ドキ」の概念と「サンバ」を絶やすことはできないだろう。（加納・加納 1987: 120-122）

女子割礼と邪術師、ともに、当該文化の外にいるわれわれからは否定したくなるような話を出したのだが、相対主義的な認識の対象になるのは、そのような事例ばかりとは限らない。たとえば、「何が美しいか」ということに関する感覚がずれているなどといったことも、相対主義的に納得せざるを得ない話なのである。そのようにさまざまな形であらわれうる相対主義を、人類学者クリフォード・ギアツは、次のような三つのカテゴリー[42]に分類している（ギアツ 2002／原著 1984）。

・**倫理相対主義**（ethical relativism）「何が良いことなのか」といった倫理的な問題については、当該文化の外側からは口出しができない、という考え方。たとえば嬰児殺しや、女子割礼の是非といった問題がこれにあたるだろう。

・**認識相対主義**（cognitive relativism）「世界をどう見るか」にかかわる相対主義である。虹の色が何色に分けられるかが文化によって違う、という例を挙げることができる[43]。

・**美的相対主義**（aesthetic relativism）「美しい・醜い」といった価値判断は文化によって異なり、絶対的なものは存在しない、という議論。たとえば、美人の基準は地域により、時代によって違うという例が思い浮かぶ。

この分類ですべてが尽くされているとは限らないが、たいへんわかりやすい分類だと思う。異文化に対したときに抱く、ギアツの例のような形の「自文化に属する私たちにどうしても入り込めない他者の経験が存在する」という自覚を定式化したのが相対主義なのである。それは認識論的にかなり強い主張だと言え、それに対する批判も当然存在する。実際、一九八〇年代以降「反-相対主義(44)(anti-relativism)」と呼ばれる考え方が勢力を盛り返しつつある。人類社会の中には、何らかの文化を越えて普遍的な価値(45)が存在するはずだ、という主張である。そこでは、「すべてが相対的である」と言ってしまうならば当該文化についてその外側からは何も語れなくなり、それは一種のニヒリズムや不可知論につながってしまうだろう、という批判もなされている(46)。

(41) ボンガンドの属する民族系統の名前。
(42) それぞれの項目の説明は木村によるものである。
(43) ギアツ自身は、トーマス・クーン(1971/原著 1962)の、異なるパラダイム同士は互いに共軛不可能であるという「パラダイム論」を引いて議論している。
(44) 「普遍主義」と言い換えることもできる。
(45) 松田素二(2013)は普遍主義の肥大化を警戒する論考の中で、そういった普遍的価値とされるものの代表として「人権」「環境」「平和」を挙げている。
(46) ギアツが反相対主義の潮流に対してさらに異議を申し立てて書いたのが「反 反-相対主義(Anti anti-relativism)」と題する論考である(ギアツ 2002/原著 1984)。二重に屈折したこの標題は、反相対主義に与することはせず、かといって牧歌的な相対主義に還るのでもないという、現代の人類学が置かれた難しい立場を示している。

この批判のように、たしかに相対主義には、「「相手のことがわからない」ということがわかっている」という、自己矛盾的な論理が含まれている。本当に「相手のことがわからない」のであれば、わからないということさえもわからないはずだ。これは本書冒頭で引用した「想像できないことを想像する」という言明における矛盾と同じ論理構造であると言ってよい。しかし、まさにこのことが、ＳＦが人類学的アイデアを取り込んでいった主要な理由なのである。その結果、一九五〇年代から、人間との違いが「巨大だ」とか「遠くに住んでいる」といった量的な形であらわれている宇宙人表象とは異なる、「理解できない」タイプの宇宙人が登場するＳＦが次々と発表されることになるのである。

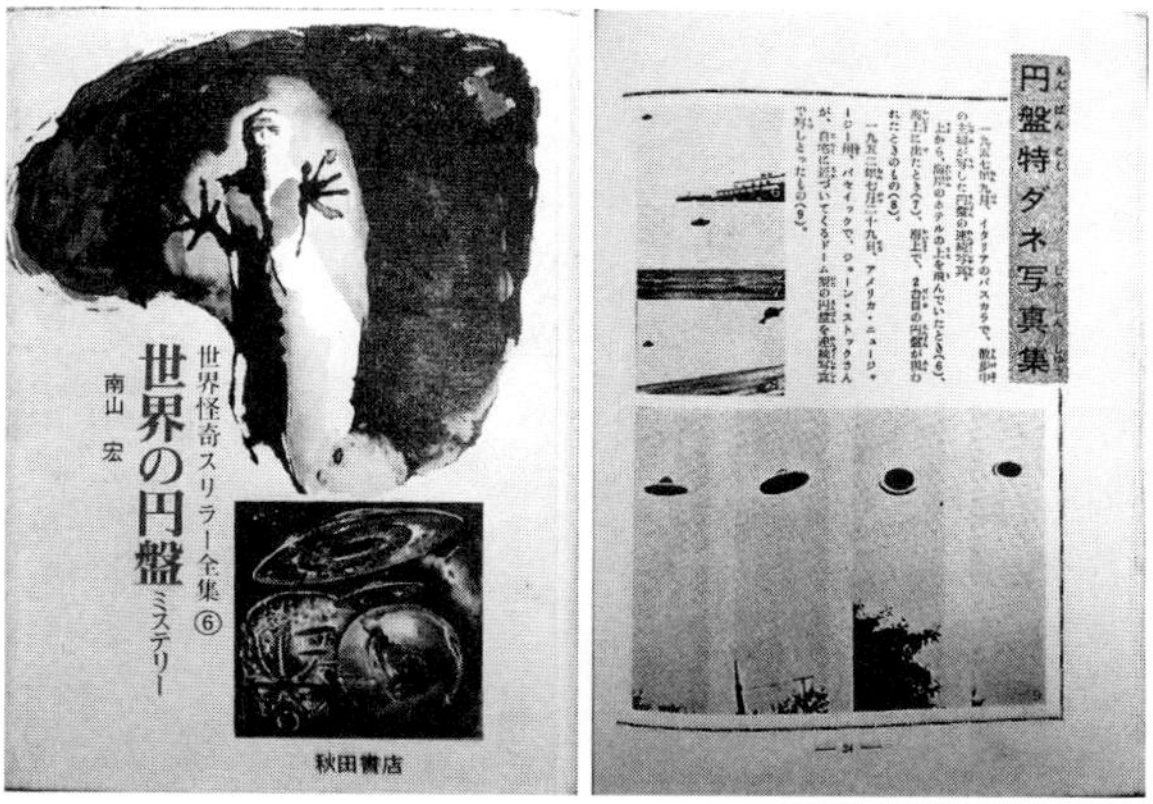

図1-6　UFOのことを書いた子供向け書籍

UFO表象

ＳＦはまさに「フィクション」であり、虚構だとわかって楽しむものである。しかし現代には、それとはまた別の、奇妙にリアルな宇宙人表象が存在している。それはいわゆるＵＦＯにかかわるものである。ここでＳＦと対比する形で、この表象について検討しておこう。

①ＵＦＯ表象の変転

ＵＦＯ表象に関しては、木原喜彦のすぐれた論考『ＵＦＯとポストモダン』(2006)があるので、ここでは基本的にその議論に沿って考察を進めていきたい。木原はまず、ＵＦＯに関する言説を「現代の神話」[47]であると規定し、その変遷を「空飛ぶ円盤神話の時代」「エイリアン神話の時代」「ポストＵＦＯ神話の時代」の三つに分類している。

まず、「空飛ぶ円盤」という言葉がはじめて使われた一九四七年から一九七三年頃までを、木原は「空飛ぶ円盤神話の時代」と規定する。「空飛ぶ円盤」という言葉は、一九四七年にアメリカの実業家ケネス・アーノルドが自家用機で飛行中に、九つの物体が「水面に投げた受け皿(saucer)がスキップするように」飛行するのを見た[48]と証言したことに由来している。こういった物体は後に、ＵＦＯ(Unidentified Flying Object)すなわち「未確認飛行物体[49]」と呼ばれるようになる。当初は、当時の国際情勢を反映して、ＵＦＯはアメリカあるいはソ連の秘密兵器だとされることが多かったが、もうひとつのＵＦＯ解釈は、それが宇宙人の乗り物であるとするものだった(図1-6に、当時の雰囲気を彷彿させる子供向け書籍の絵を示す[50])。そして一九五〇年代から、そういったＵＦＯに乗ってやってきた宇宙人と実際に会ったと主張する人々があらわれた。彼らは「コンタクティー」と呼ばれたが、そのうちもっとも有名なのがジョージ・アダムスキーである。アダムスキーらが出会ったと主張する宇宙人は、「スペース・ブラザー」と呼ばれた。彼

(47)「現代の神話」という用語は、心理学者Ｃ・Ｇ・ユングが書いたＵＦＯに関する著作『現代の神話――空中に見られる物体について(邦題『空飛ぶ円盤』)』(ユング 1976／原著 1958)から取ったものと思われる。
(48) この物体は、実際は極秘裏に飛ばされた観測用の連結気球だったらしい。
(49) この用語の示すように、ＵＦＯとは「空飛ぶ円盤」と同義ではない。「空を飛んでいる、何なのかよくわからないもの」は、(実際は鳥であったり気球であったりするかもしれないが)すべてＵＦＯなのである。
(50)『世界の円盤ミステリー』(南山 1968)。本書の執筆中に、細馬宏通氏から譲っていただいたものである。

図1-7　グレイ

らは白人と区別のつかない外見をしており、地球よりも科学の発達した星からやってきて、地球の核戦争を止めようとしている、などとされた(51)。

ところがこういった「高貴なUFO観」は、一九七〇年代の中盤から大きな変容を遂げる。それ以降一九九五年までを、木原は「エイリアン神話の時代」と呼んでいる。そこでは、バミューダ・トライアングル言説(52)、キャトル・ミューティレーション(53)、アブダクション(54)などといった不気味な事象が喧伝されるようになった。木原はこの傾向を、「生物学化」「心理学化」「内宇宙化」などの言葉で呼んでいる。そこでの宇宙人のイメージは、「空飛ぶ円盤神話の時代」とは打って変わって、邪悪なものへと変化している。またこの頃から、「宇宙人（space man）」ではなく「異星人（alien）」という語が使われるようになり、実は墜落したUFOからその死体が秘密裏に回収されているのだという言説(55)が流布するようになった。その異星人は、人間よりも小柄で、禿げた頭、吊り上がった大きな黒い目、灰色の肌といった特徴を持ち、「グレイ」という名で呼ばれている（図1-7）。タコ型と並んで、漫画などにあらわれる宇宙人の二大イメージのひとつである。

一九九〇年代に入り、さらに表象の変転は続く。木原によると、UFO神話はそこで臨界点に達し、宇宙人像はふいに明確な焦点を結ばなくなってくる。木原はこれ以降を、「ポストUFO神話の時代」と規定する。そこに登場するのは、「人類は実は月に行っていなかった」言説、環境ホルモンとマイナス・イオン、携帯の電磁波問題、西暦二〇〇〇年問題といった、明確な形を持たない不安たちだったのである。われわれのすぐ近くにいるこういった「意志なき撹乱者」たちは、「虫」になぞらえられることが多い[56]。木原はこの変転を、UFO神話時代には「虚構が現実になっていた」のに対し、ポストUFO神話時代には「現実は虚構である」ことが明らかになり、そこではもはやUFOなどという存在は不要になったのだ、と解釈している[57]。

②大文字の他者

木原の「空飛ぶ円盤神話」「エイリアン神話」「ポストUFO神話」という三つの時代区分は、基本的に

---

(51) この時代に、「スペース・ブラザー」的なUFO表象とはまったく別の解釈をおこなったのがユングである。彼は著書『空飛ぶ円盤』(1976/原著 1958) において、UFOとは人類の集合無意識、あるいは元形 (archetype) の一種が顕現したものであると述べている。またこの解釈に近いものとして、稲生平太郎の『定本　何かが空を飛んでいる』(2013) がある。この中では、宇宙人表象と妖精伝承など民俗学的表象の類似性が指摘されている。

(52) 西大西洋のある海域で船舶や飛行機が頻繁に行方不明になるが、それは空飛ぶ円盤の仕業だとする言説。

(53) 牧場で血を抜き取られ、特定の部位を切り取られた家畜の死体が発見されること。宇宙人の生物学的実験の結果だとされる。

(54) 宇宙人にさらわれ、記憶をなくしている間に体内に微小な装置を埋め込まれたりすること。映画『未知との遭遇』(1977) にもそのようなエピソードが出てくる。クランシー『なぜ人はエイリアンに誘拐されたと思うのか』(2006/原著 2005) 参照。

(55) 「ロズウェル事件」が有名である。ウィキペディア「ロズウェル事件」参照。

(56) 漆原友紀の漫画『蟲師』(2000–2008) に登場する生命体「蟲」たちのほとんどは、まさにこのような「意志なき撹乱者」として描かれている。

(57) 木原の「空飛ぶ円盤神話の時代」「エイリアン神話の時代」の明快な説明に比して、「ポストUFO神話の時代」のそれは、ややわかりにくいものになっている。やはりこの時代自体が明確な対立軸を持たなくなったからだろうか。

大澤真幸（1996; 2008）の「理想の時代」「虚構の時代」「不可能性の時代」の区分に対応していると考えてよい。大澤の区分は、ラカンの言う「大文字《おおもじ》の他者（grand Autre）」、あるいはリオタールの言う「大きな物語（grands récits）」といった概念[58]を用いて説明できる。「大文字の他者」とは簡単に言えば、「神」とか「理想」といった言葉であらわされるような、「正しい（とみなされる）もの」一般のことであり、外部からわれわれを律するものとして立ちあらわれる。それが少し科学的に変形された投影が、UFO表象だというわけである。「理想の時代」においては、「大きな物語」はたしかに存在し、それに向かって進んでいけると信じられていた。まさに、高貴な「スペース・ブラザー」の姿である。しかし「虚構の時代」になると、そういった意味での「理想」は消え去り、「情報化され記号化された擬似現実（虚構）を構成し、差異化し、豊穣化し、さらに維持することへと、人々の行為が方向づけられ」ることになった（大澤 1996）。「エイリアン」の登場である。さらに「不可能性の時代」に至って、「皆が一致して認めるようなただ一つの『大文字の現実』と呼べるようなものとは異なり、複数存在しうるもの、『一つの現実と別の現実』『私の現実と他者の現実』という対立で考えられる」（木原 2006: 186-187）、複数の小さな現実たちが散在する状況に至った、というのである。

　この時代区分はたしかに、私自身のこれまでの人生における体験に照らしても、うなずけるものがある。一九六〇年生まれの私は、小学生の頃は「空飛ぶ円盤神話」のただ中におり、図1-6のような本を熱心に読んでいた。中学から大学時代にかけては、不気味さを帯びてきた「エイリアン神話」を見聞きし、結婚して子供が生まれてからは西暦二〇〇〇年問題や電磁波の不安におびえたのである。「あの頃はたしかにそうだった」との感が深い。ただしその一方で、時代というのはいつも整合的な地層をなしているわけではなく、そこにはしばしば不整合面や褶曲が見られることも忘れてはなるまい。あまりにもきれいな時代区分には、「作り物感」を覚えてしまうのである。実際、「空飛ぶ円盤神話」はいまでもそれなりの力を持っているし、「エイリアン神話」もまた、テレビの特番などで見ることができる。

さて、UFOにおける宇宙人表象できわだっているのは、不思議さ、不気味さといった感覚であった。その理由は「大文字の他者」の概念を用いて説明することが可能だろう。これまで見てきた宇宙人表象には、われわれ人間の持つ何らかの特性を極端に延長したり、あるいは欠落させたり、といった能動的な操作が伴っていた。しかしUFO表象における宇宙人は、われわれを律する大文字の他者として、「外部から到来した」存在なのである。そういった操作不可能性が、この表象を彩る特徴だと考えられる。(59)

本節の最後に、この外部からの到来性を示す興味深い事例を見てみたい。「幸福の科学」総裁の大川隆法は、チャネリング(60)という手法で宇宙人とコミュニケートしているという。大川『宇宙人との対話』(2010)から引用してみよう。幸福の科学の集まりにおいて、大川が参加者の中から、宇宙人の魂が宿っている人を見つけ出し、その魂を自分の中に呼び込んで、宇宙人として語り出す。

---

(58) 大澤の言う「第三者の審級」(1994)も同様な概念だと言えよう。

(59) SFの中にも、そういった「大文字の他者」的な宇宙人は登場する。たとえば、E・E・スミス『レンズマン・シリーズ』(1966-1967／原著 1937-1947、ここでは正伝とされる『銀河パトロール隊』、『グレー・レンズマン』、『第二段階レンズマン』、『レンズの子ら』の四巻を取り上げた)におけるアリシア人などがそれにあたるだろうし、宇宙人ではないがアシモフ『銀河帝国の興亡』(1968-1970／原著 1951-1953)の「第一発言者」もそれに近い存在と言える。

(60) 神や宇宙人など、超越的な存在と交信すること。よく知られているように、大川はチャネリングによって(あるいは生きている人の場合は「守護霊が語る」という形で)、天照大神、卑弥呼、項羽、劉邦、織田信長、坂本龍馬、天皇陛下、オバマ大統領、プーチン大統領、安倍総理、本田圭佑、小保方晴子など、数百の人々の霊言集を出版している。

（Ｉは質問者）

大川隆法　では、私の前に座っている者のなかにいる宇宙人の魂よ、大川隆法のなかに入りて、その思いを地球のみなさんに伝えてください。お願いします。

（約五秒間の沈黙）

ウンモ星人　ヌッ。ヌッ。ヌッ。ウッ。ヌッ。ヌッ。ヌッ。ナカ、ヌク、ナカ、ブー。ナガラ、ブー、ブー、ナ、ナガラブー。ガー。ドウ、ドウードウー。ドウー、ドウー、ドウー、ドウーグルドウー、バー。ナガラブー、ドウー。ドウー、グルブー。ガー、ブードウー。トウー、グルブー。ナガラブー、ダ、グーブー。グー、デブグー。ン、ブグ、ブグダラ、ブ、ス、ダラ、ブー。ナガラ、ブッダ、グッダパポコ。ダ、リ、アリア、ブ、スットラ、ピ、ア、アイ。ア、ダ、ラボ、ブー。

Ｉ――あなたは、どこの星から来た人ですか。

ウンモ星人　ウッ、ウッ、ウッ、ワ……、ワ、タ、クシ……、ワ、ドウー、ミ、ムツカシイ。ウー、ン、タ……、タシ、ワ、アア、ムツカシイ。ウー、ウー、ワ、タクスイワ、アハ、ハー、ハー、アー、ウン、ウン、ウ、ウ、ウンモ星、カラ、来タ者デス。

Ｉ――いつごろ、地球に来たのですか。

ウンモ星人　二百年前ニ、来マシタ。

Ｉ――地球に来た目的は何ですか。

ウンモ星人　地球ニ移住デキルカドウカ調査ニ来マシタ。（大川 2010: 69–71）

ウンモ星人(61)は、最初は理解不能なことをつぶやいているが、(62)すぐに日本語を喋りはじめる。なぜこのように、拍子抜けするほどあっけなく宇宙人とのコミュニケーションが可能になるのだろうか。このこともまた、大川の中に入った宇宙人が「大文字の他者」であるとすればよく理解できる。大文字の他者とは、われわれに対して外部から指令し、働きかける存在であった。したがってその指令が、理解不能であるわけはないのである。

3　SETIにおける宇宙人

宇宙人表象の分析の最後に、ＵＦＯ表象とはまた別の意味で、リアルな事例を見ることにしよう。それは現実に存在する可能性のある宇宙人について考えようという試みであり、Search for Extra-Terrestrial Intelligence（地球外知性探査）、略してＳＥＴＩ[63]と呼ばれている。そこで宇宙人[64]はどのような形で表象されているのだろうか。

---

(61)　「ウンモ星人」は大川の著作だけではなく、ＵＦＯ言説の中にしばしば登場する宇宙人である。

(62)　こういった「宇宙人語」は、たとえば谷川俊太郎の詩「二十億光年の孤独」(1952) にも次のような形で出てくる。「火星人は小さな球の上で／何をしてるか　僕は知らない／（或いは　ネリリし　キルルし　ハララしているか）／しかしときどき地球に仲間を欲しがったりする／それはまったくたしかなことだ」。

(63)　「セティ」あるいは「セチ」と発音される。

(64)　ＳＥＴＩにおいては、「宇宙人」という呼び名は非科学的に聞こえるせいか、ほとんど使われることはなく、その対象は地球外知性（Extra-Terrestrial Intelligence、ＥＴＩ）と呼ばれるのが普通である。

SETIの歴史

先に述べたように、宇宙に人間に近い生物がいるというアイデアは、はるか昔から存在した。しかしその考えが科学的な装いをもって登場したのは、それほど古いことではない。一九世紀末、天文学者パーシヴァル・ローウェルは、火星に「運河」を観測したと発表した[65]。そして運河は人工物だから、それは火星人によって作られたに違いないとされたのである。そういった「宇宙にいる他者」と交信しようというアイデアは、発明家ニコラ・テスラや無線通信の開発者グリエルモ・マルコーニなどによって、一九世紀終わり頃から語られていたようである（鳴沢 2013）。

しかし本格的なSETIの開始とされるのは、一九五九年に発表された、コーネル大学の物理学者ジュゼッペ・コッコーニとフィリップ・モリソンによる論文「星間コミュニケーションの探索（Searching for Interstellar Communications）」（Cocconi & Morrison 1959）である。ネイチャー誌に掲載されたこの論文は、わずか三頁に収まる短いものだが、その中にはその後のSETIの方向を決定づけるさまざまな基本的なアイデアが盛り込まれている。そこではまず、地球外にわれわれと交信を試みている文明が存在する可能性があること、そして何光年もの距離を隔てた交信をおこなうには、電磁波を用いるしかないことが論じられる。その電磁波は、惑星の大気に吸収されない波長、すなわち電波の領域にあり、さらにその周波数は一四二〇メガヘルツ（波長二一センチメートル）であろうと予想される。この周波数の電波は宇宙空間にもっとも多く存在する中性水素が放つもので、地球の電波天文学者が観測に使っている。そこで、「宇宙人の天文学者」もわれわれと同様な視点で宇宙を観測しているならば、この周波数に注目しているはずだと考えられたのである。さらにこの論文では、信号が自然現象として発せられたのではないことを相手にわからせるためには、たとえば素数の列（2, 3, 5, 7, 11, 13, 17, …）が使われるだろうこと、探査の候補となる恒星はくじら座タウ星、エリダヌス座イプシロン星、インディアン座イプシロン星などであろうことなど[66]が述べられている。そして論文の掉尾は、その後のSETIのスローガンともなる言葉で締めくくられている。「(SETIの)成功の可能性を推定することは難しい。(しかし)探査をおこなわないならば、成功の確率はゼロである」。

この論文の示唆を受けて、一九六〇年にさっそく、人類初のSETIの試みである「オズマ計画[67](Project Ozma)」が開始される(鳴沢 2013)。後に「ドレイク方程式」で知られることになる天文学者フランク・ドレイクがその中心人物であった。アメリカ、ウエストバージニア州グリーンバンクにある口径二六メートルの電波望遠鏡が、くじら座タウ星とエリダヌス座イプシロン星(コッコーニとモリソンが候補として挙げた星である)に向けられ、四ヵ月間、通算約一五〇時間にわたって電波観測がおこなわれた。観測された周波数も、提案された一四二〇メガヘルツであった。残念ながら宇宙人の信号らしきものは検出されなかったが、宇宙からの声にはじめて耳を傾けたというこの試みは、SETI史上画期的なものであったと言えよう。このような形のSETIは、メッセージの受信を目的とすることから「受動的SETI(Passive SETI)」と呼ばれ、現在に至るまで、規模を拡大しつつ繰り返し試みられている。しかし残念なことに、いまだ有意な信号はキャッチされていない[68]。

(65) 一九世紀にイタリア人ジョヴァンニ・スキャパレリが望遠鏡で火星表面に「溝(canale)」を見たと報告したが、この語がフランス語で「運河(canal)」と誤解されて広まったと言われている。
(66) これらの恒星は太陽系と近いので電波が届きやすく、また太陽と同程度の大きさを持っているので惑星に生命が誕生している可能性が高いと考えられた。
(67) 「オズマ」の名は、『オズのオズマ姫』(ボーム 1975/原著 1907)に登場するオズマ姫(魔法使いオズと電波で連絡を取り合おうとした)にちなんでつけられたという。

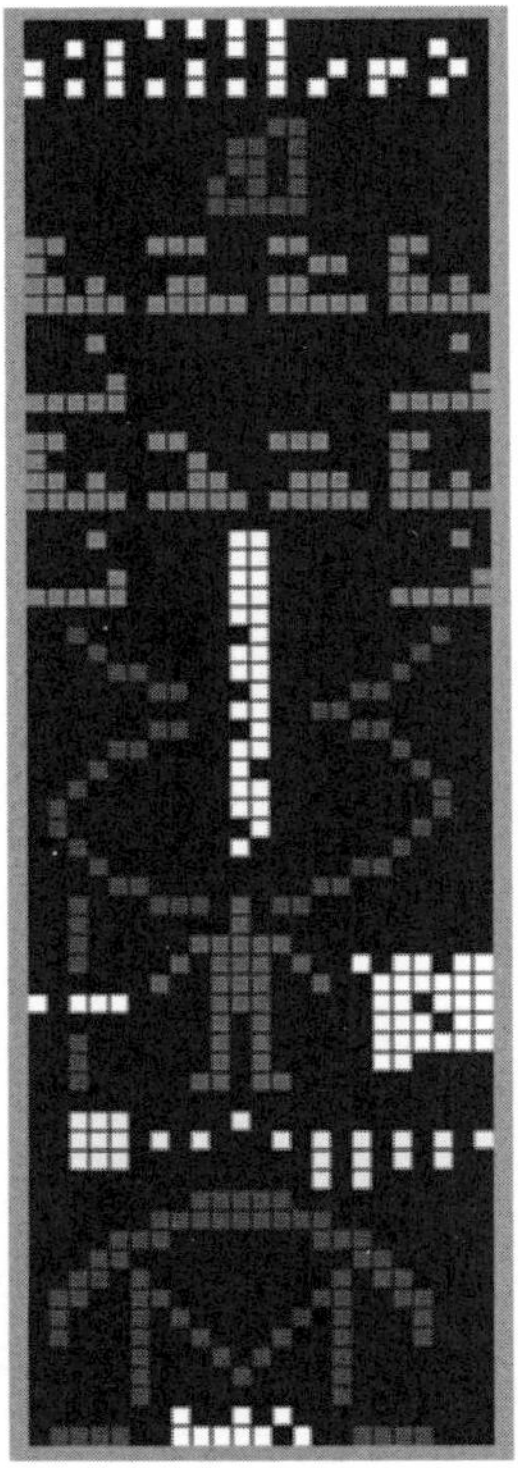

図1-8　アレシボ・メッセージ（出典＝ウィキペディア）

一方、地球側から宇宙に向けてメッセージを送信するという「能動的ＳＥＴＩ（Active SETI）」の試みもなされている。一九七四年、カリブ海に浮かぶプエルトリコ島にあるアレシボ電波望遠鏡（口径三〇〇メートルで、当時は世界最大であった）から、二万五千光年離れたM13球状星団に向けて電波信号が送信された。この信号は「アレシボ・メッセージ」と呼ばれ、オズマ計画と並んでＳＥＴＩ史上に名高いものである。メッセージの作成の中心となったのは前述のドレイクで、ＳＥＴＩにおいて同様によく知られた天文学者カール・セーガンも協力している。このメッセージは、一六七九ビットからなるビット列（〇と一からなる列）だが、一六七九という数は、実は二三と七三という二つの素数の積である（素因数分解の一意性から、この形にしか分解できない）。ビット列を二三×七三の長方形に並べると、図1-8のような図形があらわれる。メッセージの信号を受け取れるほどの技術を持っている宇宙人なら、素因数分解ぐらいはできるだろう、というわけである。

ここにあらわれる図形は、次のような事項をあらわしているという。[69]

・一から一〇までの数字

・水素・炭素・窒素・酸素・リンの原子番号
・デオキシリボ核酸（DNA）のヌクレオチドに含まれる糖と塩基の化学式
・DNAに含まれるヌクレオチドの数
・DNAの二重螺旋構造の絵
・人間の絵と人間の平均的な身長
・地球の人口
・太陽系の絵
・アレシボ電波望遠鏡の絵とパラボラアンテナの口径

しかし、地球外知性のかわりに、優秀な地球内知性（つまり人間）に図形の意味を読み取ってもらおうとしても、なかなか作成者の意図通りにはいかないと言われている。ただしそのように、伝えたいことすべてを伝えるのは無理にしても、少なくとも「発信者がこの図形で何事かを伝えようとしている」ということは伝わるに違いない。こういった「能動的SETI」の試みもまた、アレシボ・メッセージ以降、何

(68) ただし一度だけ「ひょっとしたらそうかもしれない」信号がキャッチされたことがある。一九七七年八月一五日に、アメリカ、オハイオ州のビッグイヤー電波望遠鏡で受信された電波信号である。この信号は非常に強くかつ狭い周波数帯で発信されており、さらにその周波数はコッコーニとモリソンが予想した一四二〇メガヘルツであった。信号の記録を目にした天文学者が驚いて記録用紙に"Wow!"と書きつけたことから「Wow! シグナル」と呼ばれることになった。その後この信号が来た方向の探査が何度も試みられたのだが、残念ながら同様な信号はキャッチされておらず、このシグナルの起源はいまだ謎のままである（鳴沢 2009）。
(69) ウィキペディア「アレシボ・メッセージ」による。

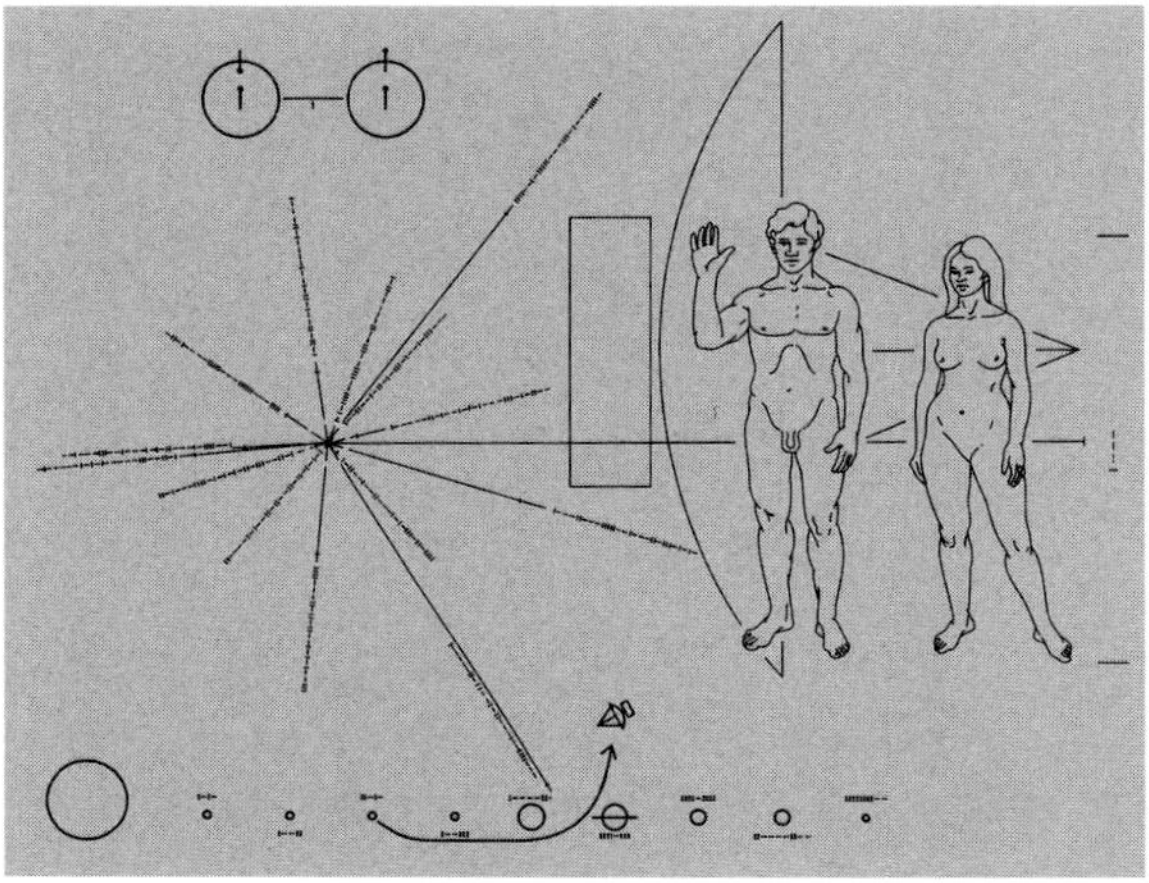

図1-9　パイオニア・メッセージ（出典＝ウィキペディア）

度もなされている。

電波ではなく、物理的な「もの」でメッセージを届けようとする試みも、一九七〇年代からおこなわれている。その最初の「もの」は、人工物として初めて太陽の重力圏を脱した探査機パイオニア一〇号、一一号に積まれた金属板[70]であった。そこには裸の男女の図像[71]（図1-9）のほか、太陽の惑星、太陽系の位置を示す図形などが描かれている。金属板には、このような具体的な図像だけではなく、一見すると何をあらわしているのかわからない図形も見える。たとえば、図の左上にある二つの円を線でつないだ形である。これは、先に述べた波長二一センチメートルの電波を発する水素原子を示しており、二一センチメートルという長さをあらわしているのだという。先に述べた数学と同様に、地球の科学者たちの知っている物理学的な事実を、宇宙共通に知られている（と期待される）事柄として扱おうとしているのである。

SETIにかかわる議論は、とりあえずは「科学的」とみなされる言説であった。つまりそれは、われわれが日常使う「あいつは宇宙人だ」といった物言いとか、哲学者の思考実験、さらにはUFO言説などとは違って、まともで客観的なものだとされるのである[72]。しかし考えてみよう。何といってもわれわれは、まだ宇宙人に出会ってはいないのである。いくら科学的と言っても、そこで語られているのは、あくまでも何らかのバイアスのかかったひとつの表象であると言わざるを得ない。そのバイアスとはいったい何なのだろうか。

SETIとは、地球外知性探査（Search for Extra-Terrestrial Intelligence）のことだった。しかしそこで言う「知性（intelligence）」とはいったい何を指しているのか。これは実は、なかなか厄介な問題である。たとえばデジタル大辞泉を見ると、「物事を知り、考え、判断する能力。人間の、知的作用を営む能力」という定義が書いてあるが、それはよく見ると「知性」とは「物事を知る」能力だ、などといった形で、結局は同語反復になってしまっていることがわかる。しかし実際のSETIにおいて宇宙人に期待されているのは、そのような抽象的な「知性」ではなく、たとえば「素数の概念がわかる」「素因数分解ができる」「水素原子の出す二一センチメートル電波の重要性がわかる」といったことである。つまりそこで想定されているのは、「生真面目な工学者」としての宇宙人であり、それは実はSETIをやっている科学者自身の鏡像なのだと言える。そして興味深いことに、そういった宇宙人がいったいどんな風貌をしていて、どんな文明を築いているかなどといった、SFにおいては中心的な事項は、SETIにおいてほとんど関心が払われていないのである。

ドレイク方程式

このように、宇宙人を考えていても、どうしてもそこに自分たち、すなわち人間の像が見えてきてしま

(70) このメッセージも、ドレイクやセーガンが主導して作ったという（ウィキペディア「パイオニア探査機の金属板」）。
(71)「なぜ裸なのか」とか「どう見ても白人じゃないか」などといった批判がしばしばなされている。
(72) たとえば、長沼・井田（2014）ではそのような科学的な議論が展開されている。

うというもどかしさは、SETI研究の随所に感じることができる。ここでこのことに関連した話題として、「ドレイク方程式」を紹介しよう。この方程式は、先に紹介した天文学者ドレイクによって、一九六一年に提案されたものである。[73]「われわれの銀河系にいまこの瞬間に存在し、人類とコンタクトする可能性のある地球外文明の数」Nを求める式で、それは次のような形をしている。[74]

$$N = R_* \times f_p \times n_e \times f_l \times f_i \times f_c \times L$$

方程式と言っても難しいものではなく、七つの変数が掛け合わされているだけなのだが、その各変数は次のようなものである。

R_*　人類がいる銀河系の中で一年間に誕生する恒星の数［個／年］
f_p　ひとつの恒星が惑星系を持つ割合
n_e　ひとつの恒星系が持つ、生命の存在が可能となる状態の惑星の平均数
f_l　生命の存在が可能となる状態の惑星において、生命が実際に発生する割合
f_i　発生した生命が知的なレベルまで進化する割合
f_c　知的なレベルになった生命体が星間通信をおこなう割合
L　知的生命体による技術文明が通信をする状態にある期間［年］

最初の変数R_*は「一年間に誕生する恒星の数」なので、次元（単位）は［個／年］である。次の変数f_pは

「割合」だから次元は無次元、その次の変数n_eは、「惑星の平均数」と書いてあるので、一見、次元が「個」であるようにも見えるが、実は「ひとつの惑星系を持つ恒星に対して、生命の存在が可能となる状態の惑星がどのぐらいあるか」という「割合」なので、やはり無次元の量である。……以下、f_cまでは「割合」が掛け合わされていき、最後の変数Lを除いた$R_* \times f_p \times n_e \times f_l \times f_i \times f_c$は、「人類がいる銀河系の中で一年間に誕生する、星間通信をおこなう知的生命体がいる惑星の数」を示している。その次元は「個／年」である。これにLすなわち「知的生命体による技術文明が通信をする状態にある期間」（単位は「年」）を掛ければ、次元はめでたく「個」になり、「われわれの銀河系に、いまこの瞬間に存在し、人類とコンタクトする可能性のある地球外文明の数」になるのだが、この最後のところが少しわかりにくい。図1-10を見てほしい。時間は左から右に流れていく。仮に、「人類がいる銀河系の中で一年間に誕生する、星間通信をおこなう知的生命体がいる惑星の数」を五個としよう。そして「知的生命体による技術文明が通信をする状態にある期間」を（かなり短いが）一〇年としよう。すると、西暦X年にそういう惑星が五個生まれ、一〇年後には通信をおこなわなくなる（横棒で示す）。次に西暦X＋1年にまた五個生まれ、一〇年後には通信をおこなわなくなる。こういうことが繰り返されていることになる。ここである瞬間に縦棒を引いてみると、そこに引っかかってくる横棒の数は、ちょうど5×10＝50になるのである。

方程式の意味が納得されたところで、実際に算出されたNの値を見てみよう。Chick（2014）では、次の

（73）ドレイク方程式は「われわれがいる銀河系内の」という限定つきで考えられている。ドレイクは、現実的に電波による通信が可能であるということを考えてこの限定をつけたのだろうが、他の銀河系をも含めて考えるならば、方程式のNの値は当然より大きくなる。

（74）ウィキペディア「ドレイクの方程式」。

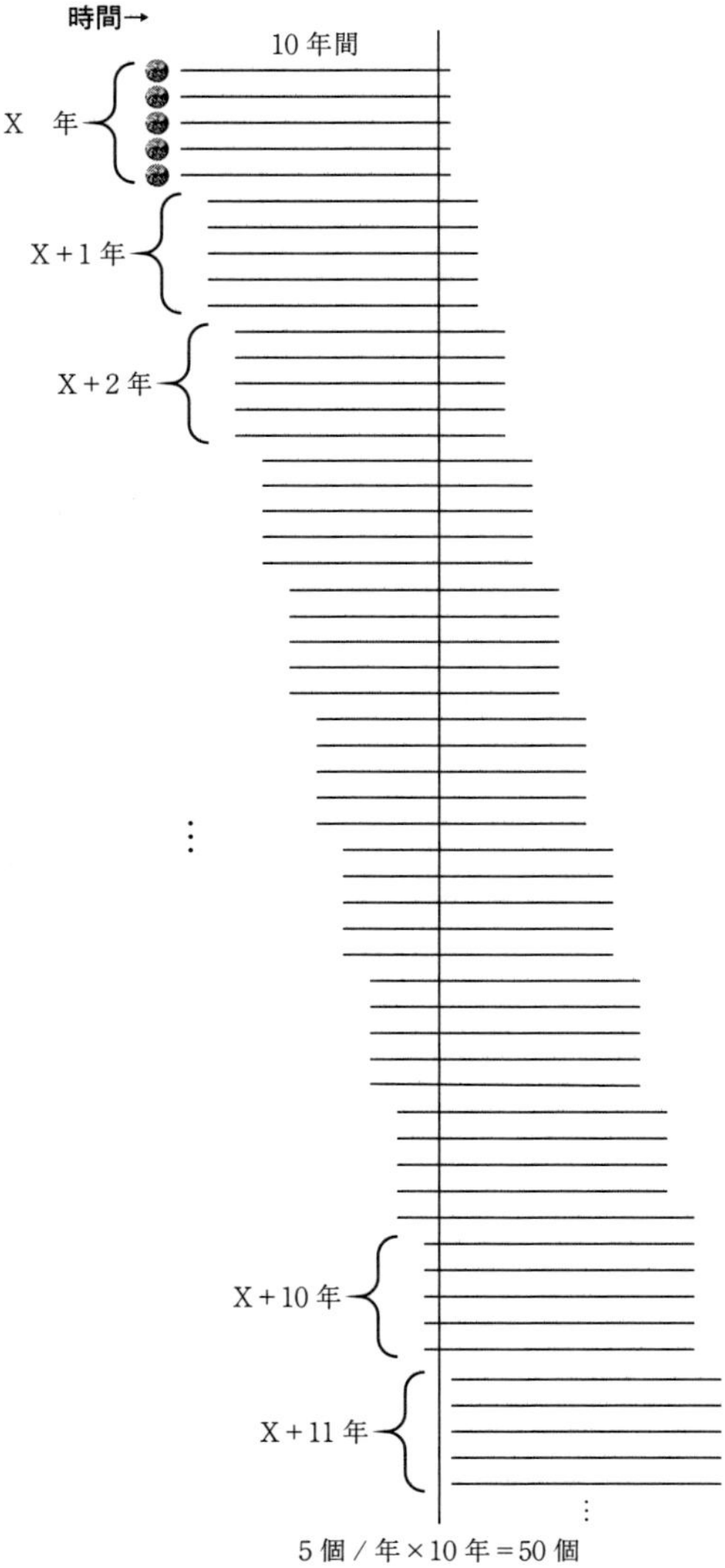

図 1-10　ドレイク方程式の説明

ような値が示されている。

・最初にドレイクによって提案されたパラメータを入力すると、$N=0.01$
・セーガンによるパラメータを入力すると、$N=10^7$
・オンラインサイトによる最新のパラメータを入力すると、$N=10^4$

それぞれの結果が違いすぎていて、どれを信じていいかわからなくなるが、しかし近年の天文学の進歩から、その振れ幅はかなり小さくなってきている。すなわち、R_*（人類がいる銀河系の中で一年間に誕生する恒星の数）とf_p（ひとつの恒星が惑星系を持つ割合）に関する知識は急速に増加しており、また近い将来、n_e（ひとつの恒星系が持つ、生命の存在が可能となる状態の惑星の平均数）も、より正確に推定できるようになると期待されている。さらに、f_l（生命の存在が可能となる状態の惑星において、生命が実際に発生する割合）は1に近い値であると考えられるようになってきた。地球の誕生時においては、液体の水が存在できるほど地表が冷えた時点でただちに生命が発生したらしいことがわかってきており、他の系外惑星でも条件さえ整えばそのようになるだろうと期待されるからである。

一方、f_i（発生した生命が知的なレベルまで進化する割合）とf_c（知的なレベルになった生命体が星間通信をおこなう割合）については、依然としてよくわかっていない。さらに、L（知的生命体による技術文明が通信をする状態にある期間）の推定も同様に難しいが、これはつまり人類がいつ滅亡するかを考えることなので、あまりやりたくない作業と言える。

SETIと人類学

問題のf_i、f_c、Lを推定するために、SETI研究者たちはどのようなことを試みているのだろうか。実はそこで動員されたのが、人類学者たちだったのである。アメリカなど海外においては、人類学者はかなり初期の段階からSETIに関与してきた。たとえば一九七一年に、セーガンらの主導でソ連のビュラカンにおいて開催されたSETIの会議には、ブッシュマン研究で知られる人類学者リチャード・リーと、マヤ研究の考古学・人類学者ケント・フラナリーが招待されている[75]（Dick 2014）。また一九七四年には、アメリカ人類学会（AAA）の年次総会で、「SETIにおける人類学の役割――歴史的展望（The Role of

Anthropology in SETI: A Historical View)」と題するシンポジウムが開催されており、さらにその三〇年後の二〇〇四年から三年間にわたって、再びAAAでSETIに関するシンポジウムがおこなわれている。この二〇〇四年からのシンポジウムにおける発表をもとにして、二〇一四年にNASAから *Archaeology, Anthropology, and Interstellar Communication*（Vakoch, ed. 2014）と題された論文集[76]（題名が長いので以下「NASA本」と略称する）が刊行されたのだが[77]、この本にはSETIの専門家に加えて、人類学者、考古学者、そして生物学者たちが寄稿している。発生した生命がどのくらいの確率で知的レベルにまで進化するのかを考えるには生物学の知見が必要であり、知的なレベルになった生命体が星間通信をおこなう割合や、知的生命体による技術文明が通信をする状態にある期間の推定には、考古学と人類学が動員されたというわけである。

NASA本の中のGarry Chickの論考（2014）を見ると、f_i（発生した生命が知的なレベルまで進化する割合）については、まず「知性」とは何か、という議論がおこなわれた後（これ自身、非常に難しい問題だが）、少なく見積もっても二〇〇万種いる地球上の生物種全体のうち、知的と言えるのはヒト上科の二〇種、それにイカ・タコなど頭足類の八〇〇種[78]、クジラ目の八〇種ほどしかおらず、きわめて低い割合だとされる。このことから、系外惑星において知的生命が発生する確率もかなり低いだろうと結論されている。また f_c（知的なレベルになった生命体が星間通信をおこなう割合）に関しても、まず「文明とは何か」という議論がおこなわれた後、「これまで地球上に存在した、あるいは現在存在する文明のうち、星間通信をおこなう技術を獲得した文明の数」が数え挙げられる。そこでは、人類学者G・P・マードックらが作ったStandard Cross-Cultural Sampleというデータベース[79]を使って「一八六の文化のうち五つ[80]」という結論が出されている[81]。

しかしよく考えてみると、これらの議論にはおかしな点があることに気づく。Chickが議論しているのは、「地球上の生物種のうち、知的なレベルまで進化した種の割合」、そして「地球上の文明のうち、星間通信をおこなう技術を獲得した文明の割合」なのであり、「さまざまな惑星において発生した生命のうち、知的なレベルまで進化するものの割合」、「さまざまな惑星において知的なレベルになった生命体のうち、星間通信をおこなうものの割合」という、ドレイク方程式の本来の意味とは違っているのである。われわれにたしかなのは「地球という一惑星において発生した生命は知的なレベルにまで進化した」こと、そして「地球という一惑星において知的なレベルになった生命体は星間通信をおこなっている」ことであり、そのことから知られる確率の値は、ともに「一分の一」なのである。もちろんChickがこの誤りに気づ

(75) このほか、DNAの分子構造の発見者であるフランシス・クリック、天文学者フリーマン・ダイソン、認知科学者マーヴィン・ミンスキーといったそうそうたるメンバーが参加している。
(76) ウェブから無料で手に入れることが可能である(http://www.nasa.gov/connect/ebooks/archaeology_anthropology_and_interstellar_communication.html)。
(77) 宇宙人類学研究会と京大宇宙ユニットのメンバーで、二〇一六年にこの本の読書会をおこなった。本書にもその成果を盛り込んでいる。
(78) 後述するように、イカは「海の霊長類」と呼ばれるほど知性が高いことが明らかになってきている(池田 2011)。
(79) おそらく、HRAF(フラーフ)の副産物として作られたものだろう。HRAF(Human Relations Area Files)とは、マードックらによって開発・研究されたファイル資料で、世界の諸民族の社会や文化について書かれた民族誌を地域・民族別に集め、すべてのページの内容を専門家が独自の分類方法を使って分析しインデックスをつけたものである(http://hraf.yale.edu/)。
(80) 現在の人類学では、文化や文明が一つ、二つと数えられるものであるという発想はすでにずいぶん古いものである。
(81) なお、最後のL(知的生命体による技術文明が通信をする状態にある期間)に関しては、なぜかこの論文自体では推定がなされてないのだが、ドレイク本人の推定と最新の知見による推定では、ともに一万年という値となっている。

いてないわけはないだろうから、「あくまで参考の値」としてこの値を出してきたのだろうが、しかしここでわれわれは、宇宙人を想像する場合において、「とりあえず自分自身のことしか知り得ていない」という事実を再確認させられるのである。

このような事態は、人類学者らに期待されているもうひとつの仕事、すなわち、宇宙人からの通信を解読するという作業(82)においても同様に見られる。そのような通信がキャッチされたときには、人類学者による異文化理解、言語学者や考古学者による未知の言語の解読などの経験が生きるだろうと期待されているのである。NASA本では、エジプトの象形文字、マヤ文字、クレタ島の線文字Bなどの解読の話が紹介され、そしてSETIにおけるロゼッタ・ストーン(83)は何だろうかとか、古代文字の解読には有効であった暗号解読の技術がSETIでどの程度使えるだろうか、といった議論が展開されている（Saint-Gelais 2014）。しかし、こういった地球上の異文化のアナロジーを宇宙人に適用するという話には、やはりある種の違和感がつきまとう。いくら異文化といっても、そういった文字を書いた相手は、われわれと身体や心を共有している人間なのだが、そのような共有物がほとんどないことが予想される宇宙人ならば、「まったく違った可能性」があるのではないか、そういった不安（あるいは期待）は拭えないのである。NASA本の執筆者たちも、この危うさに気づいていないわけではなく、彼らの議論はしばしば歯切れの悪いものになっている。そこで常に出てくるのは、「われわれにはこれ以外に推定の方法はない」という、やや言い訳めいたフレーズである。

先の第2節では、理解の地平の彼方へと思いを凝らすという、SFにおける人類学の役割を紹介した。しかしそれとは裏腹に、SETIにおける人類学は、現に知っている話からしか出発できないという、ある種のもどかしさを感じさせるのである。この、人類学が宇宙人に対して持つ二面性に着目しつつ、次章では宇宙人表象の基本構造について、ひとつの描像を提示してみたい。

(82) たとえば、映画『メッセージ』(2016)(原作テッド・チャン『あなたの人生の物語』(2003/原著 1998))でも、言語学者(人類学者ではないが)が異星人ヘプタポッドの言語を解読するために動員されるさまが描かれている。

(83) エジプトのロゼッタで発見された、象形文字の解読のキーになった碑文。

第2章 投 射

想像できないことを想像するやり方

前章では、日常会話からSF、そしてUFO、SETIに至る、さまざまなコンテクストにおける宇宙人表象を見てきた。それらがあくまで「表象」のレベルにとどまるのは、われわれはまだ宇宙人に会ったことがないからである。しかし、そもそも表象とは re-presentation、すなわち「再-現前」のことであった。宇宙人が何ものかの再-現前であるなら、それはいったい何を代理し現前させているのだろうか。そしてわれわれは、なぜこんなに一生懸命、まだ見つかってもいないもののことを考え続けるのだろうか。プロローグに書いたように、宇宙人が代理しているのは、ひとことで言えば「他者」である。この「他者」が、どのような形で再-現前されているのか。本章ではこの問題について考えてみたい。

1　人間というピボット

宇宙人とは言うまでもなく、われわれ人間とは何らかの形で異なる存在である。しかし、ここまで見てきた宇宙人表象の多くは、どこかに、やたら人間的な側面を持っていた。アダムスキーは自らをコンタク

図 2-1　バスケットボールのピボット

ティーと称していたが、彼と接触した金星人について、木原は次のように書いている。「彼がコンタクトしていたという金星人のスペース・ブラザーはオーソン（Orthon）という名で、限りなく地球人に似た顔立ちをしていて、ありていに言うなら金髪の白人男性でした」（木原 2006: 38）。また、大川隆法に乗り移ったウンモ星人は、最初は意味不明の宇宙人語を喋っていたが、ほどなく「地球ニ移住デキルカドウカ調査ニ来マシタ」などと立派な日本語で喋りはじめた。歴史上の宇宙人譚にしても、彼らが宇宙人であるゆえんはその住み家が宇宙であるということだけであって、容姿も生活形態も地球人とほぼ同じ、というものが多かった。もちろんそこに異相のものを求めるという志向性は存在して、たとえばミクロメガスは体がとんでもなく巨大だったのだが、彼の受け答えは、やはりまったく紳士的だったのである。これらは、現代ＳＦの強烈な想像力に慣れ親しんでいる私にとっては、かなり拍子抜けの展開であり、つい「人間的な、あまりに人間的な」などとつぶやいてしまうのである。

二〇世紀中盤以降のＳＦには、そういったくびきを脱し、「人間的でないもの」を描こうという強い志向性が見て取れるようになった。しかしそれらの作品においても、いかに異様であろうと、やはりどこかで人間に触れた存在が描かれている。たとえば、理解不能な他者存在を描いた最高の作品と言われるスタニスワフ・レムの『ソラリス』[1]（2004／原著 1961）においても、知性を持った「ソラリスの海」は「お客さん」という人間の姿で主人公らに接触してくる。また真に科学的だとみなされることの多いＳＥＴＩにおいてでさえ、そこにあらわれている宇宙人像は、つまるところSETI研究者の鏡像だった。さらにドレイク方程式でも、宇宙人にかかわる確率を求めようとしたとき、出てくるのは地球の「われわれの一例」しかなかったのである。

つまりこれらの事例からは、いかに「他なるもの」を表象しようとしても、どこかで人間のくびきから逃れきれない、という構図が見えてくる。このことを私は、「人間というピボット」と呼んでいる。ピボット（pivot）とは「かなめ」あるいは「旋回軸」といった意味だが、よく知られた用法は、バスケットボールにおける「ピボット」だろう。バスケットボールでは図2-1のように、ボールを持っている選手は、片方の足を動かさず、もう片方の足をさまざまな方向に自由に動かすことができる。この動かせない方の足をピボットフット、動かせる足をフリーフットと呼ぶのである。宇宙人表象における「人間」のイメージは、このピボットフットに相当していると言えるだろう。宇宙人のイメージがいわば人間によって「汚染」され固定されてしまうというこの事態は、SF的想像力の不十分さのせいであるととらえることもできようが、私はそこに、宇宙人表象における基本的な構造を見たいと思う。

2　さまざまな引き延ばし

バスケットボールのたとえにおけるもう片方の足、つまりフリーフットを考えてみよう。こちらが、人間から飛び離れている（つまり宇宙人的な）側なのだが、これまで見てきたように、その「違い方」は実に

（1）　アンドレイ・タルコフスキーによる映画も有名だが、そちらは『惑星ソラリス』（1972）という題名である。

多様であった。「あいつは宇宙人だ」的な比喩において、鳩山由紀夫とフォン・ノイマンの宇宙人ぶりはまったく異なっていたし、哲学における「人間的な何かを欠落させた」宇宙人も、その「何か」にはそれぞれ相当なずれがあった。また宇宙人表象の歴史を見たとき、その想像力の飛ばし方は、住み家が宇宙であるだけというほほえましい宇宙人から、進んだ科学力を持つ宇宙人、そして不可知性に彩られた宇宙人へと変化してきた。一方、真正な科学性を標榜したSETIにおいては、宇宙人そのものの想像は意外と貧困であり、それは初期の宇宙人像と類似して、「地球外に住んでいる」という点のみでわれわれから飛び離れているのである。

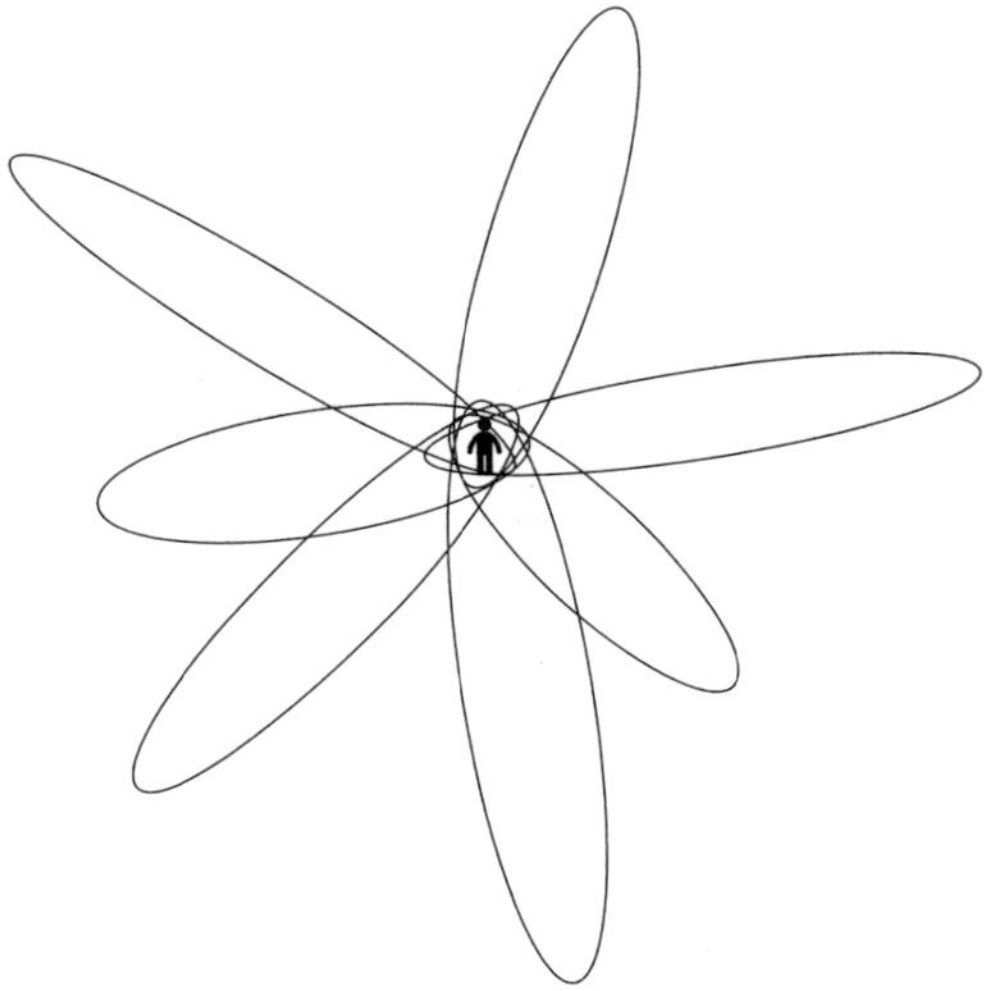

図 2-2 さまざまな方向への引き延ばし

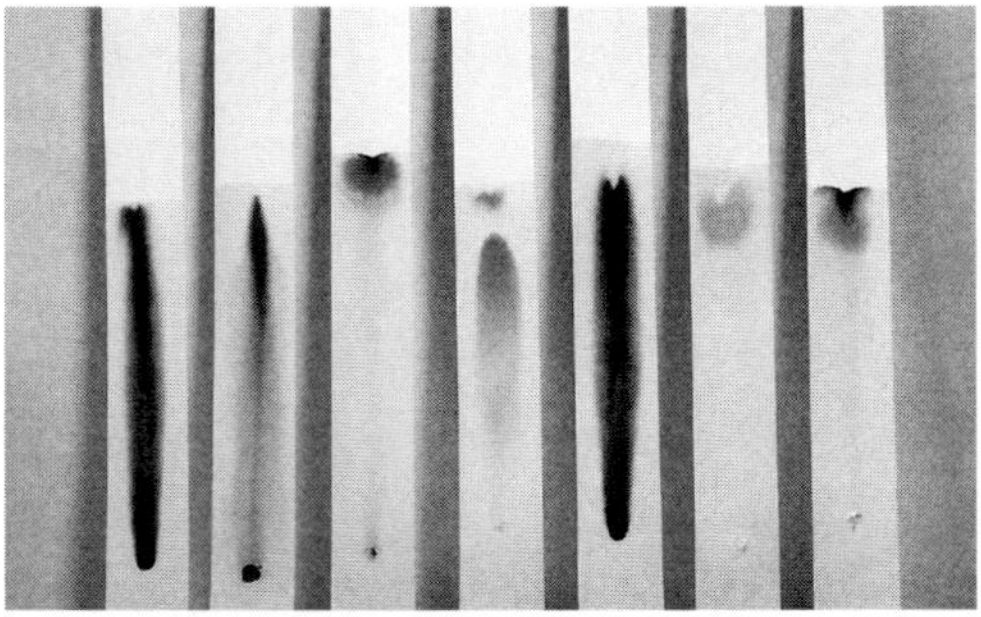

図 2-3 クロマトグラフィー

このように焦点の定まらない「宇宙人ぶり」を、われわれはおしなべて「宇宙人」と呼んでいる。このことはいったいどう解釈すればいいのだろうか。そこで浮かんでくるのは、人類学者にはおなじみの、構造主義的なアイデアである。つまり、具体的な「項」が問題なのではなく、各項の間の「関係」が問題だとするわけである。ある部分を人間にピン留めしたままで、別の部分を人間ではない「どこか」の方向に極端に引き延ばす、そういった「状態」[2]こそが、宇宙人表象なのである。図2-2にそのイメージを描いてみた。[3]それぞれ別の方向への引き延ばしではあるが、それらがそれぞれの宇宙人表象なのである。

こういった引き延ばしの作業は、化学実験における「クロマトグラフィー」を彷彿とさせる。簡単な実験なら、小中学校でやったことがある人も多いだろう。濾紙の一部に水性サインペンなどのインクを垂らし、片側を水につけると、水の移動とともにインクの色が分かれてくるのである[4](図2-3)。通常は分けることが難しいインクの成分が、水と一緒に移動する速度のわずかな違いを引き延ばすことによって、みごとに分離される。それと同様に、宇宙人を遠い端とする人間の引き延ばしによって、日常性のベールに包まれたコミュニケーションの機序をあらわにすることが期待されるのである。

---

(2) ある具体的対象に対する表象ではなく、何らかの方向へと引き延ばした「状態」に対する表象という意味で、これを「メタ表象」と呼ぶことができるかもしれない。

(3) ただこの図だと、すべての方向の引き延ばしの中心に、ただひとつの人間像が存在するという印象を与えるかもしれない。実はそうではなく、着目したある性質の極端な(宇宙人的な)側と通常の(人間的な)側以外は「不問にされている」あるいは「考慮に入ってない」と言うべきだろう。

(4) 実際の化学の研究では、もちろんもっと高度な「高速液体クロマトグラフィー」などといった手法が使われている。

3　窓の向こう側

ここで再び、プロローグで引用した山田正紀の言葉「想像できないことを想像する」を思い起こしてみよう。この言明は、SFという創作形式を、そして宇宙人という表象を、みごとに言いあらわしていると思う。たしかに「サイエンス・フィクション」のサイエンスは、いまだ実現されていない「すごい科学」であったわけだし、文化人類学の影響を受けたSFは、相対主義的な意味で理解不能な他者を描くことを志向してきた。しかし「想像できないことを想像する」というのは、やはり論理的には矛盾である。それを、たとえ仮想的にでも実現するやり方が、ここまで論じてきた「引き延ばし」、そして、ここから論じていく「延長」と「投射」という作業に見て取れるのである。

宇宙人表象において、「人間」はピボットとして存在した。その不動のピボットに対して、「そうでないもの」としての宇宙人像があったわけだが、それは概念規定しようとしても、ひとつに定めることができないものであった。そこで、「人間の引き延ばし」と呼んだ現象が起こっていたのだが、想像できないものを想像するためには、その引き延ばしのさらに向こう側、すなわち「延長線」を考える必要がある。延長線とは「線分の一端をさらにその方向に引き延ばした半直線⑤」のことである。半直線を確定するには、二つの点があればよいが、その二つの点とは、ここではもちろん、基点としての「人間」と、方向を定める点（以下「支持点」と呼ぶ）としての「ある性質」あるいはその性質を持った具体物である。そしてその支持点を通って半直線を伸ばすと、それはいまだ知られていない彼方まで伸びてゆくのである。

そういった彼方を示すのにふさわしい言葉は、「アレ」「アソコ」、あるいは「アッチ」といったものだろう。これらの言葉が、秘密めいた、あるいは隠微な感じを与えるのは、それが指し示し難いものを指し示そうとしているという事情によると思われる。このことについては、私の前著『括弧の意味論』(木村2011)で詳しく論じているので、少し引用してみたい。私はそこでまず、週刊誌などの広告に多用される鉤括弧(たとえば、当時の記事から取った少し古い例になるが、「「菅側近」と「小沢側近」ゴマすり〝バカ〟比べ」のような)から議論をはじめた。それらの括弧は、文章を読みやすくするために、つまり統語論的な意味で必要とは思えないのである。[7] たとえば、先の見出しを「菅側近と小沢側近ゴマすりバカ比べ」にしても何の問題もない。私はこういった、統語論的には過剰な括弧を「意味論的括弧」と呼び、その働きを次のように考えた。括弧とは機能的には「括られた内部をその外部から区切る」ためにある。区切ることによって示されているのは、「ここで括られたものは実はこのコンテクストの中にはない、つまり外部から持ってきたものだ」ということである。たとえば、

「進歩的」と自称する人々

と書いたとき、「進歩的」とはこのフレーズを書いた当人の言葉ではなくて、「それを自称する人々」の言葉なのである。そしてこの括弧はさらに、「私はそれをくだらないと思っている」ということをも示して

---

(5) 『大辞林』による (https://www.weblio.jp/content/延長線)。
(6) 「アソコ」という語で検索をかけてみると、出てくるのはほとんどが性的なコンテンツである。
(7) それに類似した現象は、いわゆる「現代思想」の文章や、新左翼系の文書に表れる括弧、あるいはバラエティ番組のテロップ等にも見られる。

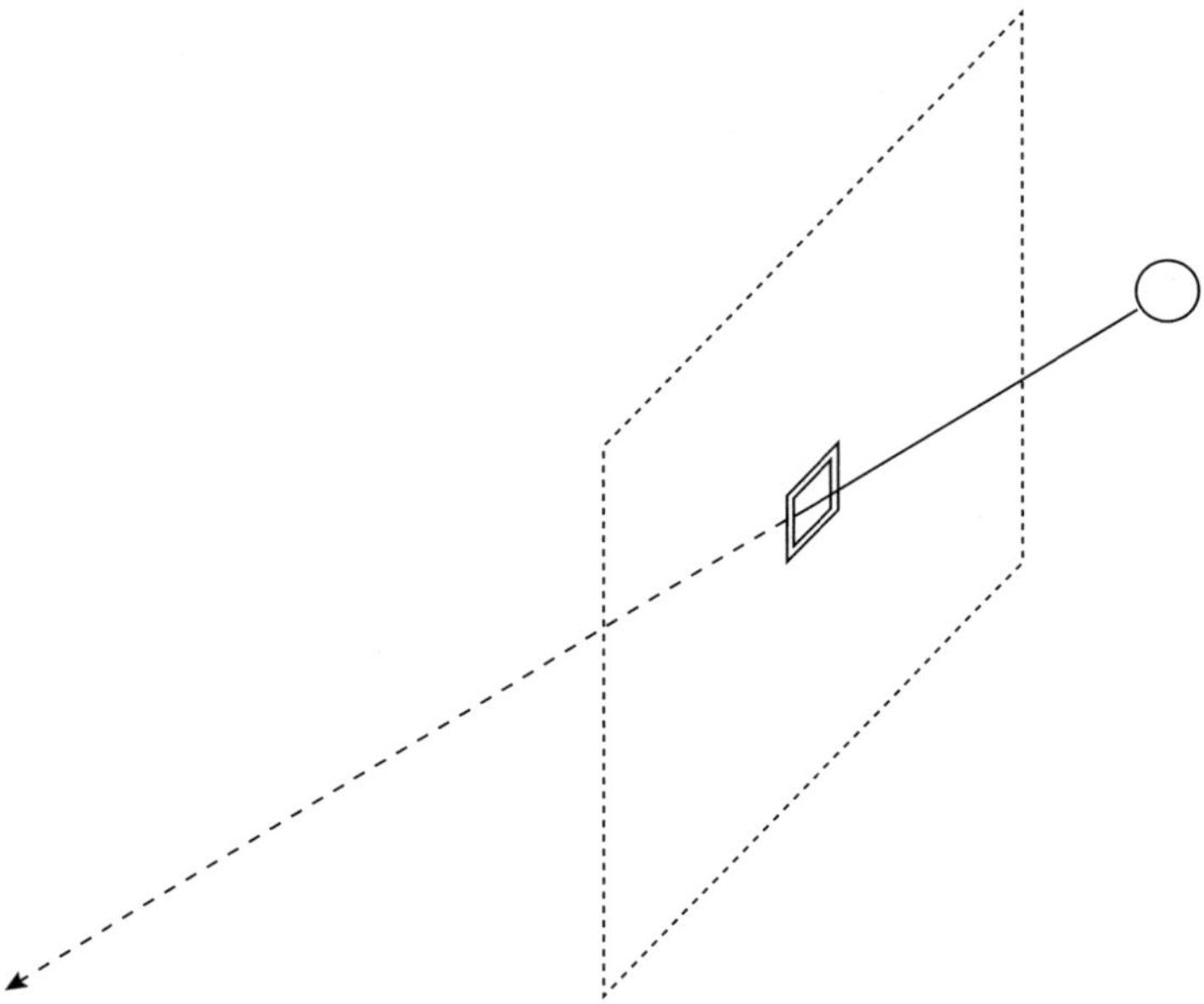

図 2-4　不可知の壁に開いた窓の向こう側への延長

いる。このような形で、括弧に囲まれた言葉は、本来ここにあるべきではなく、どこか別の――つまり「アッチ」の――コンテクストへと「投げかけられる」。この機序を私は「投射」と呼んだ[8][9]。

　さて、投射する先が、いまだ知られていない領域であったときはどうだろう。たとえば、次の引用を見てほしい。浅田彰『構造と力』の一節である。

> 実際、アリストテレス以来の《質量-形相》図式を現代化して言えば、物質=エネルギーが《もの》だとすると情報は、《もの》の《かたち》、ゲシュタルト、空間的・時間的パターンなのであり、従って、生きることとは無秩序へと拡散していく《もの》の世界を《かたち》づけていくことに他ならず、その結果として環境は様々な《かた

> ち》の織りなす生きた絵画、無機的世界を《地》とする生の《図》となるのである。それら《かたち》のひとつひとつは、生の《意味》を担っている。(浅田 1983: 28)

哲学における括弧多用の典型と言えるだろう。なぜこのようなことが起こるのかというと、それは哲学が、「語り難いもの」を語ろうとしているからである。語るべき対象が、いまだかつて言葉で語られたことがなく、したがってそれを語る言葉がない状態のとき、それを他者に表出するためには、とりあえず既存の言葉を借りてきてそれを用いるしかない。これがまさに、この例のような意味論的括弧の使用なのである。真剣な哲学的考察には、常にそういった形で、手持ちの道具を使い、なんとかして虚空へと乗り出していこうとする切迫感が感じられる。

このように、想像できないことを想像し、語り難いものについて語るために、われわれは、不可知の壁に支持点という「窓」を作り、それを越えた向こう側にあるはずのものを指し示すのである(図2-4)[10]。延長線の比喩を用いるなら、「普通の人間」という基点から「〇〇さんは宇宙人だ」という具体的な支持

(8)『括弧の意味論』では、「ココ」と「アソコ」の二重写しの状況を強調するために「投写」の語を用いたが、本書では「投げかける」イメージを重視して「投射」と記すことにする。

(9)「投射(projection)」の語は、ネルソン・グッドマンの論考(2008/原著 1978)の中でも使われている。グッドマンの言う「投射」は、既知のものの自然的傾向性(素質 disposition)を、未知のものへと適用していくことを指している。私の用法は、それよりも一般的なものだと言える。

(10) この図の原イメージは、岩明均のSF漫画『七夕の国』(岩明 1997-1999)に由来する。「窓」と呼ばれる球体を作り出す能力を持った一族の話なのだが、この球体は、接触した物体を消し去る力を持っている。消えた物体は「窓の外」(宇宙人と想定される一族の故郷?)へと送られるらしいのだが、それがどこなのかは結局はわからないままで、物語は終わる。しかし一族の人々はなお、窓の外のことを熱心に思い続けている。

点に向けて引いた線分を、さらにその方向（いわば「壮大なアソコ」）へと延長する。そのようなやり方そのものを、われわれは宇宙人表象と呼ぶのである。

4 となりの宇宙人

本章の最初で、「われわれはなぜこんなに熱心に、見つかってもない宇宙人のことを考えるのだろうか」という問いを立てた。前節までに得られたのは「宇宙人という表象は、われわれに身近な他者を支持点とした彼方への投射である」という描像だった。しかし、なぜわざわざそういう投射をしなければならないのか。この問いには、まだ明確に答えられているとは言えないだろう。

このことについて考えるには、もう一度、投射の支持点である「他者」について見てみることが必要になる。プロローグで「他・者」と書いて論じたように、他者とはそもそも「他」という「想像できなさ性」を含んでいる存在であった。そういった存在が、はたして宇宙人への投射の方向を確定する支持点として機能するものなのだろうか？　この点について考える手がかりになるのが「出会い」である。

出会い

そもそも「出会い」とは何なのだろうか。現代社会において、出会いは切実な問題となっている。「出会い」という言葉で検索をかけると、大量に出てくるのはいわゆる「出会い系」の記事なのだが、それはまた、人々が出会いに欠乏していることの証左でもあるだろう。異文化との出会いについての関心も高まっており、たとえば大学の学部名などでも、「異文化〇〇」「多文化××」といったものが増えている。

なぜ出会いとはこのように、「気になる」出来事なのだろうか。そこには常に、小椋佳の「シクラメンのかほり」(1975)に歌われているような、期待や希望、そしてためらいや不安といった感情が付随しているのである。出会いとはつまるところ、「出会っていない状態」から「出会っている状態」への移行のことなのだが、実はこの点に、出会いの性質を考える鍵が含まれている。そしてその性質は、相互行為そのものの構造に深くかかわっているのである。

ここで、相互行為分析の主要な方法のひとつである「会話分析(11)」におけるひとつの用語を紹介しよう。それは「接線的応答(tangential response)」である。「相手の言うことに合わせて応答をはじめるが、そこから徐々にトピックをずらしていくやり方」などと説明されるのだが(12)、たしかにそのような形で、ある話題について語っていたはずが、知らず知らずのうちに別の話題にずれていくといったことは日常でよく起こっている。ここで注目したいのは、「接線的」という形容である。「接線が引ける」とはどういうことだろうか。それは数学的には、曲線がある点において局所的に直線で近似できること、つまり方向が定まっていることを意味している。つまり「接線的」という形容の背景には「会話は滑らかな曲線である」というメタファーがあり、「接線的応答」とは、その点において一瞬相手と同じ方向に進んだ後、別の方向にハンドルを切るという操作なのである(図2-5)。この比喩からわかるように、会話に代表される相互行為とは、局所的には「滑らか」であり、すなわち「いままで私たちがやってきたことを、(それが何であるにせよ)いまからもやる」ということの繰り返しなのだと言える。私は、そういった、根拠となるものが

(11) conversation analysis 社会学の研究方法のひとつで、人々の日常会話を詳細に書き起こすことによって、そこに生じている行為の方略や社会的秩序について考えるやり方。

(12) このような説明には、しばしば「言葉尻をとらえる」といったネガティブなニュアンスが含まれる。

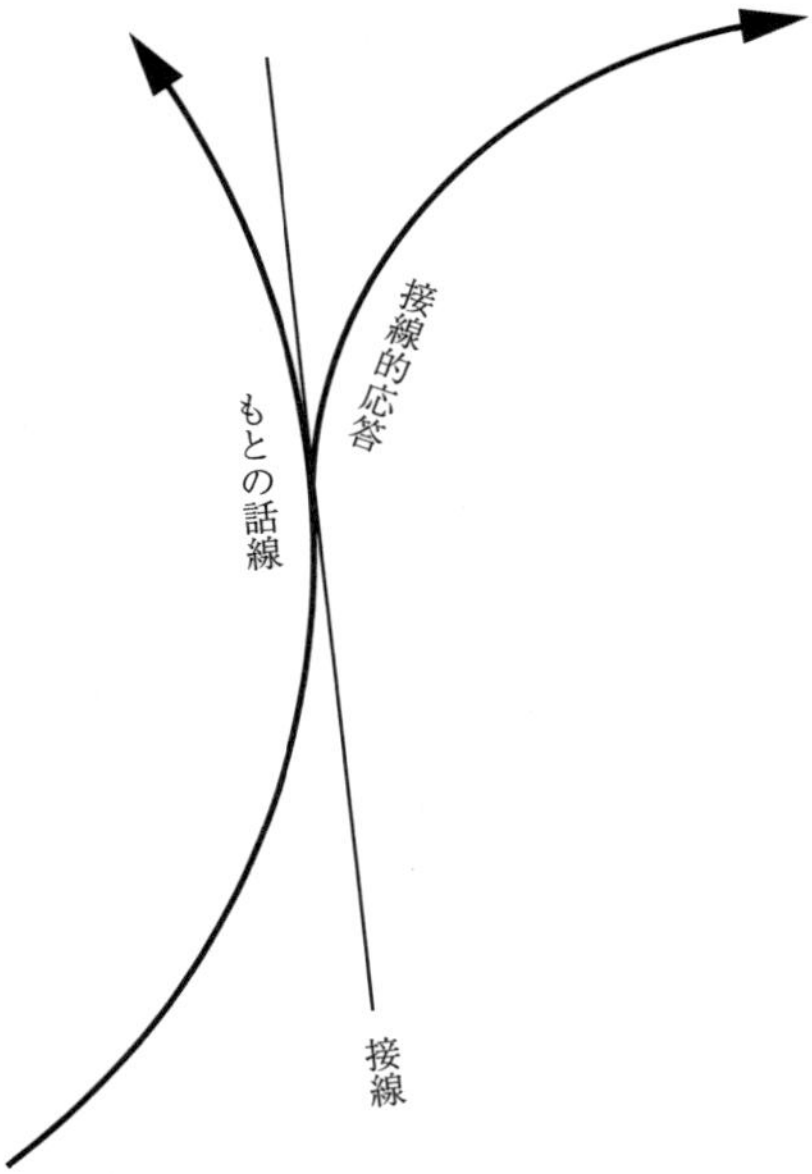

図 2-5　接線的応答のイメージ図
もとの話線と一点において接した後にずれていく応答.

それ自身しかないという意味での「自己生成性」こそが、相互行為の本質的な性質だと考えている。

しかし、会話は一般に「情報伝達」とか「相手との関係調整」といった役割を担っているとされる。そういった目的なしに、単に「いままでしていたことを続けていく」というのでは、あまりにも会話の意義を貶めていることにならないだろうか。――そこで、次のように考えてみよう。会話をしているとき、「なぜあなたは喋っているのですか」と問われると、通常「これこれのことを伝えたいから」（情報伝達）とか「相手と仲良くしたいから」（関係調整）といった答えが返ってくるだろう。しかし実は、そういった理由をはぎ取っていっても、なお「相手と喋る」という相互行為は残りうるように思われるのである。たとえば、「おはよう」などの挨拶は「あなたは早く起きたね」ということを伝えたいために言っているのではない、ということはよく知られている。[13] つまり、「これこれのことを伝える」ために喋るのだ、という条件ははぎ取ることが可能である。また、たとえ嫌いな人と話していても、ぶつりと会話が途切れるのは何となく嫌な感じがする。つまり、「仲良くしたいわけではない」相手とでも、会話は続いた方がいいのである。このように考えると、会話という相互行為の根本の動機は、やはり「会話を続けること」そのことにあると考えざるを得ない。その上に、情報伝達とか関係調整という機能が付随的に乗っかっているのである。

接線の比喩に戻ると、相互行為とは、「私たちがいままでしてきたこと」を資源として、その方向の延長線上に「私たちがこれからすること」を投射(14)するという作業の繰り返しであると言えるだろう。島崎藤村の詩を引くなら、「昨日またかくてありけり　今日もまたかくてありなむ」といった状況なのである。ただしその「かくてありなむ」は、永遠に単一の直線として延長されるわけではない。それはやがて屈曲し、分岐し、また融合していくのである。

ここで「延長」や「投射」という言葉が出てきたが、これはもちろん、ここまでの議論と関連している。「人間の引き延ばし」によって、想像できないはずの宇宙人を想像するという作業は、いわば非常に射程の長い投射である。一方、日常的相互行為における投射は、いままでわれわれがしてきたことから、すぐ後にわれわれがするだろうことを投射するという、ごく近距離のものである。しかし私は、手持ちのものを資源として、不確定なもの、わからない未来を志向するという意味では、両者は同質のものであると考えている。この問題については、本書の最後でもう一度議論してみたい。

話を「出会い」に戻そう。出会いの不安定さとは、「かくてありけり」が欠如した状態(15)において「かく

(13)　人類学者ブロニスワフ・マリノウスキーは、この現象を「ファティック・コミュニオン」と呼んだ（1967／原著 1923）。
(14)　実際、「投射（projection）」という用語は、会話分析の中でも「発話交代位置を投射する」といった形で頻繁に使われている。
(15)　もちろんこの「欠如」にもさまざまな度合いがある。いかに見知らぬ相手同士であろうとも、同じ人間同士であるならば、そこには相当な共有物があるはずであり、そこから相互行為の方向を定めることはある程度は可能だろう。実際、私を含む人類学者は、そのような経験を積み重ねている。それが徹底した欠如になったときに何が起きるのか、これがまさに、

てありなむ」を定めなければならないという点に存していると言える。接線の比喩を用いるなら、出会いの点は、相互行為の接線が定まらない、いわば特異点だと言える。そこは「どっちに行ったらいいかわからない」という不安とともに、「どっちにでも行ける」可能性を孕んだ点なのである。

「宇宙人」という支持点

出会いの分析によって、われわれの日常は、それ自体はさして根拠のない「かくてありけり」といった形の信頼に支えられていることが明らかになった。そういった状況のもとでしばしば起こるのは、たとえよくつきあっている他者でさえも、何かの拍子に「想像できないもの」に変貌する、といった経験である。(16)われわれは、つねに他者の理解可能性と不可知性の間の揺動に晒されているのである。

宇宙人という表象の存在理由は、他者に対してのそのような不可知性がありうるということを納得する「覚悟」のためだとも言えるのではないだろうか。つまり「あいつは宇宙人みたいなやつだ」という言明においては、よくわからない「あいつ」の存在を何とか腑に落とすために、「宇宙人」が使われているのである。われわれは前節で、「宇宙人は他者を支持点とした延長の彼方にある」と考えた。しかしここでは逆に、「他者は宇宙人を支持点とした、手前方向への投射だ」としてみるわけである。

そう考えると前節の議論のちゃぶ台を返してしまうことになるのだが、結局、他者と宇宙人のどちらが支持点なのだろうか？　実のところ、この問いには確定した答えを出しがたい。他者は、眼前にいるという意味でたしかな存在だが、その確定性はある種の信頼に支えられており、それが欠落した状態では不可知性を帯びうる。一方、宇宙人は、いまだ実際に出会えてはいないが、歴史的に形成されてきた表象としては確固たる存在である。おそらく起源論的には、宇宙人表象が他者存在の延長として考えられたのだろう。しかしいったん表象として定着すると、今度は宇宙人が、他者の不確定性を納得するための重要な道具として使われるようになってきたわけである。このように、「お互いが得意なところで相手を支持し合っている」というのが、宇宙人表象と他者存在の関係だと言えるだろう。

SFにおけるファースト・コンタクトが想像している事態なのである。

(16) 私は大学で「宇宙総合学」というリレー講義の一コマを担当しており、毎年、宇宙人類学の話をしている。そこで「あなたにとって『宇宙人的なもの』の例をひとつ挙げ、なぜそれが宇宙人的なのかについて書きなさい」という小レポートを課したところ、出てきた答えには「数学者」「芸術家」「スポーツ選手」「AI」などのほかに、「(友人の)〇〇君」とか「自分の妹」が宇宙人的だ、などといったものも多く見られた。

第一の幕間　双対図式――投射と「枠」

第Ⅰ部では、宇宙人という表象がどのように形作られ、どのような構造をしているのかについて分析してきた。そこでは、宇宙人表象は、われわれの日常的な相互行為における「他者」にまつわる不確定性に深く関係していることが示された。そういった不確定性にもかかわらず、相互行為が遂行できているのは、「私たちがいままでしてきたこと」を基盤として、「これからすること」が未来へと投射され続けているからだと言える。

ここで第Ⅱ部への橋渡しとして、ここまで議論で無造作に使ってきた「私たちがいままでしてきたこと」について振り返ってみよう。それに対しては、相互行為の「滑らかさ」を強調するため、「直線」とか「曲線」といったメタファーをあててきた。しかしそういった「線」を拡大してみると、それは実は複数の参与者がともに作り上げている「相互行為」だということに気づく。共時的な断面を取ってみれば、参与者たちの「していること」は、てんでばらばらではありえず、そこには何らかの統合性が存在しなければならない。たとえば、会話のトピックは各自がまったく関係のないことを喋っていては成立しない。そしてその「していること」の内実は、ずっと不変であるわけではなく、それぞれの時点で移り変わっていくものである。「接線が引ける」という比喩が示すように、その移り変わりは滑らかなものでなければならない。このような、私たちがいま共に支え合って作り上げている相互行為の場のことを、私は「共在の枠」[1]という名で呼んでいる（木村 2003a）。この枠こそが、相互行為の投射を支え、その方向を決定づける場なのである。そしてその枠によって決定され、投射された行為は、次の時点でまた新たな枠を形作る。このように、「枠」と「投射」は、互いが互いを作りつつ進んでいくという関係性をもっている。

一方、「枠」と「投射」は以下の点で対照的である。行為の投射は未来に向いており、つまり通時的である。

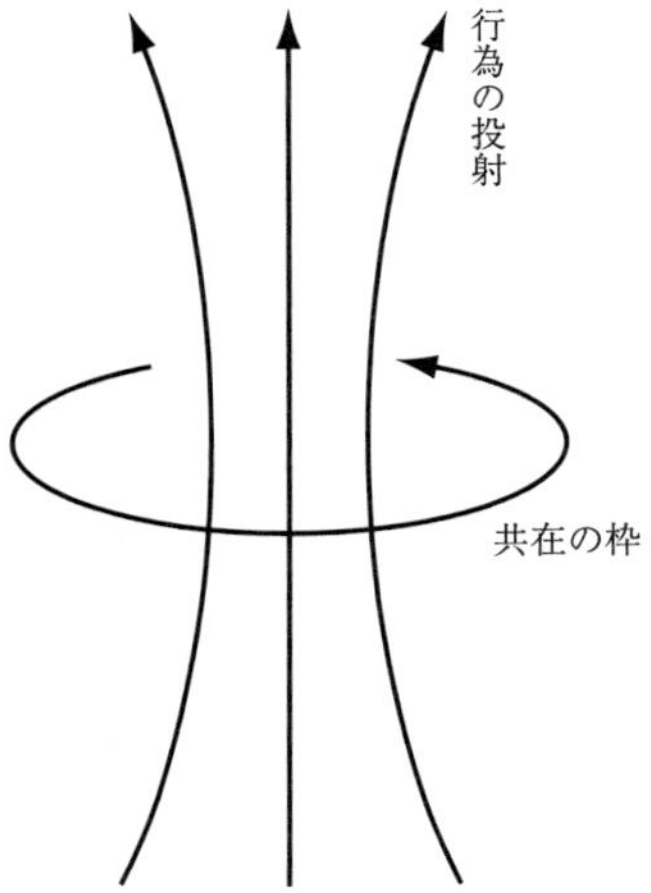

図　行為と枠の双対図式

一方、共在の枠は「いまここ」で成立している共時的なものだと言える。また行為の投射はさまざまな方向へと行為の可能性を分岐させていく働きを持つのに対し、共在の枠はそれを束ね、そこに何らかの統合性を作り上げようとする。[2]こういった関係性を、私は図のような形でイメージした。縦の線が参与者たちの行為の投射を示し、横の輪はそれを束ねる共在の枠を示している。

このように、一見まったく異なる二つのものが、互いが互いを生成するという形でつながっている関係は、数学や物理学において「双対性（duality）」と呼ばれている。この用語は、行為の投射と共在の枠の関係を表現するのに適切であると思われるので、私はこの図式を「双対図式」[3]と呼んでいる（木村 2003a）。

第Ⅰ部の投射論に続いて取り組むべきは、共在の枠、つまり「私たちがこのようにしている」その状態が、どのように生成され、保持されるのかという問題である。この、相互行為論にとって中心的な問題は、ファースト・コンタクトの文脈で言えば、宇宙人と出会ったとき、彼らとの共在の枠をどのようにして生成しうるのか（あるいはしえないのか）という話になるだろう。第Ⅱ部では、この問題について考えていく。

（1） 共在とは co-presence の和訳である。あまり一般的な言葉ではないが、相互行為論の中でしばしば用いられており、私の著書『共在感覚』（木村 2003a）の題名ともなっている。

（2） 私は以前の論考（木村 2010b）で、共在の枠を「ある」、行為の投射を「する」という和語に対応させて論じたことがある。

（3） 電場と磁場が互いを生成しつつ真空中を進んでいく現象が電磁波と呼ばれるのだが、この図はこの両者の関係性からイメージしたものである。電磁波はそのようにして、エーテルの如き足場を持たずに、真空中を自己生成的に進んでいく。

Ⅱ　見知らぬものと出会う

第3章　コンタクトの二つの顔

ＳＥＴＩにおいて主導的な役割を演じてきた天文学者セーガンは、ＳＦの書き手でもある。その作品『コンタクト』（1986／原著 1985）は大きな話題を呼び、一九九七年にジョディ・フォスター主演で映画化もされている。見知らぬものとの出会いについて考える手がかりとして、まずこの小説のストーリーを追ってみよう。

主人公の天文学者エリーは、電波望遠鏡を使って地球外知性を探査していたが、ある日ついにヴェガ星からの信号をキャッチすることに成功する。

まずます有望ね、これは。じゃあ、動くパルスをじっくり見てみましょう。これが二進法だとすると、だれか十進法に置き換えてくれた？　数列はどうなのかしら？　いいわ、頭の中で並べてみましょう。……59、61、67、……71……ねえ――これはみんな素数じゃない？　（セーガン 1986: 102）

ＳＥＴＩにおいて予言されているように、素数の列が自然現象として送られてくるわけはないから、それは地球外知性からのものだと判断されたのである。
しかしさらに分析してみると、通信には別の信号も織り込まれていることが明らかになる。やがてそれは何らかの動画であることがわかり、作業の末、その画像をコンピュータ上に表示できる準備が整った。さあ何が出るかと、みんな固唾をのんで画面を見つめる。

スクリーンの映像がやがて回転し、修正され、しだいにピントが合いはじめる。エリーも無意識のうちに身をのりだして、黒と白の、粒子の粗い映像に目をこらした。……それは、思いもかけないものだった。アール・デコ調の大きな鷲の像に飾られた重厚な演壇。リアルに描かれたその鷲の爪がつかんでいるのは……
〔……〕
エリーの目にも、いまやはっきりと見えたのだが、鷲の爪がつかんでいるのは、ナチの鉤十字だったのである。カメラは鷲の上方にゆっくりと移動し、リズミカルな歓呼の声をあげている群衆に手を振るアドルフ・ヒットラーの笑顔をアップでとらえた。（セーガン 1986: 129）

それは何と、一九三六年のベルリン・オリンピックにおけるヒットラーの演説の映像だったのである。つまりヴェガ人は二六光年の彼方で、このテレビ映像——それは実は、地球においてはじめて大規模におこなわれたテレビ中継であった——を受信し、そしてそれをそのまま送り返したのである(1)。ヴェガ人は、この映像がヒットラーという人物だということはもちろん知らないだろう。画像をそのまま送り返すことによって、単に「やあ、きみたちの挨拶、ちゃんと聞えたよ」（セーガン 1986）ということのみを示したのである。

そもそもセーガンは、実際のSETIの中心人物であったわけで、この小説には、SETIの基本的なアイデアが盛り込まれていると考えてよい。ここでセーガンは、まったく性質の違う、二つのファースト・コンタクトのやり方を示しているのである。(2)(3) 次に、そのそれぞれのやり方について見てみよう。

1 自然コード

ファースト・コンタクトで素数を提示するというアイデアは

・数学的に正しい命題は全宇宙を通じて同じだろう。
・メッセージを受け取る技術を持っているほどの知性なら数学はできるだろう。

という二つの仮定によっている。このように、よく知られた数学的事実を宇宙人とのコミュニケーション

(1) テレビ電波をキャッチしてすぐ送り返したとするなら(二六×二＝)五二年かかることになる。
(2) ただし、後出のイアン・ワトスン『エンベディング』(2004／原著 1973)には、コンタクトの最初に異星人から、地球から発せられた古いテレビ画像がそのまま送られてくる、というシーンが出てくる。この作品は『コンタクト』より先に書かれており、こういったアイデアはセーガンのオリジナルではない可能性が高い。
(3) 実は『コンタクト』では、ヴェガ星からさらにもう一種類の通信が送られてきている、という筋書きになっている。それはヴェガ星への移動装置の設計図である。相手にある種のプログラムを送り、それを相手方で作動させるというこのアイデア自体はたいへん魅力的で、私は以前「エージェント性」という概念でそれについて論じようとしたことがある(木村 1997)。

のキーに使うというのは、ＳＥＴＩやファースト・コンタクトＳＦにおいて、よく出てくるアイデアである。

このような数学の、通文化性ならぬ通宇宙性とでも言うべき性質を、数学者の藤原正彦は、作家・小川洋子との対談の中で次のように語っている。

たとえば、どこかの宇宙人と地球人との知性を比較するときには、どうやって比較するか。文学を比較したってしようがない。物理だって他の天体、銀河系のはるか外の天体とは物理法則自身が異なる可能性がある。化学だって存在する元素が違うはずです。だから比較にならない。ところが、数学だけは、必ず同じです。（藤原・小川 2005: 167）

こういった議論は、「数学的プラトニズム」、すなわち数学的真実はイデア的に実在する、という考えを基礎にしている。これに対し、科学の社会性を重視する立場[4]では、数学といえども、それが作られた社会や文化と相関的であると考える。私自身はどちらかといえば数学的プラトニズム肯定派であるが（木村・森田・亀井 2013）、たとえ宇宙に普遍的な数学的事実があるとしても、はたして宇宙人がその領域に関心を向けているかどうかという点に関しては、何らかの社会性が影響しているだろう。

さて、アレシボ・メッセージの内容を見ると、そこには数学だけではなく、物理学的な事実も用いられていることがわかる。水素や炭素といった元素の原子番号、ＤＮＡの分子構造、等々である。またパイオニア・メッセージにおいても、中性水素原子から発信される波長二一センチメートルの電波が長さの単位として使われている[5]。このように、物理法則は数学と同様、われわれの宇宙のどこに行っても変わらないだろうから、それを用いて意志疎通ができるに違いない、と考えられているのである。

これらのやり方は、自然に存在する共通事項をキーにしてコミュニケートするという意味で「自然コード」と呼んでいいようにも思われる。そもそも、コミュニケーション論で宇宙人を考えることは、共有されたコードがないところでどのように出会い、コミュニケーションを立ち上げることができるのか、という思考実験なのだが、そこですでに存在する「自然コード」を使うのだ、というのが『コンタクト』の第一のやり方だとすることができるようにも思えるのである。

しかし「コード」という概念を厳密に適用するならば、実は数学的事実や物理法則をコードと呼ぶことは難しい。コードとはそもそも、「送信者と受信者の間で取り決められた、恣意的なシニフィエとシニフィアンの結合」(6)のことなのだが、宇宙人とわれわれとの間で、そのようなあらかじめの取り決めなどないのである。数学的事実や物理法則は、そういった「取り決め」に属するのではなく、むしろ「宇宙人とわれわれの双方にとって顕在的な事象」なのだと考えた方がよいだろう。ハーバード・クラークは、たとえ

(4) 最近、人類学でも盛んになりつつある科学技術社会論(Science, Technology and Society, STS)では科学が社会的に規定されているという側面が強調されている。

(5) もうひとつ、物理的事実が宇宙人とのコミュニケーションに使えるというマーチン・ガードナー(1992/原著 1990)による例を紹介しよう。「ものごとを直接指し示して教えることのできない宇宙人に、『右』という概念をどうすれば伝えられるか」という思考実験がある。物理法則は基本的に左右対称なので、宇宙人に「こっちが右だよ」と直接指し示すことをせずに「右」を教えることは不可能だと思えるのだが、実は素粒子の世界では「弱い相互作用におけるパリティの破れ」という左右対称でない現象が発見されており、それを用いると、遠くにいる相手にも「右」という概念を知らせることができるのだという。

(6) 言語学者フェルディナン・ド・ソシュール(1972/原著 1916)の概念で、簡単に言うと、犬という言葉によってあらわされる動物そのものがシニフィエ(所記)で、「犬」という文字、あるいは発話がシニフィアン(能記)である。

ば自分と相手の目の前にワインのボトルがあるような状況を、「共同知覚経験（joint perceptual experience）」と呼んだ（Clark 1996）。クラークはそれを「私が知っていることをあなたが知っていることを私が知っている……」という信念の無限後退を止める機構として考えたのだが、たとえわれわれと宇宙人という距離的には離れている両者にとっても、数学的事実や物理法則は、まさにそういった、双方の知覚を取り結ぶ共通の事象に相当すると言えるだろう。

2　関係に規則性を作る

コンとポン

一方、小説『コンタクト』における第二のやり方は、発信者と受信者に共有される事象を使うという第一のやり方とは、まったく異なるものである。そこでは、地球人が（図らずも）相手に送った信号を、そのまま送り返すこと自体がメッセージになっている。つまり、両者の間には「同じメッセージを送り合う」という意味での「相称性」という形の規則性が生まれているのである。

このような形で、もともとは何もないところから相互行為が生成していくさまを鮮やかに描き出した童話がある。「こぎつねコンとこだぬきポン」（松野・二俣 1977）（図3-1）である。当該部分を紹介しよう。つばき山にコンという名のこぎつねが、すぎのき山にポンという名のこだぬきが住んでいた。二つの山の間には渡ることの難しい深い谷があり、二人とも友達がいないのでさびしい思いをしていた。あるとき偶然、谷のがけっぷちで二人は出会う。お互いにやっと相手の姿が見えるほどの距離である。

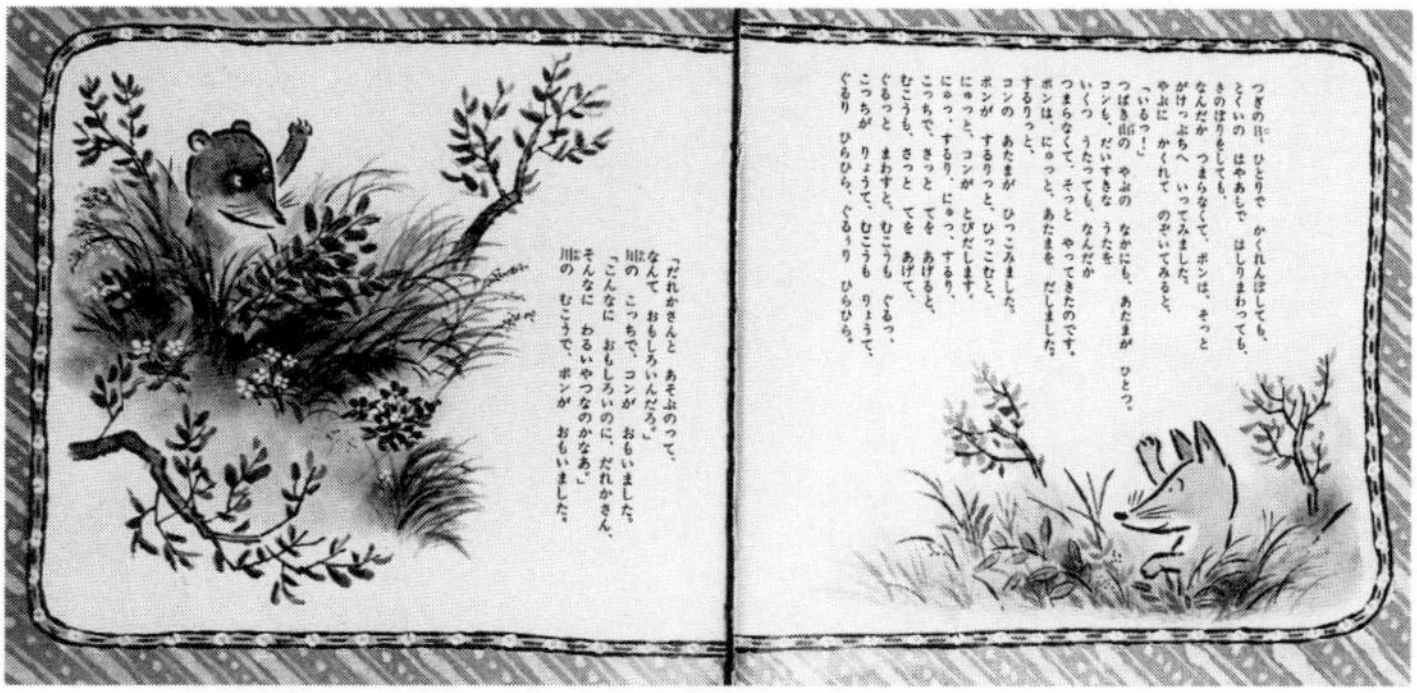

図 3-1　こぎつねコンとこだぬきポン（松野・二俣 1977）

ポンは、にゅっと、あたまを　だしました。
するりっと、
コンの　あたまが　ひっこみました。
ポンが　するりっと、ひっこむと、
にゅっと、コンが　とびだします。
にゅっ、するり、にゅっ、するり、
こっちで、さっと　てを　あげると
むこうも、さっと　てを　あげて、
ぐるっと　まわすと、むこうも　ぐるっ、
こっちが　りょうて、むこうも　りょうて、
ぐるり　ひらひら、ぐるぅりひらひら。（松野・二俣 1977: 12–13）

二人が互いの姿を認めたところで、このシーンは始まっている。見えるのは、相手の体のシルエットのみである。しかし、なにげなく始めた「頭を出す―ひっこめる」という動作が、やがて「相手がしたことをまねる」という形で規則性を帯びてくる。[7] ここに相称性[8]が

（7）幼い子供と遊ぶときは、しばしばこのような経験をすることがある。子供は何でも遊びにできる。

形作られたわけである。しかしそのうち、「さっと手を上げる」という動きが導入されるとともに、やりとりは変形されはじめる。この変形は、一種のばくちだとも言える。なぜならそれを導入した時点で、これまでうまくいっていた「当座のルール」が崩壊するかもしれないからである。しかしいつまでも「頭を出す―ひっこめる」ということばかり繰り返していても、そこに相互行為の進展はない。この時点で、コンとポンの間のルールは「(何をするにせよ)新しいことをする―それをまねる」という一段上位のルールに変形されているのである。このような道行きは、もちろんコン一人で決定することはできないし、そしてポン一人で決定することもできない。そこではまさに、二人の形作る相互行為に、ある規則性が生成していっているのだと言える。このように、参与者たちがともに支え合っている相互行為の規則性、それこそが、私が「共在の枠」と呼んだものなのである。

挨拶と規則性

コンとポンのやりとりは、二人の最初の出会いで生じたものだった。出会いにおいてはしばしば、「挨拶」と呼ばれる相互行為が観察されるが、コンとポンの「にゅっ、するり、にゅっ、するり」には、どこか挨拶を彷彿とさせるところがある。また、『コンタクト』におけるヴェガ人のおうむがえしの返答は、「やあ、きみたちの挨拶、ちゃんと聞えたよ」という挨拶だと解釈することもできる。ここでしばらく、挨拶という行為の持つ性質について考えてみよう。

挨拶はコミュニケーション論の中でも、ある種特異な存在である。「第一の幕間」で論じたように、そこで交わされるのは、「空疎」で「形式的」に見える行為だからである。そして挨拶のもうひとつの特徴は、挨拶においてなされる行動を、具体的に「これこれの様式」として述定することが難しい、という点である。人間同士の挨拶を見ても、握手、お辞儀に始まり、ニュージーランドのマオリの「鼻と鼻をこすり合わせる」挨拶、チベットにおける「舌を出す」挨拶など、実に多様な行動が見られるのである。さらに動物においても、明らかに挨拶だと認識できる行動が存在する。チンパンジーには「パント・グラント」と呼ばれる、特有の音声をともなった挨拶の様式があるし、対角毛づくろい（Nakamura 2002）と呼ばれる奇妙に儀礼性を感じさせる行動も、挨拶を彷彿とさせる（図3-2）。ボノボの性器こすりや、旧千円札の図柄にもなったタンチョウヅルの踊り（図3-3）もまた一種の挨拶だと言われている。

図3-2　チンパンジーの対角毛づくろい（作画＝中村美知夫）

これらの行動の多くは、相手との関係のパターンの中に、「相称性」という形の規則性を作り上げようとしていることに注意しよう。全体が相称的でありさえすればいいのなら、その片側には何でも持ってくることができるわけだが、まさにこのことが、挨拶を具体的な行動様式として述定することの困難の原因だと考えられる。一方、相称的ではないにせよ、身分の高い人と低い人の挨拶のように（図3-4）、「相手に合わせて相補的な動作をする」こともまた挨拶となりうる。これもまた、自分と相手との行為に別種の規則性を作り上げているわけである。このような形で、挨拶に利用できる規則性にはさまざまなものを考えることができる。

さてそれでは、なぜ挨拶は形式的であり、空疎であるという印象を与えるのだろうか。それは、出会いの瞬間に、自分と相手双方にかかわる行為の規則性を素早く確実に作

(8)　ただしこの場合は両者の行動が時間的にずれているので、「相補性」と呼ぶ方が適切かもしれない。

り上げなければならない、という要請から生じると考えられる。その場合、もしもなされる行動が「真剣な攻撃」とか「夢中な摂食」といった「本気の」行動であったならば、それを相手の行動と素早く組み合わせることは難しいだろう。したがって、そこでなされなければならないのは「本気でない」つまり空疎な行動であり、それを相手に顕示するために大げさに示すことが必要になってくる。これがまさに、挨拶の持つ儀礼性なのである。

挨拶の持つこういった性質は、コード・モデルに立脚したコミュニケーション論の視点からは、特異に見えるかもしれない。しかし本書においては「行為の規則性を作り上げること」こそが、相互行為の成立

図 3-3　タンチョウヅルの踊り

図 3-4　修道女と枢機卿の挨拶

の中心であると考えたい。次章で、この「規則性」の持つ性質を詳しく検討してみよう。

第4章 「規則性」の性質
不可知性・意外性・面白さ

前章で見たように、共在の枠を形作る規則性として一番手近なのは、「相称性」つまりお互いが相手と同じことをするということだと考えられる。しかしそれは、出会いにおいて、素早く確実に規則性を形作らねばならないという要請から生じるものであって、一般に見られる相互行為には、相称性のみにとどまらない実に多様な規則性が見て取れる。思いつくままに挙げてみよう。会話、ダンス、柔道、サッカー、将棋……。これらの中に、何らかの「行為のもつれあい」とでも言うべき規則性が存在することは疑い得ない。しかしそれらを一般的な形で記述することができるのだろうか。まさにこの点に、相互行為論の困難の中心があると私は考えている。次に、この問題について詳しく見てみたい。

1 シャノン-ベイトソンのパラドックス

情報やコミュニケーションに関する議論において標準的とされるのは「コード・モデル」と呼ばれる枠組みだが、それに対して「規則性」の概念の重要性を明確に指摘したのはベイトソンであった。[1] ここでま

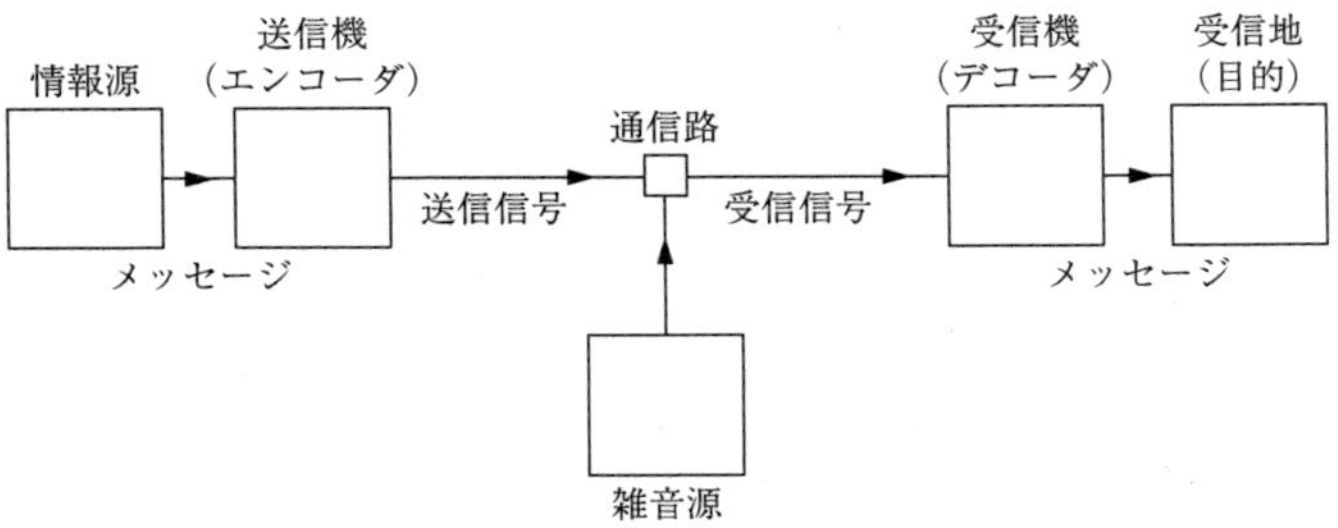

図 4-1　シャノンの情報伝達モデル

ず、ベイトソンによってなされた、クロード・シャノンの情報理論（Shannon & Weaver 1949）の批判に着目して議論をはじめてみたい。

まず、コード・モデルの本家とも言えるシャノンの情報伝達モデル（図4-1）について検討しておこう。通常、数学的あるいは工学的な意味での「情報量」とは、このモデルに基づいて考えられている。そこではまず、信号の送り手と受け手が細い通信路でつながれているという状況が想定される。送り手側には「送信機（エンコーダ）」が、受け手側には「受信機（デコーダ）」が設置されている。エンコーダとデコーダが共有しているのが、すなわち「コード」である。たとえばモールス信号を考えると、Aという文字は〝・－〟という符号に、Bという文字は〝－・・・〟という符号に対応づけられており、その対応が送り手と受け手で共有されているのである。このような対応づけでは、頻繁にあらわれる文字（たとえば、英語の場合はEやTなど）は短い符号であらわし[2]、あまりあらわれない文字は長い符号であらわす方が、全体の通信量が少なくて済む。詳しい議論は省くが、このような形で通信路を通して「どのようにしたら信号をもっとも効率よく送れるか」という視点から「情報量」を定義したのがシャノンの情報理論なのである（Shannon & Weaver 1949; 木村 1997）。この定義に従えば、同じパターンが繰り返されているなどの規則性を持つ信号は、「冗長(redundant)」であり、したがって情報量は小さいことになる。言い換えれば、「情報量の大きい」信号とは、規則性の見られない「ランダムな」信号なのである。

しかしこの定義は、明らかに直感に反するところがある。「ランダムなもの」が、なぜ多くの情報を含んでいるのだろうか。ランダムな信号（ホワイトノイズ）を視覚化したのが、放送が終わったあとのテレビ画面におけるいわゆる「砂嵐」なのだが、砂嵐をいくら見つめていてもいっこうに「何かが伝わってくる」という感じはしない。つまりシャノンの情報の定義には、「意味の概念」といったものが抜け落ちているように思われるわけである。[3] このことに対して直截に異議を呈したのがベイトソンなのだが、ここで彼の文章を引用してみよう。

> 情報理論では、いまわたしがそうしたように、冗長性の概念をこんな手順で導き出すのが通例である。――まず最初に、所与の項が持ちうる最大の情報量を考え、次に、その項を含む周囲のパターンについての知識が、この全情報量をどれだけ減らすのかを考える。しかし逆の方向から考えたほうがいいという議論も成り立ちそうだ。パターン化を強め、予測可能性を増すことこそがコミュニケーションの本質であり、その存在理由であって、何の手がかりにも付き添われない文字が、最大の情報量を持って、一個ポツンとそこにあるというのは、珍妙で特殊なケースだとも考えられるのである。
>
> 実際、コミュニケートするとは、冗長性とパターンを産み出すことと同義ではないだろうか。その考えに立って、もっとも単純な工学的ケースを見てみよう。AがBにメッセージを送るのを見ている観、

（1）ベイトソンの多彩な業績の中で、この点はそれほど評価されていないように思われる。

（2）実際、モールス信号ではEは〝・〟であり、Tは〝-〟である。

（3）このことはしばしば、情報理論の教科書でも、愚痴のような形で言及されている（瀧 1978; 中川 1992）。

察者を考える。この送信の目的は（AとBの視点からすれば）Aの送信用紙の最初に現われたのと同一の文字列を、Bの受信用紙に再現することだ。ところがこれは、観察者の視点からすれば、冗長性をつくることにほかならない。すでにAの用紙を見てしまっている観察者は、Bの用紙を見たところで、メッセージに関する新しい情報は何も得られないわけである。

意味・パターン・冗長性・情報というものの性質は、われわれの立つ視座によって一変する。情報工学で、AからBに送られるメッセージを論じるさいには、観察者のことは考慮せずに、Bの受信した情報量を、伝達された文字数とBに推測を許すテクスト内部の冗長性から決定するのが通例である。しかし我々の生きる宇宙を、観察者の視点によって姿が変わってくるような、より大きな視野において捉えるとき、そこに見えてくるのはもはや、〝情報の伝達〟ではなく、冗長性の蔓延である。Aの行為とBの行為が一緒になって、観察者にとっての宇宙を、より予測可能な、より秩序ある、より〝冗長な〟ものにしていくのだ。あるいはこう言ってもいい。――Aの紙に書かれたものとBの紙に書かれたものとが一致するという、観察者にとって不思議な、確率的にほとんど起こりえないことが、AとBとが演じる〝ゲーム〟の規則によって説明される、と。（ベイトソン 1982: 541-542／原著 1979）

ここでベイトソンは、「情報とは冗長性のことである」と言い切っている。つまり従来の情報理論の主張は完全に裏返されており、そしてそれは実のところ、われわれの直感に合致しているのである。しかし、情報通信技術の基礎となっているシャノン流の情報理論もまた、完全に否定することは難しい。この事態を私は、「シャノン-ベイトソンのパラドックス」と呼んでいるが（木村 1997）、両者はどこですれ違ってしまったのだろうか。

「パラドックス」を解消するヒントは、ベイトソンの次の文言にある。「AがBにメッセージを送るのを見ている観察者を考える」「より大きな視野において捉えるとき、そこに見えてくるのはもはや、〝情報の伝達〟ではなく、冗長性の蔓延である」。このようにシステムの外部に立って全体を見るのがベイトソンの視座なのだが、それに対し、送り手と受け手が細い通信路によってつながれているという状況を想定し、その通信路のみに視野を狭め「いかに効率よく信号を送るか」ということを考えるのがシャノンの情報理論なのである。

私はこのすれ違いの状況を、図4-2に示す「くびれた風船モデル」によって描写することを試みた(木村 1997)。ベイトソンの言う、外部の観察者から見たシステムにおいては、たしかにそのシステム自体の「冗長性＝パターン＝規則性」こそが「情報」あるいは「意味」だと言えるだろう(同図、上)。一方、システムをくびって細い通信路を作り(同図、中→下)、通信路のみに着目してその効率を考えたのが、シャノンの情報量なのである。しかし実は、その細い通信路の両端には送信機(エンコーダ)と受信機(デコーダ)が存在することを忘れてはならない。送られる情報を圧縮し、ランダムに近くして送受信するためには、エンコードおよびデコードのための計算が必要であり、その負担はこれらの装置にしわ寄せされてくる。

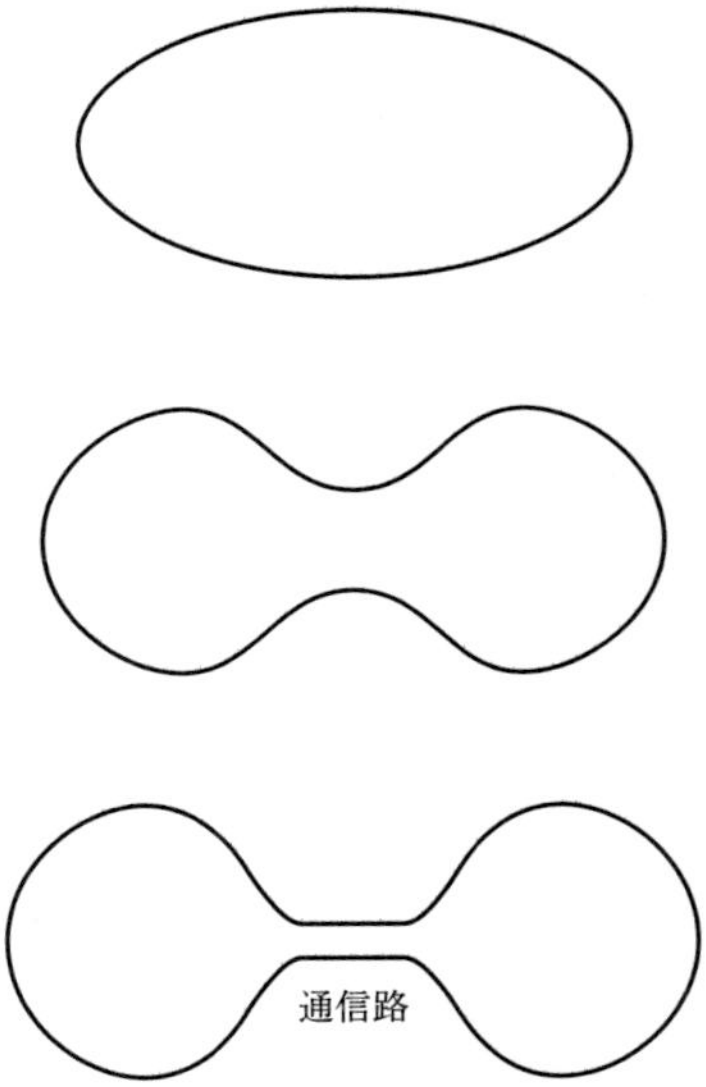

図4-2　くびれた風船モデル
ひとつのシステムをくびると，その部分が通信路と呼ばれるようになる．

そこにはまさに、ベイトソンが言ったように、同じコードを持っているという意味での冗長性が蔓延している。つまり、システムとしての通信路の部分で規則性が絞り取られても、それは消え去ったのではなく、その両側へと押し出されているのである（同図、下）。まとめると、風船の全体の規則性を考えるのがベイトソンの見方であり、視点を通信路（くびれの部分）だけに絞って考えるのがシャノン流の情報理論なのである。

ファースト・コンタクトに話を戻そう。セーガンはコンタクトの二つの姿を描いたが、最初のもの（素数列）は、「何らかの通信が送られてきて、それが何らかの手段で解釈される」という、通信の形だった。これは一見コード・モデルのようではあるが、実はそうは言えないということは、前に論じたとおりである。つまり地球人は、「数学的事実」という宇宙に蔓延する冗長性＝規則性を用いて、ヴェガ人との関係性をより予測可能なものにしようとしているのだと言える。一方、二番目のヒットラーの動画は、それ自体意味を持つ通信が送られてくるというのではなくて、「地球から発せられた、相手にとってはおそらく無意味な信号がそのまま送り返されてくる」という、全体のパターンの規則性そのものが意味なのであった。ベイトソンが示したかったのは、まさにこういった状況なのである。

2　アルゴリズム的複雑性

ここまでの議論は、相互行為の成立は「やりとりに規則性がある」という点に帰着されることを示唆している。そこで次に探究すべきは、当の「規則性」とはいったいどのような性質を持っているのか、という問題である。たとえば、「相互行為における規則性とはこれこれのものである」という形で、そういった規則性を列挙するということはできるのだろうか。実はこの問題は、相当に厄介なものなのである。

規則性を測る方法

そもそも、「規則性を持つ」とはどういうことなのだろうか。ここで、数列（たとえば"1001010100100101010"といったビット列）における「パターン」(4)とは何かという問題を考えてみる。複雑な相互行為における規則性の話を、単純さの極致とも言えるビット列の話にしてしまうのは、あまりにも唐突だと感じられる読者も多いだろう。しかしここでは次の二つの理由から、あえてそのような筋道を取ることにする。ひとつは、いろいろ論じ方を考えてみたが、結局、原理的な話をしてからでないと、相互行為の議論を進める手がかりが得られないと感じられたからである。もうひとつは、およそ相互行為を記述する情報は、音声ファイルや動画ファイルなどの形でビット列によって表現することが可能であり、とりあえずビット列に還元した議論をおこなうことに問題はないと思われるからである。

さて、われわれは、ある簡単な数列(5)を見たとき、「これはすごく珍しいなあ」と思うことがある。たとえば、自動車の距離計に「99999」とか「12345」、あるいは「121212」といった数字があらわれたとき、何となくうれしい気がするだろう。なぜかというと、それはその数列が「規則的」だからである。ではいったい、どういった数列が規則的だと言えるのだろうか。規則的であるということはとりもなおさず、そ

(4)「パターン」というと空間的な配置を連想してしまいがちだが、『コンタクト』の例のように「相手がやったことをその後で同じように繰り返す」といった、時間的な広がりを持つパターンももちろんありうる。会話における順番交代（ターン・テイキング）などは、通時的なパターンの典型例と言えるだろう。

(5) 数列は二進法でビット列に書き直すことができるので、以下はビット列に関する議論としても同じである。

の数列を作り出す「規則」があるということである。たとえば、「99999」は「9が5つ並んでいる」という規則を持っているし、「12345」は「1から始まり1ずつ増える数列」という、「121212」は「12という塊が3つ並んでいる」という規則を持っている。

では、「93145」とか「37461」などというのはどうだろう。これらの列には一見して、簡単な規則が見つからないように思える。ここで「9の次に3が来て、その次に1が来て、その次に4が来て、その次に5が来る」という「規則」があるじゃないか、と言い張ることができるかもしれない。しかしそれでは何となくずるをしているような感じがする。規則性というのは、その列をそのまま提示するよりも短くその列をあらわすからこそ規則性と呼べるのではないだろうか。――ここでわれわれは、規則性の定義の本質に触れたことになる。つまり、「その列そのものよりも『短く』その列を生成できるやり方が存在するとき、その列は規則性を持つ」と考えるのである。

ところで、そのようにある数列を生成する規則は、ひとつに限られるわけではない。「99999」は、「9が5つ並んでいる」とすることもできるし、「99の次に9が来て、その次に99が来る」とすることもできる。しかし前者のやり方の方が、より本質的な定義であり、後者は冗長だという感じがする。このような考察から、われわれは「ある列を生成するやり方のうちで、一番短いものの長さ[6]が、その列の本質的な複雑性（規則性）をあらわしている」という定義に到達する。そしてこのアイデアは、数学的に厳密に定式化することが可能である。一九六〇年代に、アンドレイ・コルモゴロフとレイ・ソロモノフという二人の数学者が独立にこの概念に到達したのだが、この「もっとも短い規則の長さ」のことを「アルゴリズム的複雑性（algorithmic complexity）」と呼ぶのである。[7]

計算不能性

複雑性（規則性）をそのように定式化できたのであれば、実際にある具体的な数列の持つアルゴリズム的複雑性を計算してみたくなるだろう。ところが、たいへん興味深いことに、そういった計算を実際におこなうことは「不可能」であることが知られているのである。詳しい証明は専門書（Li & Vitányi 1994／原著 1990）に譲って、ここでは簡単に背理法を使ったその証明のアイデアを書いておこう。

最初に出した「珍しい数」の例を思い出してほしい。「99999」「12345」「121212」は規則性を持つ「珍しい数」のように思えるし、「93145」とか「37461」などは「珍しい数」とは思えない。では数の列全体を、「珍しい数」と「珍しくない数」の二つに分けることができるのだろうか？　もしそれができたとしよう。そうすると、『珍しくない数』の中で一番小さい数」というものも定めることができる。それをたとえばAとしよう。しかし、その「珍しくない数A」は、『珍しくない数』の中で一番小さい数」という簡明な定義を持っており、その意味でたいへん「珍しい」数と言えるのではないだろうか。(8) この矛盾は、「珍しい数」というものを実際に確定できるとしたことから起きたのであって、したがってそういった確定は不可能なのである。

これと同様な論法を用いて、ある列の持つアルゴリズム的複雑性は、「定義はできるが具体的に計算す

(6)「やり方」の長さをどうやって測るのか、といった問題については、(Li & Vitányi 1994／原著 1990) やウィキペディア「コルモゴロフ複雑性」を参照されたい。

(7)「コルモゴロフ複雑性」「コルモゴロフ記述量」などいろいろな呼び方がある。

(8) この「珍しい数」の話は、(ガードナー 1982／原著 1979) に書かれている。また規則性に関しては、この議論と同様な「ベリーのパラドックス」が知られている。それは「一八字以内で定義できない最小の自然数」というのは実際一八字で定義できているではないか、というものである。

る方法は存在しない量」だということが証明できる。韓太舜（1987）は、この量のとらえどころのないふるまいを次のように形容している。あるビット列 n のアルゴリズム的複雑性を $K(n)$ と書くことにする。

> $K(n)$ という量は確かに存在するけれども、実際に何らかの〝アルゴリズム〟に従って計算することができないと言うのである。これでは情報量 $K(n)$ などと言ってもそれはまるで絵に描いた餅ではないか。$K(n)$ を n の関数とみたとき、それはメチャクチャに勝手な振舞いをするじゃじゃ馬の如きものであって、どんな〝計算可能な関数〟によってもうまく近似することができないのである。この $K(n)$ に比べれば、計算可能な関数などは誠に素直で従順な関数なのであった。
>
> 例を挙げて見よう。整数 n を表わす二進列の長さは $\log_2 n$ 桁というのが計算機科学の常識であるが、たとえば $n=2^{100000}$ ならこれを二進表現するには $\log_2 n = 100000$ 桁必要だということになる。ところが、この数は特別な性質をもっていて〝2の一〇〇〇〇〇乗〟と言えば事足りる。このような種類の n は n がいくら大きくなって行ってもどこまでも現われて来る。それも時にはベターと出現したりする。結局、$K(n)$ は n とともに素直に増えて行くかと思えば突然ガクンと小さくなってしまうという性質を持っている手におえない代物なのである。このことは実は、量子力学、相対性理論と並んで今世紀の知的三大発見の一つとされているゲーデルの不完全性定理と本質的に同等の内容になっている。（韓 1987: 12、一部の記号を書き換えた）

この事実は「アルゴリズム的複雑性の計算不能性」と呼ばれている（簡単のため、以降「計算不能性定理」と書くことにする）。われわれはここに、「規則性」にまつわるある種の不可知性を見るのである。[9] 情報に関する理論において、このような厄介な性質を持つ「アルゴリズム的複雑性」という量が、きちんと計算できるシャノンの情報量に比して人気がないのは当然かもしれない。しかし「情報」という概念は本来、このような厄介な性質を帯びているのである。

ただしここで注意しなければならないのは、計算不能性定理が主張するのは、あるパターンに対して「それを生成する最短の規則性を見つける手順はない」ということであって、「必ずしも最短ではないかもしれないが、ある何らかの規則性が見つかる」可能性を否定しているわけではないという点である。そしてそのような規則性が見つかった場合、そのパターンはランダムではないということが言える。この点は、今後の議論で重要になってくる。

規則性をめぐる二つの困難

計算不能性定理は、「規則性」の持つ深遠な謎を提示しているが、私は、相互行為やコミュニケーションに対して感じるつかみ所のなさ、定式化の難しさは、ここに起因していると考えている。次に、この定理の帰結を二つの方向から考えてみたい。

まず、図4-3を見てほしい。X軸は、さまざまなパターンを、あるやり方で一列に並べたもの、Y軸

(9) しかし、「ある具体的な短いビット列Aであれば、それより短いビット列のすべてをプログラムとして、具体的にAを生成できるかどうか試すことができるのではないか」という疑問が生じるかもしれない。この点については、次のように説明される（明治大学の宮部賢志氏から教示をいただいた）。たとえそのように短いビット列のプログラムを走らせても、その中で停止しないものがあるかもしれない。有限時間内にはそのプログラムが「本当に停止しない」のか、「やがては停止するがまだ停止してない」のかが判定できない。後者の場合、Aが生成され、かつプログラムがいままで見つかったAを生成する最短のものよりも短い可能性があるが、そうであるかどうかは有限時間内に決定できない。

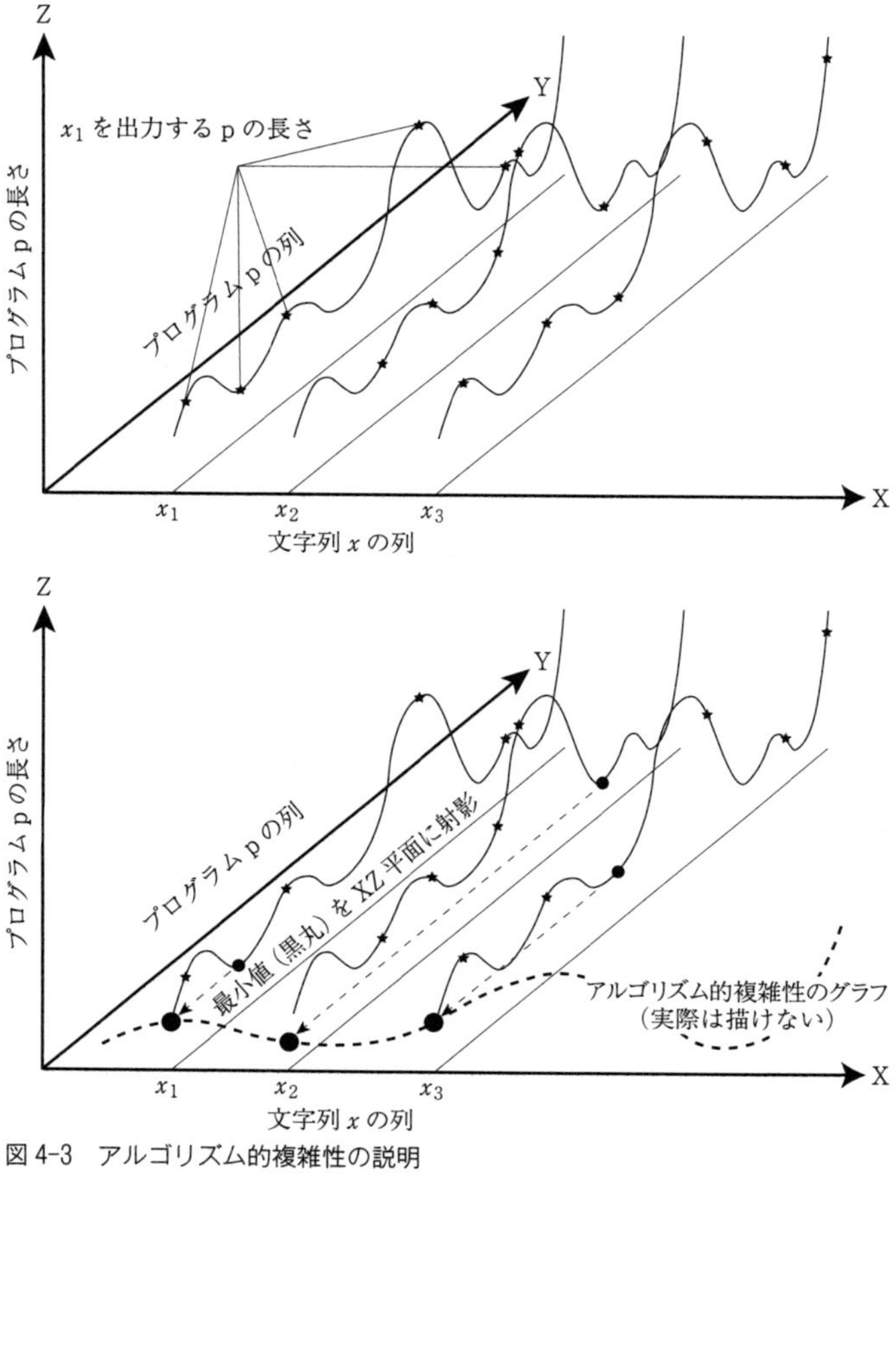

図4-3　アルゴリズム的複雑性の説明

もまたパターンを並べたものだが、こちらは（ある処理系[10]に対する）プログラムとみなす。Y軸上のプログラムの中には、X軸上のパターン（たとえばx_1）を出力するものがところどころに存在する（★印）。そのプログラムの長さをZ軸方向に取る。x_1を出力するプログラム（小さい黒丸で示す）の長さのうち、一番小さいものが、x_1のアルゴリズム的複雑性$K(x_1)$である。次に、生成されるパターンの列であるX軸の方で考えてみよう。それぞれのx_iにおいて、（実際は計算不可能であるにせよ）、そのアルゴリズム的複雑性$K(x_i)$が存在する。それをXZ平面に射影すると（大きい黒丸）、それがすなわち、アルゴリズム的複雑性のグラフ$K(x)$である。

計算不能性定理から、次のような二つの帰結を得ることができる。

1　あるひとつのパターンx_iを与えたときに、それに対するアルゴリズム的複雑性の値$K(x_i)$を知ることはできない。

2　xを動かしていくとき、アルゴリズム的複雑性のグラフ$K(x)$（点線）の挙動を知ることはできない[11]。

この二つの帰結は、実は同じこと、つまり図4-3の二つの見方を述べているに過ぎない。なぜなら、そ

(10)　処理系に十分な計算能力があれば、どんな処理系でも結果は同じである。

(11)　その挙動は韓（1987）の言うところの「素直に増えて行くかと思えば突然ガクンと小さくなってしまう手におえない代物」であり、実際にはグラフは描けないのだが、ここでは説明のためにあえて描いている。x_iの並べ方を「アルゴリズム的複雑性が小さい順」に並べれば単調増加のグラフになるではないか、という反論ができそうだが、そもそもアルゴリズム的複雑性そのものが計算できないので、そういうことはできない。

れぞれの$K(x_i)$について$K(x_i)$の値を知ることができれば$K(x_i)$の挙動を知ることができるし、$K(x_i)$の挙動を知ることができればそれぞれのx_iについて$K(x_i)$値を知ることができるからである。しかし、このように二方向に分けて考えることによって、アルゴリズム的複雑性の持つ意味をよりうまくとらえることができるようになる。

ここで帰結1は「ある固定されたパターンに関して、その生成規則を考える」ことにかかわる作業であり、このことを簡単に「内向きの探索」と呼ぶことにしたい。一方、帰結2は「さまざまなパターンを並べて、それを横断的に見ていくこと」にかかわる作業であり、こちらは「外向きの探索」と呼んでおくことにしよう。次に、二つの帰結のそれぞれについて、相互行為の分析に関して言えることを考えていく。

3　内向きの探索の困難――「別種の説明」がありうる

まず、内向きの探索について考えてみよう。この作業は、より具体的には次のようなことになる。あるパターンをひとつ考える。たとえば車の距離計の数字でも、絨毯の模様でも、ある会話のやりとりの書き起こしでもいい。とにかく、およそこの世に存在する何らかのパターンを、ひとつ固定して考えるのである。さて、このパターンはどのような規則性を持つのだろうか。先に論じたように、パターンが規則性を持つことは、それを生成する「そのパターンそのものを持ってくるよりも短い規則」が存在することと同義である。

あるパターンを生成する規則は、冗長なものを含めれば無限に考えることができる。たとえば、2という数を生成する式は、1+1とは限らない。1+1−1+1−1+1−1+1でもいいし、100+1−211+3+109

でもいい。もう少し複雑な例を出してみよう。「数列0, 1, 2, 3, 4, 5の次には何が来るでしょうか?」という、知能テストに出てくるような問題を考えるのだが、実は答えは6とは限らないのである。[12] たとえば以下のように考えると、次に来るのは726になる。この問題を、「$f(0)=0, f(1)=1, f(2)=2, f(3)=3, f(4)=4, f(5)=5$となるような多項式$f$にはどんなものがあるか」という形に書き換えてみる。もちろん$f(x)=x$はひとつの答えなのだが、そのほかにもいくらでも答えは作れる。たとえば、$f(x)=x^6-15x^5+85x^4-225x^3+274x^2-119x$などというのも別の答えになるのである（図4-4）。種を明かせば、この式は$x(x-1)(x-2)(x-3)(x-4)(x-5)+x$を展開したものなのだが、この式の作り方から、結果がそのようになることはすぐわかるだろう。この式の$x=6$のときの値が726なのである。このように、0, 1, 2, 3, 4, 5という数列（パターン）を生成する多項式（規則）は、無数に考えることができる。こういった形で、パターンを生成するさまざまなやり方（プログラム）を見ていくとき、ある場所に思いがけず短いプログラム（つまり「うまいやり方」）が見つかる可能性がある。そういった状況を裏打ちするのが、計算不能性定理の帰結1なのである。[13]

「最短の説明が一番いい」という考え方は、それを主張した中世の哲学者ウィリアム・オブ・オッカムにちなんで「オッカムの剃刀」と呼ばれている。冗長な説明は、鋭利な剃刀で切り落とさないといけない、というわけである。しかし帰結1は、現象に対してそれを生成するやり方が見つかったとしても、それが

(12) 知能テストを受けていて、ここに書いたような疑問を持った人も少なくないだろう。このような数列と規則性に関する話は、ウィトゲンシュタインも好んで使った例である。

(13) もちろんこの数列の問題の場合、$f(x)=x$がもっとも短い多項式であろうことは直感的には明らかだろう。しかし、それを厳密に証明することはできないのである。

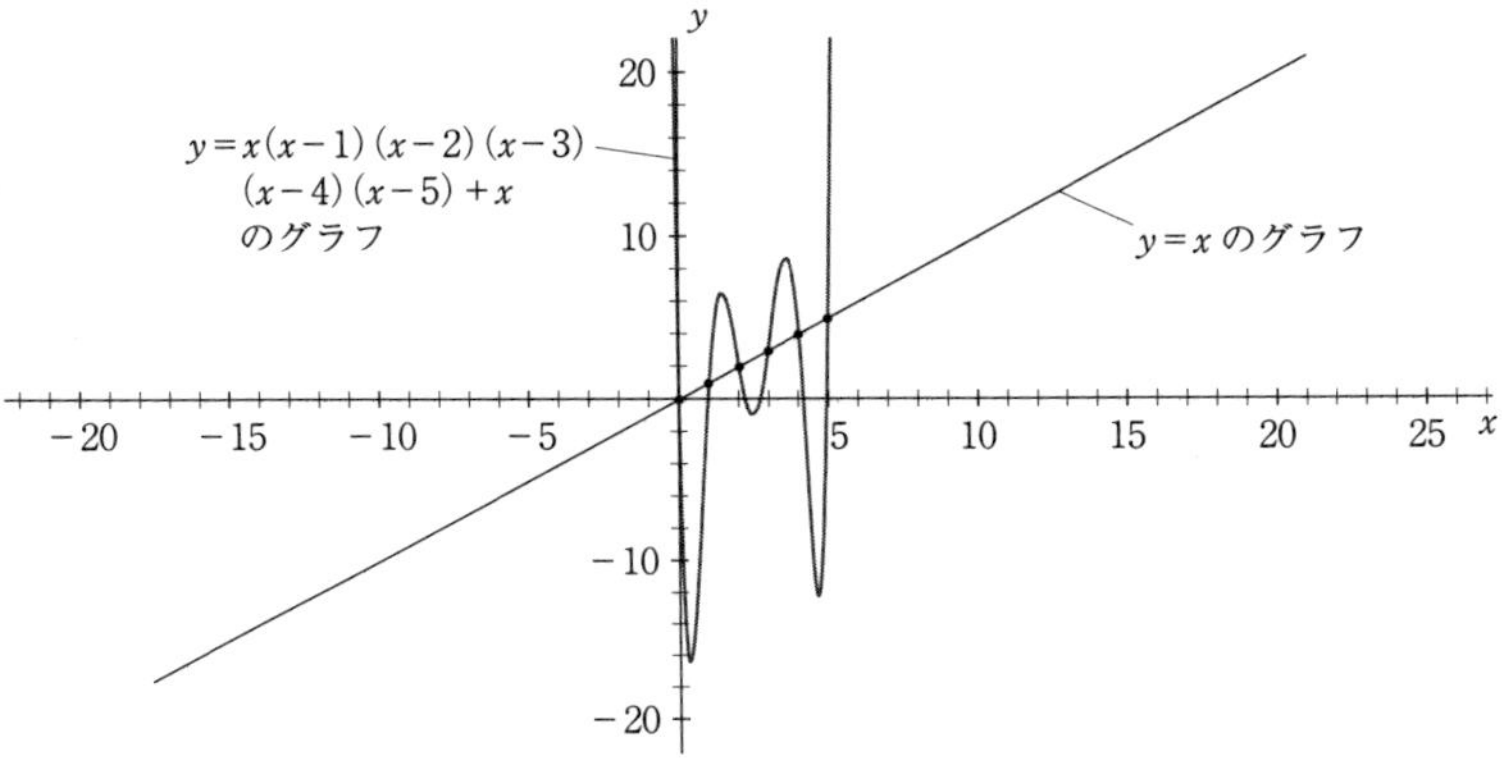

図 4-4　ある数列を作る 2 つの多項式
Googleサイトの計算機能を用いて描いた.

最良（最短）であると断言することはけっしてできない、ということを教える。言い換えれば、冗長な説明を切り落として最短のものを見つけようとしても、「もっといい説明（うまいやり方）が存在する」という可能性は、常に排除できない。オッカムの剃刀には、そのような致命的な弱点が存在するのである。極端なたとえ話をすると、X星に住む宇宙人は 0, 1, 2, 3, 4, 5 というパターンを説明しようとして、$x^6-15x^5+85x^4-225x^3+274x^2-119x$ という式を発見し、「これでこのパターンは説明できる！」と喜んでいるかもしれない。そこに地球人が行って $f(x)=x$ という式を教えたならば、彼らは「何てことだ。こんなやり方があったのか」と落胆するだろう。しかし、X星人を笑うことはできないのかもしれない。[14]

　しかし、ここでもう一度注意しておきたいのは、帰結1は「あるパターンを生成する『最短の』規則を見つける手順は存在しない」という主張であって、「まあまあいい」規則が見つかる可能性を排除しているわけではないということである。当該のパターンを生成する、そのパターン自体の長さよりも短い規則がひとつでも見つかれば、そのパターンはランダムではないのであり、見つかった規則は「まあまあいい」

規則なのだと言える。

あるパターン、あるいは現象を説明する規則性を見つけることには、ここまで書いてきたような困難が存在する。物理学のように、比較的構成要素の少ない系の挙動を説明しようとするときは、「オッカムの剃刀」はだいたいにおいてうまく働くのだろう。しかし、より複雑な系、たとえば人間社会とか生物の体といったパターンに対しては、もはやオッカムの剃刀を当てることが難しくなってくるのである。次に、その様子を見ていきたい。

人類学における「説明」と「実践」

まず人類学の歴史を例にとってみよう。二〇世紀前半までに、世界各地のさまざまな民族に関するエスノグラフィー（民族誌）が蓄積されてきた。それらを相互に比較して、人類文化の多様性とそれを貫く論理を描き出そうという機運が高まってきたのが第二次大戦前後である。現在も運用されている民族誌データベースＨＲＡＦ（五三頁注79参照）も、そういった動機によって作られたものである。そもそも人文・社会科学は、きちんとした数学的な裏付けを持った自然科学の理論体系に対するコンプレックスを持ちつづけてきたと言ってよい（浅田ら 1986）。クロード・レヴィ＝ストロースの構造主義が一世を風靡した理由も、それまでに記録された諸民族の親族構造を、群論[15]を用いて解き明かした（とされる）ところが大きい。

(14) 実際われわれにとっても、いい規則性を見つけるのが非常に困難なパターンはいくらでも存在する。たとえば数列141592653589793238462643383279…は、一見するとランダムな列に見えるが、実は「円周率の十進展開の小数点以下」という意外な規則性を持っているのである。したがってこの列はランダムではない。

(15) よく知られているように、フランスの数学者集団ブルバキの中心メンバーであるアンドレ・ヴェイユが、レヴィ＝ストロースの主著『親族の基本構造』（2001／原著 1949）に群論に関する補論を書いている。

またそれに引き続く、ヴィクター・ターナー（1976／原著 1969）に代表される象徴論の流行も、人々の行為とその意味をコード・モデルで説明しようとした試み[16]だったと言える。

しかし現在この種の議論は、学説史として語られることはあっても、研究の主流となっているとは言い難い。もちろんそこには、現地調査が進むにつれて、当該の現象に関与する事項が多すぎてモデルを作るのが難しいことがわかってきた、という事情はあるだろう。しかし実はその根源に、本節で論じている「内向きの探索」の困難に起因する、「説明可能性」への失望感[17]といったものがあるように思われるのである。

一方、一九九〇年代以降の人類学においては、「説明」や「理論化」に代わって、「実践」がキーワードとして語られるようになってきた（杉島編 2001; 田中・松田編 2006）。「実践」という言葉によって何が指されているのかはかなりの幅があり、大きく分ければ「対象とする人々の実践を見る」という場合と「調査者も一緒に実践する」という場合の二つが考えられる。しかしそれらはいずれにせよ、現象の規則性を外から明らかにするのではなくて、その内側に飛び込んでともに動こう、という方向性だと言える。実は、日常おこなわれている相互行為とはまさにそういうものであって、われわれは普通、自分たちのやっていることをいちいち記述したり解釈したりしようとはしないのである。[18]分析、理解をせずただ参与する、という この態度は、「内向きの探索」の困難に対する主要な対し方のひとつと言っていいだろう。この問題は、「言語ゲーム」に関する節で再考する。

技術やゲームにおける「別種のやり方」

次に、ものを作るという場面における「やり方」について考えてみよう。そこには、われわれが常識的に思い描いているものとは異なる「意外なやり方」がありうる、という例を見ることができる。以前、宇宙人類学研究会のメンバーで、つくば宇宙センターを見学したことがある。そのとき、ロシアのソユーズ宇宙船の展示を見たのだが、私はその設計思想の異質さに驚かされた。テレビや書籍などで比較的よく目にするアポロ宇宙船やスペースシャトルに比べ、ソユーズの内部は宇宙飛行士が身動きしにくいほど小さく、スイッチを押すのに金属棒を使わなければならないほどである。(19) またソユーズの打ち上げロケットは、中央の第二段ロケットが、周囲に取りつけられた四本の第一段ロケットの重量を支えることができないほど軽量化されているのだという。(20) 第一段エンジンが点火され、推力が自重を支えられるようになると、それらを支えていた支柱が切り離され、花が開くように四方へ倒れこむのである。これは一見とても頼りないやり方のように思え、アメリカや日本などのロケットでは考えられないことなのだが、しかしソユーズはスペースシャトルよりもはるかに信頼性の高い打ち上げシステムであることが知られている。(21) この例は、

(16) ダン・スペルベル (1979/原著 1974) の書く例を引くと、「エチオピアのドルゼ族が儀礼に際して頭の上に乗せるバターは、精液を、さらには豊穣を意味する」といった説明である。
(17) そこから、人類学者がやるのは対象の「説明」ではなく「解釈」なのだ、という主張が生まれてきた (ギアーツ 1987/原著 1973)。
(18) ただしそうすると今度は、実践は学として成立せず、端的に実践でしかなくなるのではないか、という別種の困難があらわれてくるが。
(19) 毎日新聞の記事によると、次のような状況である。「船内は極度に狭く、環境は劣悪だ。大西さんはどのように過ごしているのだろう。「遊園地のコーヒーカップに乗っている感覚。〔……〕打ち上げ時には、膝詰めの格好で座る。座席は帰還時の衝撃に耐えられるよう各自の体形に合わせてぴったりと作られており、足を伸ばせない状態だ」。(https://mainichi.jp/articles/20160708/dde/001/040/072000c)
(20) ウィキペディア「ソユーズ」。
(21) スペースシャトルは乗組員全員が死亡する大事故を二回起こしており、すでに退役しているが、ソユーズはいまだ現役

「宇宙にロケットを飛ばす」という状態＝パターンを実現するためのいくつもの別種の「うまいやり方」があることを示している。「自らの常識が最良である」という形で合理性を推定することは危険であり、「もっといいやり方が存在する」という可能性はつねに存在するのである。

　このような「まったく別の技術体系」の描写は、まさにSFの得意とするところなのだが、そういった作品の代表として、ラリー・ニーヴンとジェリー・パーネルの『神の目の小さな塵』（1978／原著 1974）を挙げることができる。作品中で、人類は異星人モートとファースト・コンタクトをはたす。彼らはヒューマノイド（人間型）ではあるが左右非対称な体型を持ち、また「主人《マスター》」「仲介者《ミディエイター》」「技師《エンジニア》」「戦士《ウオリアー》」などに亜種分化していた。異星人を描いたSFの中でも飛び抜けて魅力的な設定だと言える。モーティ（モート人）は地球人に匹敵する技術水準を持つのだが、その技術の方向性は、ずいぶんと異なったものである。モート人と接触した宇宙船〈マッカーサー〉号に乗り合わせた人類学者サリーは、艦長のロッドと語り合う。

「モーティの設計者は、たしかに二つの装置に同じ機能を持たせているわ。でも、二つ目の装置は、その他に二つの別の仕事をするようにできているの。支柱の何本かは、そのままバイメタルのサーモスタットと熱電ジェネレーターを兼ねているのよ。わたし、機械のことはよくわからないのだけれど、モジュールということがあるでしょう。標準化された部品を組合わせて複雑な装置を作るわね？」
「複雑な仕事の場合は、そう、モジュールを使うね」
「モーティはそれをしないのよ。宇宙船にしても、全部ひっくるめて、はじめてそれが一つのものになるの。装置や部品はどれも独立したものではなくて、他の部分と密接に繋がって機能し合っているのよ。ロッド、ひょっとすると、モーティはわたしたち人間よりもずっと進んだ技術を持っているかもしれないわ」（ニーヴン＆パーネル 1978: 上巻 121）

また、〈マッカーサー〉号の科学者たちは次のように議論を交わす。

「これは一つの仮説として聞いてもらいたいのだが、艦長、わたしらはモート人の宇宙船がそれ自体、何もかも仮の構造であると考えている。出発時には、高重力に備えた緩衝座席があったはずなのだ。ところが、今はそれがない。彼らは帰りの燃料も積まずにやって来た。彼らはここへ到着してから三時間のあいだに、フリー・フォール状態に合わせて生命維持装置も設備変更を行った、と見て間違いない」

「〝それもまた消え去る〟のです」ハーディが補足した。「しかしモート人たちは作ったものに少しもこだわらないのです。作ったものを、必要に応じてどんどん壊して、また新しいものを作る。それがモート人の考え方らしいのです」（ニーヴン＆パーネル 1978: 上巻 343-344）

モート人たちは、そういったみずからの技術を信頼して疑わない。モート人の母星に降下した〈マッカーサー〉号の乗員たちは、次のような光景を目撃する。

で打ち上げ回数を伸ばしている。

「ようし、行け」ステイリーは命令した。自動車や大型トラックが塀すれすれに、猛烈なスピードで走っていた。三人のモート人はずかずかと塀を潜り抜けて道路を横切りはじめた。ホイットブレッドは頓狂な声を上げて、彼のフィアンチ・（チャッ）[22]を止めようとした。彼女はその手を邪険にふり払って、構わずに歩いて行った。車は少しもスピードを落とすことなく、間一髪の隙を残してモート人たちの前後をすり抜けて行った。（ニーヴン&パーネル 1978: 下巻 191-192）

もしも現実にファースト・コンタクトが起こったとき、われわれはこのような、まったく「別種のやり方」を目にすることができるのだろうか。

しかし宇宙人を待たずとも、われわれはいま現に、人間の手がまだ触れていないアイデアを見ることが可能になってきている。それは、ゲームにおける人工知能（Artificial Intelligence、AI）の発展によってである。将棋、囲碁、チェスなどは原理的には完全に先が読めるゲーム[23]であり、双方が最善手を尽くせば、先手必勝、先手必敗、あるいは千日手のいずれかになることが知られている。つまり、すべてを見通せる神様同士が将棋をすると、振り駒の時点で勝敗は決する。しかしこれらのゲームの場合、さまざまな手筋の全体（探索空間）は広すぎて、そのすべてを計算することは現実には不可能である。「定跡」（石を置くゲームでは「定石」）と呼ばれるのは、その探索空間の中の、「相手に勝つ」という状態を達成するための筋道のことだが、そういった定跡が、無数の無意味な手筋の中に、ほんのわずかに存在するのである。人間はゲームの歴史の中で、いくつもの定跡を発見してきた。ところが最近、「ディープラーニング（深層学習）」と呼ばれる手法に基づいて開発されたAIが、新たな定跡で人間のチャンピオンを打ち負かすという事態が起こりはじめている。次に示すのは、「朝日新聞」二〇一七年六月九日の記事である。

五月二〇日、将棋AI「ポナンザ」が佐藤天彦名人を破り、四月の第一局と合わせて二連勝。五月二三〜二七日には囲碁AI「アルファ碁」が、世界最強とされる中国の柯潔九段に三戦全勝。人間からAIへの覇者交代を強烈に印象づけた。

特に棋士を驚かせたのが、対局後に公開された五〇局分のアルファ碁同士の自己対戦譜だ。人間から見ると奇想天外な着手が続出。手数が進んだ特殊な状況に限り有効とされてきた「星への三々入り」を序盤早々に打ち合ったり、双方の石がぶつかり合う接触戦のさなかに突然手を抜いて他方面に転戦したり。「遠い未来で行われている対局のようだ」（時越九段）「囲碁と違う競技を見ているようだ」（大橋拓文六段）。プロ棋士らは瞠目した。

グーグル傘下の英ディープマインド社がAIの開発を始めて三年。革新的な技術「ディープラーニング（深層学習）」を導入じて高段者の棋譜を大量に読み込み、棋譜が足りなくなるとAI同士の対戦を何千万局も繰り返して人跡未踏の境地に達した。（「朝日新聞」二〇一七年六月九日）

AIは、人間が足を踏み入れた探索空間のはるか外側に、新たな「うまいやり方」を発見したのである。囲碁や将棋には「鬼手」という言い方があるが、アルファ碁の発見は、人間にとっては鬼手に相当すると言えるかもしれない。そしてそれを見る棋士たちの感想には、驚きや感動が伴っていることをうかがうことができる。

(22) ある特定の地球人を担当する仲介者（ミディエイター）のこと。「（チャッ）」はモート語で使われる舌打ち音である。
(23) 「二人零和有限確定完全情報ゲーム」と呼ばれる。

アルファ碁は、ニューラルネットワークによって作られたAIである。ニューラルネットワークとは、記号主義的な、つまり式に書くことのできるプロセスで処理を進めるのではなく、比較的単純な素子を膨大なコネクションによってつなぎ、[24]処理をおこなうというやり方である。こういったアーキテクチャは、これまで画像認識などで威力を発揮してきたが、「認識はできるが、なぜ認識できるのかをきちんと説明できない」という意味で、記号主義とは相容れない手法だと言える。前述のように、アルファ碁の新しい手筋の発見は「何千万局のAI同士の対戦」という試行錯誤的な手法でなされている。本章で論じている「内向きの探索」の困難は、「いい手筋」を体系的に、つまり記号主義的に見つけることは不可能だということを教えるが、そうするとそこでできるのは、膨大な試行錯誤しかないのである。

生命現象における「別種のやり方」

思いもよらない「別種のやり方」の可能性は、生命現象においても議論されている。『ありえない生きもの』（トゥーミー 2015／原著 2013）という魅惑的な表題の本をひもといてみよう。本書五一頁で述べたように、最近の宇宙生物学では、生命の存在が可能となる状態の惑星において、実際に生命が発生する確率は1に近いと考えられるようになっており、その生命がどのようなものでありうるのかという議論も盛んになってきている。しかし、そこで言う「生命の存在が可能となる状態の惑星」とは、地球と同じように、液体の水が存在する惑星とされるのが普通である。『ありえない生きもの』では、そのような想定に対し、生命にはわれわれが知っているあり方とはまったく別のスタイルもありうる、ということが主張されている。まず、地球上においてさえも、これまで考えられなかったような極限的な環境——水の沸点を超える温度、高いあるいは低いpH、高い圧力、強い放射線など——で生きている微生物が次々と見出されていることが紹介される。現在地球上で発見されている生物はほぼすべて、同じ二〇種類のアミノ酸を使ってタンパク質を作り出して生きている。それに対し、著者トゥーミーは極限環境生物の存在から類推して、それ以外のアミノ酸を使って生きる生物、あるいは別の代謝システムを持った生物が、地球上にさえもひっそりと生きている可能性を指摘し、それらを「奇想天外生物」と呼んでいる。さらに、「生命の誕生には水が必要だ」という定説に対しても、次のような反論が述べられている。

じつは宇宙生物学者は、生物が利用できるような性質を備えた、生物にとって媒体となりうる液体をいくらでも思いつける。水には水素イオンがあり、それが触媒となって、細胞が栄養分を代謝するのに欠かせない化学反応が促される。しかしフッ化水素や硫酸、アンモニア、過酸化水素をはじめ、多くの液体でも同じことが起こる。しかも水とくらべて遜色ない働きをする。たとえばアンモニアは、水と同じかそれ以上に効率よく有機化合物を溶かせるし、ナトリウムやマグネシウムなどの金属を直接溶液に溶かしこむこともできる。もし身近な生物が媒体に液体アンモニアや過酸化水素を使っていたら、わたしたちはそれらがなんとうまく生物の要求を満たすような性質を備えているかと驚嘆したことだろう。そして、ことは逆であることに気づくのだ。――生物の方が、それらの性質を利用できるように進化したのだと。（トゥーミー 2015: 122）

また、生物の基本的物質として炭素があるという考え方に対しても、「ケイ素系生物㉕」の存在の可能性が

(24) したがってそういうやり方は、哲学や認知科学で「コネクショニズム」と呼ばれる。
(25) ケイ素は炭素と周期表上で同族であり、四本の共有結合の腕を持つことから、それを基盤にした生命が存在するのでは

指摘され、炭素しか考えられないという研究者には「炭素偏愛主義者」のレッテルが貼られている。

このような見解が行き過ぎであるのかどうかを判定するには、結局のところ「奇想天外生物」の発見を待つしかないだろう。しかし私としては、生命という現象を実現する方法として、思いもよらぬ「うまいやり方」があったら楽しい、という気持ちが強い。生命とはおそらく、そのような「別種のやり方」を探索し続ける存在だろうからである。

4　外向きの探索の困難――「意外な構造」がありうる

次に考えるのは「外向きの探索」である。さまざまなパターンを順番に並べたとき、そのそれぞれのパターンのアルゴリズム的複雑性がどのように変化するかを見ていくのだが、その変化は、とらえる手順の存在しない「手におえない代物」なのであった。もう一度、韓（1987）の説明を引用すると、$n=2^{10000}$という数は特別な性質をもっていて〝2の一〇〇〇〇乗〟と言えば事足りるのだが、ビット列を並べたとき、そのような規則性を持つビット列はときどきあらわれる。しかしそれがどこに出現するかは、あらかじめ予想することができないのである。

このことと「内向きの探索」との違いがわかりにくいかもしれないので、もう一度説明しておこう。「内向きの探索」とは、あるひとつのパターンを固定し、そのパターンを実現するための規則（プログラム）を探索するという話である。そしてそのプログラムのうちで最小のものを求める体系的手順は存在しないのだった。一方、ここで述べているのは、そのように「何か目標を固定する」というのではなく、さまざまなパターンをずらりと並べて見ていったときに、そのある場所に、ときどきとんでもない規則性を内包するものがあらわれるという話である（この場所を以後、「規則性の窪み」と呼ぶことにしよう）。しかしその窪みがどこにあらわれるのかを予測する手段はないのである。[26]

行為に対するタグづけ

外向きの探索の困難に関して、まず相互行為における規則性を例にとって議論していくことにしよう。最初に「発話行為タグ」という概念について考えてみたい。それは、会話の中にあらわれるそれぞれの発話に、「これは命令である」「これは要求である」「これは質問である」といった形で、その会話内での働きに応じた「タグ」をつけるという手法である。人間の自然会話をコンピュータに理解させるには、こういったタグづけが必須であり、そのやり方については、これまで膨大な資金と努力が投入されて研究がおこなわれてきている。またこの手法は情報科学において「セマンティック・ウェブ[27]」や「オントロジー[28]」という形で応用されようとしている。

「発話にタグをつけることができる」という発想は、ジョン・R・サールの言語行為論（サール 1986／

ないかいうアイデアである。ケイ素系生物は、SFの中にもしばしば登場している。

(26) 「ある探索空間の上で定義された評価関数の極小値や最小値を見つける」という問題（最適化問題）は、物理学や工学においてよくあらわれるものである。そういった評価関数は、一般に扱いやすいものであることが多く、極小値を見つける手法もさまざまに提案されているのだが、ここで論じているポイントは、関数$K(n)$が、その窪みを見つけるためのいかなる探索手法も存在しないほど手に負えない代物だということである。

(27) ウェブのコンテンツに構造を与える（マークアップする）やり方は現在はHTML（HyperText Markup Language）が主流である。しかしHTMLは文書の外見や構造を記述することはできるが、その詳細な意味構造を表現することはできない。セマンティック・ウェブはそういった意味構造の記述を与えるタグづけの体系である。

(28) 概念同士の階層的関係性を表現する体系のこと。それぞれの概念にはタグがつけられていると考えてよい。

原著 1969）にひとつの淵源を持つと思われる。[29] そもそも言語学における伝統的な手法とは、言語を構成する各レベルの単位（音素、形態素、語といった）がそれぞれの固有な「意味」を持つとし、それを確定したのちにそれらの単位をどう統語的に組み合わせていくかを考える、というものであった。このやり方を、会話というさらに上のレベルまで拡張しようとしたのが発話行為タグの発想だったと言える。しかし私はこの考え方を知った当初から、ある種の違和感を感じていた。タグづけをしようとしても、「この発話は質問だろうか、要求だろうか、それとも……」といった迷いが生じてくることは不可避であるように思われるからである。その迷いをふり払って、おのおのの発話の種類を一意的に確定することが本当にできるのだろうか。実際、発話行為タグの手法を押し進めている人たちの間にも、タグづけが困難であるという認識は存在する。[30]

会話という相互行為を、「発話を道具として使って何かをなす」ことだと考えてみれば、この難しさをよく理解することができるだろう。そもそも「道具」とは、あるものがその本来のあり方以外の形で使われている状態のことであって、[31] その使い方は、常に新しい使い方の可能性に開かれているはずである。[32] 発話が道具だとすると、その意味は当然、多様になりうる。つまり、発話の「使い方」のさまざまなパターンを並べたとき、どこかにまだ発見されていない、巧妙な規則性が潜んだ谷間が発見される可能性はつねに排除できないのである。

次に、会話における、発話行為よりもさらに上位の現象に目を移してみよう。それは会話分析の領域であり、そこでは会話の精密な書き起こしの中からさまざまな構造が見出されている。代表的なものには「順番交代」（Sacks, Schegloff & Jefferson 1974）「優先構造」「修復」などがあるが、研究の進展にともない、より詳細なさまざまな手続きが記載されてきている。会話分析の研究では、「データセッション」と呼ばれる集まりが開かれる。ある会話の書き起こし、あるいはビデオ画像を見ながら、「ここでこの人がこのように発話したのはなぜなのか」といったことを討論し、それぞれの発話に意味づけをおこなうのである。私も時にこういったセッションに参加するが、長く会話分析にかかわっている人の分析は、私などの凡庸な解釈とは違った、いわば名人芸的な鋭さを見せる。相互行為という現象の深さ、面白さを感じるときである。

しかし一方で、そのような分析の先に何があるのか、という点に不安を覚えることもたしかである。つまり、もしも会話分析の目標が、そこに見出されるさまざまな構造の「カタログ作り」[33]であるとするならば、それは終わることがあるのだろうか、と考えてしまうのである。ここに、本節で論じている「外向きの探索」の困難があらわれている。会話というのは、通時的に変化する、言語・非言語を含めたさまざま

(29) サール自身は発話行為（言語行為）を、主張（assertives）、指図（directives）、約束（commissives）、表出（expressives）、宣言（declaratives）に分類している。

(30) 以前、社会言語科学会のシンポジウムで、「タグづけが本当に可能なのか」といったことを質問したところ、壇上にいた電総研（当時）の橋田浩一氏から返ってきたのは、「発話行為のタグづけというのは難しい。これはどういう発話なのか、考えはじめると気が狂いそうになる」といった内容のコメントだった。

(31) 「道具性」の概念については、（木村 2003b）で論じている。なお、「道具性」の英訳は instrumentality としてよいだろうが、この語は図らずも、本書でも引用しているコードウェイナー・スミスの未来史シリーズに出てくる「補完機構」の原語でもある。instrument という語は、「補完する」「助ける」といった意味合いを持つ。

(32) たとえば、「質問」というタグをつけうる発話行為でも、実は「「質問すること」によって要求する」ことによって侮辱する」などという形で、その意味は多重になりうる。社会学者アーウィン・ゴフマンは *Frame Analysis* (Goffman 1974) において「多重のフレーム」という形で同様な状況を分析している。

(33) エドマンド・リーチは、『人類学再考』（1974／原著 1961）において、人類学における社会構造の変異の収集に対し、それが体系化に結びつかないなら「チョウチョウ蒐め」のようなものだと書いているが、ここでの私の批判もそれに近い。

な行為の集合体である。その諸パターンの可能性の中に、たとえばターン・テイキングといった規則性の窪みがあらわれ、それが社会交渉や情報伝達といった目的にうまくはまり込んでいるがゆえに、常態的に使われることになっているのだろう。しかしそれはあくまで、発話行為タグと同様なひとつの「道具」なのであり、いまだ使われてない「やり方」はそれ以外にも際限なくあるのではないか、と思われてくるのである。そして、それら別種のやり方を体系的に発見する方法は存在しない。ただもちろん、そこには「よく使われるやり方」というものはあり、それがまさに会話分析の対象となっているわけだが、それらの「カタログ作り」のみを目指すとするなら、それは空しい作業ではないだろうか。おそらく、主導的な会話分析研究者たちはこのことを感じつつも、当面は「よく使われる手続き」に関する分析を進めるしかない、と考えているのではないかと思う。しかし少なくとも、初学者に対して「手続きのカタログが存在する」という印象を与えるのは有益なことではないだろう。

最後に言語の領域から離れ、サッカーという相互行為を考察してみよう。サッカーは野球やアメリカンフットボールなどとは対照的に、連続的に進行し、また個々人の役割の自由度が高いといった特徴を持つ競技である。野球の場合、「ニッカン式スコア」のような形で試合の進行状況を提示できるのに対し、サッカーではそれは困難である。まさに行為が絡み合う状況を考察するのにふさわしい舞台だと言える。(34) さて、テレビでサッカーの試合を見ていると、よく解説者が「いまのは『意味』のあるプレーでしたね」などと言うことがある。またそこでは、「アイデア」とか「創造性」といった言葉もさかんに用いられる。そしてそういったプレーをした選手に対しては、「ファンタジスタ（想像力のある人）」という賛辞が贈られるのである。このような言葉が使われはじめた頃、私はある種の意外さ、あるいは新鮮さを感じたものだった。ルールに則っておこなわれているサッカーにおいて、「意味」とか「創造性」とはいったい何なのだろうか？　ここまでの議論に則せば、創造性のあるプレーとは、選手たちとボールの織りなす絡み合いにおいて「その場」で発見された、何らかの意外な規則性を持つプレーだと言うことができるだろう(35)。それは、いったんプレーされれば選手や観客にも認知可能だが、しかしプレーされるまではいまだかつてこの世に存在しなかったものかもしれない。これもまた、さまざまなプレーという諸パターンの中の、規則性の窪みなのである。

言語ゲーム

ここまで挙げた例から浮かび上がってくるのは、「意味のある行為」というものが、何ともうまく確定できない、というある種のもどかしさである。もう少し明確に述べるならば、ある個別の行為にある種の規則性があり、意味を持つ、と言明することはできるのだが、その「意味のある行為」の全体とはいったいどういうものかを定義しようとしても、それができない、ということになるだろう。

こういったわかりにくさを考えるときに想起されるのが、ウィトゲンシュタインの「言語ゲーム」論である。この概念にはいささか謎めいた雰囲気が漂っており、それがウィトゲンシュタインの神秘化につながっているということも言えるだろう。しかし私は、これまで論じてきた規則性の性質を考えることで、言語ゲームの概念の、少なくとも一部に関しては適切な解釈を施せると考えている。

(34)　ロボット同士の協調的作動をひとつの目標とする「ロボカップ」の課題にサッカーが選ばれたのも、こういった特徴によるところが大きい。

(35)　『サッカー　ファンタジスタの科学』（浅井編 2002: 48）には、クリエイティブなプレーをする選手に関して、「このようなサッカー選手のソフトウエアーについては、現段階では人間の記憶や知性、常識などのソフトウエアーと同様、ほとんど何もわかっていない」と書かれている。

よく知られているように、ウィトゲンシュタインは『論理哲学論考』(1975／原著 1922) において「文あるいは命題は世界の像であり、世界に関してある事実を述べている」という「写像理論」を展開したが、のちにその議論を放擲し、「言語ゲーム」の概念を核とした『哲学探究』(1976／原著 1953) を著した。まず、ウィトゲンシュタインが言語ゲームについてどのように語っているのかを見ておこう。『哲学探究』の最初の部分では、次のように説明されている。㊱

二　一つの言語を考えてみよう。その言語は、建築家Aとその助手Bとの間の意思疎通に役立つのでなくてはならない。Aは石材によって建築を行なう。石材には台石、柱石、石板、梁石がある。BはAに石材を渡さねばならないが、その順番はAがそれらを必要とする順番である。この目的のために、二人は「台石」「柱石」「石板」「梁石」という語から成る一つの言語を使用する。Aはこれらの語を叫ぶ。——Bは、それらの叫びに応じて、もっていくよう教えられたとおりの石材を、もっていく。——これを完全に原初的な言語と考えよ。

七　われわれはまた、第二節における語の慣用の全過程を、子供がそれを介して自分の母国語を学びとるゲームの一つだ、と考えることができよう。わたくしは、こうしたゲームを「言語ゲーム」と呼び、ある原初的な言語をしばしば言語ゲームとして語ることにする。

このように言語ゲームとは、「やりとり」とか「相互行為」と呼び換えてもいいものらしいことがわかる。ウィトゲンシュタインは具体的に次のように書いている。

二三　言語ゲームの多様性を次のような諸例、その他に即して思い描いてみよ。

命令する、そして、命令にしたがって行為する——
ある対象を熟視し、あるいは計量したとおりに、記述する——
ある対象をある記述（素描）によって構成する——
ある出来事を報告する——
その出来事について推測を行なう——
ある仮設を立て、検証する——
ある実験の諸結果を表や図によって表現する——
物語を創作し、読む——
劇を演ずる——
輪唱する——
謎をとく——
冗談を言い、噂をする——
算術の応用問題を解く——
ある言語を他の言語へ翻訳する——
乞う、感謝する、ののしる、挨拶する、祈る。

(36)　引用の各文冒頭の番号は、『哲学探究』における節の番号である。なお引用においては、その節の一部しか引用してない場合もある。

たしかに、こういったさまざまな相互行為は言語ゲームなのである。しかしその後で、ウィトゲンシュタインは次のように述べる。

二三　しかし、文章にはどのくらい種類があるのか。陳述文、疑問文、それに命令文といった種類だろうか。——そのような種類なら無数にある。すなわち、われわれが「記号」「語句」「文章」と呼んでいるものすべての使いかたには、無数の異なった種類がある。しかも、こうした多様さは、固定したものでも一遍に与えられるものでもなく、新しいタイプの言語、新しい言語ゲームが、いわば発生し、他のものがすたれ、忘れられていく、と言うことができよう。

二四　言語ゲームの多様さを目にとめていないひとは、「問いとは何か」といった問いを発したくなるであろう。——こうした問いは、わたくしがかくかくのことを知らないということの確認なのだろうか、それとも、他人がわたくしに……と言ってくれるのを望んでいるということの確認なのだろうか。あるいはまた、はっきりしないというわたくしの心的状態の記述なのだろうか。——そうすると、「助けて！」という叫びも、そのような記述なのか。

二〇四　わたくしは、現状のあるがままに、たとえば誰もしないようなゲームを発明することができる。——しかし、人類が一度もゲームをしたことがないのに、あるとき誰かがゲームを——それは、そのときもちろん一度も行なわれたことがないゲームであるが——発見した、というようなことも可能なのであろうか。

これらの説明は、私が前節で、「いまだ使われてない『やり方』はそれ以外にも際限なくあるのではないか」「そのような迷いを断ち切って、行為の種類を確定することが本当にできるのだろうか」などと書いたこととよく一致している。

実際『哲学探究』の中で、言語ゲームの説明は、例示という形で外延的にはおこなわれていても、内包的な定義(37)はおこなわれていないのである。次に示すように、ウィトゲンシュタイン自身、積極的にそれを避けているようにさえ見える。

六五　ここで、われわれは、これらすべての考察の背後にひそんでいる大きな問題につきあたる。――というのは、ひとはいまやわたくしに向って次のように抗議するかも知れないからである。「おまえは安易なやりかたをしている！　すべての可能な言語ゲームについて語ってはいるが、それなら言語ゲームにとって本質的なものは何か、したがって言語の本質は何なのか、おまえはどこにも言っていない。これらすべての出来事に共通なものは何なのか、そして、それらを言語、あるいは言語の一部にするものは何なのか。おまえは、だから、以前自分の頭をもっとも悩ました研究の部分、すなわち命題の一般形式と言語の一般形式に関する部分を、まさに断念しているのだ」と。

そして、これは真実である。――われわれが言語と呼ぶもののすべてに共通な何かを述べる代りに、わたくしは、これらの現象のすべてに対して同じことばを適用しているからといって、それらに共通なものなど何一つなく、――これらの現象は互いに多くの異なったしかたで類似しているのだ、と言っているのである。そして、この類似性ないしこれらの類似性のために、われわれはこれらの現象すべ

(37)「外延的定義」とは、たとえば集合Aを、$A=\{1, 3, 5, 7, 9\}$ といった形で具体的に指し示しを用いて定義することであり、「内包的定義」とは $A=\{x|x$ は 10 より小さい奇数の自然数$\}$ のように性質でもって定義することである。

てを「言語」と呼ぶ。

このようなことから、ウィトゲンシュタインが「言語ゲーム」の名で呼んだものは、私がここまで（相互行為における）「規則性の窪み」と呼んできたものとほぼ一致すると言っていいように思われる。それは、存在はするけれども、しかし「こうすれば見つけることができる」とか「これこれの場所に存在する」とは言えないものなのである[38]。

ウィトゲンシュタインは、言語ゲームとは「規則に従う」ことだと述べている。しかしこれは、誤解を招きやすい言い方である。「規則」という言葉を使ってしまうと、外在的な規則が存在して、行為はそれに従わせられる、という印象を与えてしまうからである。言語ゲームとは、存在はするがどこにあるか確定できない「規則性の窪み」に入り込んで、そこで動く、ということなのであって[39]、その意味で「規則」は「規則性」と言い換えられるべきだろう[40]。

以上の議論は、言語ゲームのとらえどころのなさは、実は「外向きの探索」の困難のことなのだ、という主張であった。一方、ウィトゲンシュタインは「内向きの探索」の困難についても述べている。

二〇二　それゆえ、〈規則に従う〉ということは一つの実践である。そして、規則に従っていると信じていることは規則に従っていることではない。だから、ひとは規則に〈私的に〉従うことはできない。さもなければ、規則に従っていると信じていることが、規則に従っていることと同じことになってしまうだろうから。

二三　「言語ゲーム」ということばは、ここでは、言語を話すということが、一つの活動ないし生活様式の一部であることを、はっきりさせるのでなくてはならない。

このように、言語ゲームは「実践」や「生活様式」[41]と言い換えられている。前述したように、最近の人類学ではシステムの「理解」ではなくシステムへの「参与」に注目が移ってきている。つまり、システムの内部にいるものが、その全体のシステムについて理解している必要は必ずしもなく、システムはシステムとして、その参与者の思量とは別に動きうる。ウィトゲンシュタインが、『哲学探究』の第二一九節で「私が規則に従うとき、私は選択しない。私は規則に盲目的に従う」と書いているのも、このことを言いたかったのだろう。そして、たとえシステムを外から見ることができたにしても、その規則性の理解に関して、「内向きの探索」の困難が存在する。つまり、あるシステムの規則性はさまざまに記述しうるし、どんな記述であろうとそれが最良の記述だとは言い切れないのである。そこでできるのは、当該の言語ゲーム「について考える」ことではなくて、言語ゲーム「の中でそれを実践する」ことしかない。それこそがまさにウィトゲンシュタインが「生活様式」と呼んだものなのである[42]。

(38) つまり「言語行為」と呼ばれてきたものの実態は言語ゲームなのであり、そこにタグなどをつけて確定できる代物ではないのである。

(39) ウィトゲンシュタインが提示した、2ずつ足していた生徒が突然一〇〇〇以降は4ずつ足すようになった（第一八五節）という例は、ソール・クリプキによって再論されているが（クリプキ 1983／原著 1982）この数列の問題も、先生と生徒は別の「規則性の窪み」に入り込んだだけであって、そこには何も問題はない、と解釈できるだろう。おそらく先生の規則性の方が多少「小さい規則で生成できる」という意味で「よい」規則性ではあるのだろうが。

(40) この点については鬼界彰夫も『ウィトゲンシュタインはこう考えた』の中で、「言語行動の規則性が、明文化された規則と根本的に異なっている」（鬼界 2003: 274）と述べている。

(41) 「生活形式」と訳される場合も多い。

ゲームの面白さ

ここまでの議論で明らかなように、規則性という性質にはつねに「面白さ」「楽しさ」といった感覚がつきまとっている。言語ゲームは「ゲーム」と名がついているからには「面白い」ものであるはずだし[43]、ベイトソンも「冗長性」を「AとBとが演じる〝ゲーム〟」と呼んでいる。またそもそも、本書で規則性の議論をはじめたのは「珍しい数」の話からだったし、アルファ碁が発見した新しい手筋に、棋士たちは奇想天外さを感じ、瞠目しているのである。

それでは、いったいどういったものが面白く感じられるのだろうか。もしも面白さが規則性から発するものであるならば、この問いに対しては、「規則性とは何か」あるいは「言語ゲームとは何か」という問いに対するのとまったく同様な答えを返すしかない。つまり、「面白いもの」を具体的に挙げることはできても、「こういう性質を持ったものが面白いのだ」と内包的に定義することはできないのである[44]。

研究者と名のつく人は、すべからく「面白い」研究をしようと心がけているだろう。しかしこの、「面白さ」をめぐる定義の困難さが、実は研究の評価においてたいへん難しい問題を引き起こしているのである。次に引用するのは、私が愛媛新聞のコラム「道標」(二〇一四年二月一六日)に書いたものだが、この問題について比較的うまく書けていると思うので、全文を見ていただくことにしたい。

「面白かったら何でもええです」

私が人類学を志したのは、大学三回生の頃だった。京都大学理学部に入学した当初は数学専攻を志望していたのだが、二回生の終わり頃から、もっと人間について知りたいという思いが高まってきて、転向を考えるようになった。

四回生のはじめに、伊谷純一郎先生の研究室を訪ねた。（以下「伊谷さん」と書かせていただく。私の周囲では先生を「さん付け」で呼ぶのが普通だが、それは「教官であれ学生であれ、研究者としては対等だ」という考えからだと言われている）。伊谷研究室では、霊長類学と生態人類学の研究が並行しておこなわれていた。研究室で話を聞き、また伊谷さんの文章の力強さに感動した私は、ここの大学院を受けようと決意した。

秋、卒業研究の時期になり、隠岐島の山地放牧牛の調査に連れて行ってもらうことになった。およそフィールドワークとは無縁の生活を送っていた私は、フィールドノートの取り方から味噌汁の作り方まで、一から教わることになった。牛たちに個体識別のプレートを付け、担当する山の一角を一日中歩き回って、牛の位置、行動、その場所の植生、傾斜度を記録するという調査を続けた。京都に帰って、コンピュータ好きの私がデータ分析を担当し、それを私の卒業研究とすることになった。ある程度作業を進めたとき、この方向性でいいのか不安になり、伊谷さんに聞きに行った。伊谷さんはこともなげに「ああ、面白かったら何でもええです」と言われた。そのまま作業を続け、卒業

(42)　ここで「われわれと宇宙人との言語ゲームは可能なのだろうか」という問いを考えてみよう。ここまでの議論から明らかなように、もちろんそれは可能である。そこで必要なのは、両者が行為を規則性を持って組み合わせて動くこと、それのみだからである。
(43)　「言語ゲーム」の原語である“Sprachspiel”の訳について、永井均（1995: 153–154）は「『ゲーム』はドイツ語では『シュピール（Spiel）』だが、シュピールとは遊戯であり『プレイ』と英訳されてもよい言葉である」と書いている。「言語遊戯」という訳語であれば、さらに「面白さ」のニュアンスは強まるだろう。
(44)　永井（1995: 154）もまた、「『ゲーム』と呼ばれるすべてのものに共有されるような本質的特徴は存在しない」と述べている。

研究はそれなりに好評だった。

「面白かったら何でもええです」という、この一見投げやりな言葉を、その後折に触れて思い出す。何が出てくるかわからないフィールドワークから議論を組み立てる、という作業を繰り返してきた伊谷さんにとって、それはごく自然な言葉だったのだろう。しかし、考えようによっては恐ろしい言葉である。研究の価値を、学会や世間の評価でもなく、役に立つかどうかということでもなく、「面白い」というただその一点に求めるというのだから。面白くないなら、他がどうであろうと評価に値しないのである（そういう研究は山ほどある）。前回書いた「ボナンゴ」[45]の話をゼミでしたとき、ある教員が「こりゃあどういう分野の研究になるんかなあ」と言っていたが、それでもみんな「面白い」と感じてくれたからこそ、その話を後に博士論文にできたのだと思う。

もちろん、何が「面白い」のかを客観的に定義することは難しい。それは人により、あるいは時代によって変わってくる、という議論もあるだろう。しかし、一時期もてはやされてもすぐに消えていく研究もあれば、百年、千年と命脈を保つそれもあるとすれば、後者はやはり何らかの形で「面白さ」の核心に触れているに違いない。

「役に立つ研究」が求められている昨今である。その重要性を否定するわけではないが、しかし「面白さ」を根底に置かない学問は、やがてその生命力を失ってしまうだろう。私はずっとそう考えてやってきたし、若い人たちにもそのことは伝えていきたいと思っている。

本書の議論に即して言えば、何が「面白い」のかを客観的に定義することは、難しいという以上に不可能なのである。そういった底の見えない不安に耐えつつ、われわれは研究の海に潜っていかなければならないわけだが、そこでしばしば、定義不可能性の不安に耐えられず、息継ぎをしてしまうことがある。それはとりもなおさず、研究の「型」を求めてしまう――流行りの研究に走るとか、権威に頼る、といった――ことなのである。

それにしても、なぜわれわれは、規則性を持つものを「面白い」と感じるのだろうか。「面白い」というのはある種の快の感覚と言えるだろう。進化心理学的に言えば、「生物（とくに人類）は、規則性を持つものを快とし、選好する方向に進化したが、それはその方向性にある種の適応価があったからだ」という説明になるのだろう。しかし、そのような機能主義的な説明はもうひとつ、それこそ面白くない。本書としてはむしろ、人間というシステムが外界の規則性に感応してより大きな規則性を作ろうとしている、といったベイトソン的なイメージの方が好ましく思える。

規則性に関しては、「面白さ」とともに、「工夫」とか「知恵」といった形容がふさわしい場合も多い。そもそも、本書で規則性を論じる基礎としたのは「アルゴリズム的複雑性」の概念だったのだが、アルゴリズムを考えることは、まさに工夫であり、知恵の次元に属することなのである。そういった工夫を尽くし、その（最短という意味で）一番いい工夫こそが、アルゴリズム的複雑性を与えるのである。その「工夫」は、個人の頭の中でおこなわれるだけではなく、長い歴史の中で醸成されてくる場合もある。近年、生物学的あるいは文化的な「多様性（diversity）」の概念が重要視されるようになってきている。種の絶滅とか、少数言語や伝統的儀礼の消滅は、多様性を減じる「よくない」出来事だとされるわけである。しかしそもそもなぜ、「多様であること」が「よい」ことだとされるのだろうか。生物学的に言うと、多様性

(45) 私の調査対象であるボンガンドの人々のおこなう、相手を特定せずに大声で話す発話形式。われわれ日本人にとっては異様に見える。私の博士論文（Kimura 1990）のテーマとなった。

のない、つまりほとんど同じもの同士で構成された個体群は、環境の変動があった場合に一斉に死に絶えてしまう可能性が高くなるので、少しずつ違う個体がいた方がいいのだ、といった説明がなされる。しかしそういった「功利的」とも呼べる説明とは別に、われわれは「長い歴史の過程で生まれてきたさまざまな『工夫』（つまり規則性の窪み）が失われてしまうのは残念だ」という、いわば審美的な見地からも、多様性を価値づけていることは間違いないだろう。このように「いいアルゴリズム」「うまいやり方」は、「美」の感覚とも結びついてくる。[46] 本書の議論は、複雑系科学とも近いものだが、カオス理論に代表されるこれまでの複雑系科学においては、こういった「知恵」や「美しさ」といった次元での現象はほとんど取り扱われてこなかったと言ってよい。[47] それは、複雑系科学において、アルゴリズムに立脚した議論がなされてこなかったことに原因していると思われる。

規則性の性質は、そのような面白く美しい世界への扉を開いている。しかしその反面、この議論は、「規則性については結局すべてがわかることはないのだ」という、一種の不可知論、あるいはペシミズムにつながる、という印象を与えるかもしれない。たしかにそこには、ある種の不可能性が存在している。しかしそれは裏を返せば、「やり方の種類はこれだけしかない」という閉塞状態から、「やり方の種類には思いもよらぬものがある」という非限定性の世界への転換であると言うこともできるだろう。一見ペシミスティックであるかのように見える状況の先には、そのような意味でのオプティミズムが広がっているのである。

5　粒度と階層の問題

規則性に関するここまでの議論で、いくつか語り残してきた問題があり、ひょっとして読者も引っかかりを覚えながら来てしまっているかもしれない。私自身、これらの点についてまだ明確な答えを持っているわけではないのだが、とりあえずいま考えていることを書いておきたい。

構成要素の粒度

アルゴリズム的複雑性の計算不能性定理は、あるパターンを少し変形しただけでも、ガクンと規則性が変化する場合があることを教える。しかし、本当にそうなのだろうか。たとえば、カーペットの模様の小さな部分を少し変えたからといって、全体の規則性はほぼ同じ状態で保たれるのではないだろうか。

この疑問は、パターンというものをどのスケールの固まり、つまり「粒度」でとらえるか、という基準を考えることによってかなり解消できるように思われる。たとえば積み木の組み合わせのパターンを考えるときは、たとえひとつの積み木が多くの分子、原子からできているにせよ、「ひとつの積み木」が、ビットで表現できるような「ひとつの単位」としてとらえられているのである。そう考えることによって、もともとビット列に対して考えられたアルゴリズム的複雑性の議論を、近似的にではあるが積み木のパターンに適用することができる。

さらに一般のパターンにおいては、それぞれのパーツは必ずしも同等な積み木であるわけではない。た

(46) 渡辺茂 (2016) は、動物にとって「美」を感じることが何らかの適応価を持つという議論を紹介している。ただし、そもそも「美」とは何かという問題については明快な説明はおこなっていない。

(47) ただし、「最小のアルゴリズムで記述できるもの」が「もっとも美しい」ことになるのかどうかについては、議論の余地がある。この点については、次節で論じる、人間の認知機構とそこに入力されるパターンの相互作用から生まれる規則性について考える必要があるだろう。

とえば、機械式の時計は非常に規則的なシステムと言えるが、そこではそれぞれ異なるパーツが組み合わさってシステムができている。このシステムにおいては、それぞれのパーツ相互の組み合わせにかかわる部分（たとえば歯車の歯）がその中核であって、そこを少しでもいじればシステムは大きく変わる。歯車の歯がひとつ欠ければ、時計は動かなくなるだろう。これが「ガクンと規則性が変化する」事態だと言える。しかし、時計の針の先をちょっと曲げるなどということをしても、全体の働きはほとんど変わらない。このように、システムにはキーポイントになる点とそうでない点があるわけだが、それをあらかじめ区別する一般的な手法はない。これが計算不能性定理が教えることなのだと考えられる。

プログラムとパターンの階層

次に、「内向きの探索」と、「外向きの探索」の関係について考える。たとえばアポロとソユーズの設計思想の違いを、私は「内向きの探索」の困難として議論した。つまり、それぞれのやり方を「宇宙にロケットを飛ばす」という状態＝パターンを実現するための、二つのやり方（プログラム）ととらえたのである。しかし、「アポロ宇宙船の作り方」「ソユーズ宇宙船の作り方」のそれぞれは、それ自体よく工夫された「パターン」だと見ることもできるのではないだろうか。一方、私は発話行為については「外向きの探索」の節で議論し、それぞれの発話行為は「発話の使い方」におけるさまざまな規則性を持ったパターンだととらえた。しかし発話というのは、何らかの目的（情報伝達であるとか関係調整であるとか）を達成するために使われる「やり方」ととらえることもできるだろう。

このように、ここまで議論にのぼった対象は、パターンであるとも言えるし、やり方（プログラム）であるとも言えるという、二面性を持った存在なのである。アルゴリズム的複雑性の理論を思い返せば、処理系に入力するプログラムはビット列で書けるし、そしてそのプログラムを走らせた処理系から出力される結果（パターン）もまたビット列で書ける。両方とも、同じビット列だったわけである。そのように規則性の理論においても、形の上でプログラムとパターンの区別はないと言ってよい。

そして自然界にもまた、このようなプログラムとパターンの階層を見ることができる。たとえば生物を考えるとき、それは原子からできており、原子が組み合わさって分子になり、分子が組み合わさって細胞ができ、細胞が組み合わさって生物体ができ、さらに生物体が組み合わさって社会ができている。原理的にはすべての階層の出来事が原子の動きで説明できるわけだが、生物学や社会学の議論に原子が持ち出されることはなく、そこではもっと上位の階層の論理が働いている。そしてそれぞれの階層におけるパターンは、その下の階層をプログラムとして生成されていると言ってよいだろう。(48) たとえばDNAの塩基配列がプログラムとなってその上位のタンパク質のパターンを生み、タンパク質のアミノ酸配列がプログラムとなって酵素の三次元構造を生み、酵素の働きが集まって細胞が機能し、……といった具合である。このような形で、それぞれの階層においてプログラムはパターンでもあり、パターンはプログラムでもあるのだ。(49)

次に、二つのパターンが出会うという状況を考えてみよう。パターンの規則性に関して次のようなことが言える。二つのパターンを一緒にしてできたパターンの規則性を、もとの二つのパターンそれぞれの規

(48) アーサー・ケストラー（1983／原著 1978）のいう「ホロン」のイメージに近い。
(49) ただしこのように考えると、最短であるのがいいはずのプログラムそのものに、規則性（＝冗長性）を考えないといけなくなる。これは厄介な事態かもしれない。こういったプログラムとパターンの絡み合いについては、まだ私も十分なイメージを持っているわけではなく、今後の課題としたい。

則性から予測できない場合がある。簡単な例を出そう。あるランダムな列[50]

A＝111001111010000011011001001110100111111000010110111…

を考える。これに対し、もうひとつのランダムな列

A′＝000110000101111100100110110001011000000111101001000…

を考える。実はA′はAのビットを反転したものである。

AもA′もランダムであるにもかかわらず、これらを足しあわせたものは、

A＋A′＝111111111111111111111111111111111111111111111111111…

と、完全に規則的なものになっている。このような場合が存在するのである。[51]ここで、片方のパターンが、たとえばある人間の認知機構であり、もう片方のパターンがそこに入力されたメッセージ（通常言うところの[52]「情報」）であるとしてみよう。そのときそこには、双方からあらかじめまったく予測できない新しい規則性が生じる可能性がある。このような事態は、メディア論などでは「情報の意味はそれを解釈する人によって異なってくる」などといった形で語られるだろう。たしかにそれは間違いではないが、本書の立場からは不十分である。なぜなら、この言い方は「情報」が入力されたパターンに内在しており、それが

受け手に「解釈」されるという、シャノン的なモデルに基づいているからである。本書では、情報とはそのような物象化されたものではなく、受け手とメッセージを合わせた全体のパターンなのだということを述べてきたのだった。ベイトソンは「Aの行為とBの行為が一緒になって、観察者にとっての宇宙を、より予測可能な、より秩序ある、より〝冗長な〟ものにしていくのだ」と書いているが、そのように、受け手というシステムと、受け取られた「情報」が一緒になって、全体をより冗長な、規則性を持ったパターンにしていくのである。

このように、パターンはプログラムでもあり、プログラムはパターンでもある。そしてその連鎖は、必ずしも一列をなすわけではない。二つ以上のパターンが合わさったり、あるパターンが「環境」と呼ばれる別のパターンの中に投げ入れられたり、ひとつのパターンが複数に分裂したり、連鎖が円環になったり、そういった具合に、現実の世界——生体内、生物間、人間社会、そして願わくは人間と宇宙人との間——には、プログラムとパターンの織りなすネットワークが張り巡らされていると言えるだろう。

(50) 実際にコイントスをして生成したものである。
(51) ここに述べたアイデアは、二〇〇九年に韓太舜氏と面談し、その基本的な正しさを確認していただいている。
(52) 本書では情報はパターンそのものの規則性に存すると考えているので、このような回りくどい言い方になる。

第5章　規則性のためのリソース
コードなきコミュニケーションへ

1　「リソース」の概念

道具性

アルゴリズム的複雑性を考えるときには、「そのパターンを生成するすべてのプログラム（＝規則性）」を考え、その最短のものを選ぶのだった。しかし、実際の規則性の探索においては、すべての可能性にわたって考えるということは困難である。したがってそこでは、「次善の探索方法」が工夫されなければならない。先の「構成要素の粒度」の説明で時計の例を出したが、そのように、われわれはある粒度を持った「部品」をいろいろに組み合わせつつ、規則性を作り出すことを試みている。このような作業は、「道具の使用」と形容することもできよう。われわれが規則性にかかわる困難にどのように対処しているかを考えるとき、この「道具」の概念が重要になってくるのである。

しかしそもそも、ここで持ち出した「道具」とはいったい何なのだろうか。私はかつて、「道具性の起源」という論文（木村 2003b）で、この問題について論じたことがある。ここではその紹介を通して話を進めよう。チンパンジーが道具を使えることがしばしば話題になるように、道具使用は「人間性」の度合いを測る重要な指標となる。しかしどういったときに「それは道具使用である」と言えるのだろうか。まず思いつくのは、それが「身体外」のモノであるという条件だろう。ゴリラが素手で蟻塚をたたき壊すのは道具使用とは言わないが、チンパンジーが小枝で蟻を釣るのは立派な道具使用だとされるのである。そうすると、「道具とは身体外のモノを身体化したものである」と言ってよいのだろうか？　しかし、身体を現象学的に考えるならば、志向性に対して完全に透明になったモノ（たとえば、食事をしているときの箸の先、あるいは狭い道を走らせている車、といった）は、もはやモノではなく、端的な身体としか言えなくなってくるように思える。

一方、身体の一部であっても、それが思うように使えないときには、モノを「使っている」（がうまくいかない）と感じられる。このように、身体に基礎をおきつつも、身体「でない」方向へ張り出している、その中途半端な状態こそが道具を道具たらしめていると言える。そして一方、道具とは端的なモノでもない。映画『２００１年宇宙の旅』（1968）の冒頭で、猿人が投げた骨が衛星軌道上の宇宙船にオーバーラップする有名なシーンがあるが、そこに象徴的に示されるように、モノは「それがもともとそうであるありよう」を逸脱したときに、はじめて道具になりうるのである。このように、道具とは「身体」と「モノ」の双方のコンテクストから、「〜でない」という形で離脱した存在だと言えるだろう。

あるモノが「そうである」状態とは、とりあえずは画定可能である（たとえば、コップはコップである）。しかし、「そうでない」もの（たとえば「コップでないもの」）は、無数に考えることができる。このことを私は「補集合的非限定性」と呼んでいる（木村 2003b）。「そうでない」状態において非限定的に自由になったモノは、広い空間で「いろいろに動かしてみる」ことができるようになる。たとえば、現実に手でいじってみるということもできるし、また頭の中で仮想的に動かしたり組み合わせてみることもできる。そのとき、そこに思いもかけない規則性があらわれるかもしれない。これがまさに、「外向きの探索」のやり方なのである。(1)

そういったイメージを説明するために、ひとつのゲームを紹介しよう。スマートフォンで動く「Q」というゲームである（図5-1）。「物理エンジン」と呼ばれる、重力、加速度、摩擦といった物理法則をコンピュータでシミュレートする仕掛けを用い、二次元上でさまざまな課題をクリアしていくのだが、以下は4Gamer.netのサイト(2)に書いてあるその説明である。

例えば、「コップに入っているボールを（コップの）外に出せ」というステージの場合、コップを倒せばボールが転がり出るはずなので、プレイヤーは〝コップを倒すための何か〟を描けばいい。重い（大きい）何かを描いてコップにぶつけたり、先端が重い棒状の何かを引っかけてコップを倒したりすれば、それなりの確率でボールを外に出せるだろう。もちろん、ボールに直接何かをぶつけて弾き出すなど、クリア方法はほかにも無数に考えられる。

無料のゲームなので、スマートフォンを持っている方はぜひやってみてほしい。こういったシンプルな仮想世界でも、これだけさまざまな、無数の「やり方」があるのだということが実感できるはずである。

（1）認知科学では、そういった場に「ワーキングメモリ」という名がつけられている。
（2）http://www.4gamer.net/games/287/G028732/20150108086/

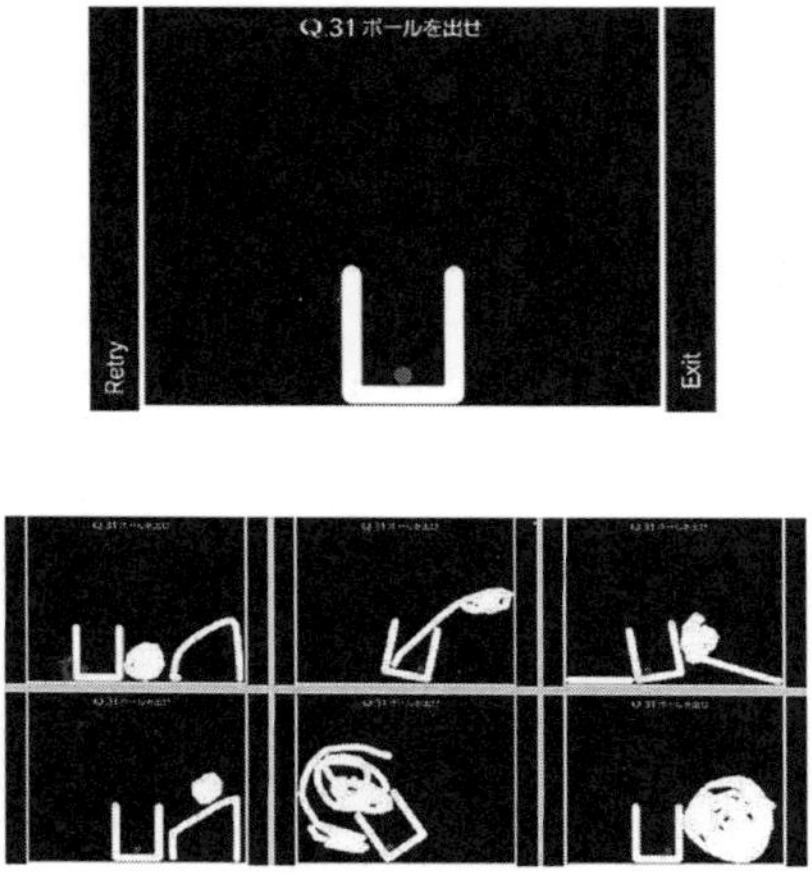

図 5-1　ゲーム「Q」の画面（4Gamer.net のホームページより）
課題（上）と，そのさまざまな解法（下）．

「道具として使われうるもの」は、相互行為研究ではしばしば「リソース」と呼ばれる。[3] リソースとはつまり資源とか資材のことなのだが、ここまで説明してきたように、そのもともとのありようを離脱して、他のものとの組み合わせによって新しい意味＝規則性を獲得するもの、というニュアンスを持つ。この概念は、たとえば会話分析においては次のような形で使われる。会話における順番交代（ターン・テイキング）は、会話分析のもっとも基本的な枠組みであり、それはしばしば「会話における規則」として言及される。しかし、会話分析研究の本流では、順番交代を「規則」と呼ぶことは注意深く避けられているように思われる。順番交代に沿わない発話が起こった場合、たとえば通常は返答のターンがあるところで沈黙が起こったり、発話が重複したりするとき、それは「規則に違反している」のではなく、それによって「新たに何事かがなされている」と解釈されるのである。沈黙は相手への不同意を表すことに、発話の重複は相手を言い負かすことに使われうる。このような意味で、順番交代に沿わないこともまた、違反ではなく、会話という相互行為におけるリソースとなるのである。

さらに言うならば、相互行為すなわち「私たちがいましていること」における、もっとも手近で豊かなリソースは、まさに「私たちがいままでしてきたこと」であると言うことができるだろう。六七頁で書いた「会話に代表される相互行為とは、局所的には『滑らか』であり、すなわち『いままで私たちがやってきたことを、（それが何であるにせよ）いまからもやる』ということの繰り返しなのだと言える」という描像は、まさにこのことを示している。このリソースが欠乏した状態というのが「出会い」であり、そこに不安定さと可能性が孕まれるのである。

「探索」の構え

そのように考えていくと、会話を含む相互行為一般においては、何でもかんでもリソース(4)、つまり「使われるもの」ということになってしまう。それではいったい何を頼りにすればいいのか、と感じる読者もあるだろう。相互行為をとらえるための、しっかりした基礎、枠組みがないのは不安だからである。しかしそのような、あらかじめ枠組みを決めてかかる姿勢は、KJ法の創始者、川喜田二郎によって厳しく批判されている。KJ法とは、多くのデータやアイデアをまとめていくときの手法であり、具体的には個々のデータを一枚のカードに書き、そのカードをばらまいた後、だんだんと近いものをグループにまとめることによって、全体の見通しを明らかにしていく。彼はフィールドワークにおける情報の探索について、次のように書いている。

---

(3)　たとえば串田秀也（2006: 53–54）は、リソースを次のように定義している。「相互行為の中でさまざまな行為や活動を成し遂げるために利用可能で、かつ相手にとって観察可能な、言語的素材（語彙、統語構造、韻律、発話に直接伴う非言語的素材、発話のテンポ、音の大きさ、音の長さ、声調、声質、間隙、吸気、呼気、発話の位置、など）およびその他の身体的素材（視線、表情、頭部の向き、上体の向き、身振り、動作、など）への総称」。

(4)　以下の議論では、加工するものとしての「道具」と、加工されるものとしての「リソース」の概念が混同されていると感じられるかもしれない。しかし結局両者は、相互行為において「使われるもの」としての存在性格は同じなので、厳密に区別することなしに論じていくことにする。

「こういう情報がほしいのだ。それがどこかにないか」という、はじめから探しものがわかっている立場なのではない。探しものがわかっていて、それだけを探しにゆくならば情報の「探索」という言葉でよいのであった。ところが、そういう魂胆をあらかじめ決めてかかってはいけないというのが、「探検」の段階である。（川喜田 1967: 32）

また川喜田は、次のようにも述べる。

〔KJ法において〕たくさんの紙きれをグループ編成するとき、最初に大分けし、しだいに各大分けチームの中を小分けにもってゆくべきか、それともその逆に、最初に小分けし、それらを集めつつ大分けに編成していくべきか、という問題がある。この点については、大分けから小分けにもっていくのはまったく邪道である。かならず小分けから大分けに進まなければならないのである。これがこの方法の決定的な問題点のひとつである。

〔……〕

大分けから小分けへと進めようという我のあるところには、ヒットラーやスターリンのような心がある。（川喜田 1967: 76-78）

このようにKJ法においては、個別のカードに書かれた情報は、あらかじめの意味づけを付随させてはならないリソースであり、そこからそれらを用いて、規則性の構築を探索していかなければならないのである。

さて、川喜田の言うように、あらかじめ調べるものを決め打ちしてはいけないのだとするならば、「フィールドワークを学ぶ」などということはそもそも可能なのだろうか。このことを考えるときに参考になるのが、ベイトソンの学習理論（ベイトソン 2000／原著 1972）である。ベイトソンは学習という現象に、次のような論理階型(5)（logical types）を考える。

・ゼロ学習　刺激に対して、固定的な反応がある（自動販売機など）
・学習Ⅰ　刺激に対して、取る行動の選択が変化する（通常の学習―パブロフの犬など）
・学習Ⅱ　刺激に対して、取る行動の選択肢集合（カテゴリー）自体が変化する。学習Ⅰの進行プロセス上の変化
・学習Ⅲ　信仰上の目覚め、性格の根底的な再編など
・学習Ⅳ　地球上の生物の進化

学習Ⅲと学習Ⅳはわれわれの日常経験を超越しているのでとりあえず置いておいて、ここでは学習Ⅰと学習Ⅱについて考えてみたい。学習Ⅰとは通常の学習のことなのだが、学習Ⅱは、「どう学習するかということに関する学習」、つまり「メタ学習」のことである。私が言いたいのは、フィールドワークの中核と

---

(5)　もともとはバートランド・ラッセルの数理論理学に起源する概念だが、ベイトソンによって学習理論に転用された。簡単に言うと、「ある個別のもの」に対して、「そのものたちの集合」は別のクラス（階型）に属し、両者を混同してはいけない、という考え方である。

はこの学習IIに相当し、川喜田の主張はそのように読むべきだということである。そうであるならば、そこでは具体的に「こうやれ」という形の指示をすることはできないことになる。なぜなら、「こうやれ」という指示に従った瞬間に、学習者がやっていることは学習IIから学習Iに退行してしまうからである。こういった事情が、フィールドワークを教えることの困難さの中心にあると考えられる。

それでは、「こうやれ」と指示をせずに、学習IIを教えたり、道具的使用を発見したりすることが可能なのだろうか。そこでできるのは、学習者の試行に「それではだめだ」と言い続けるとか、あるいはフィールドに放り込んで自分で考えさせることしかないだろう。(6) 論理階型を一段上がらせるためには、ベイトソンの言うように、禅の公案のようなある種のダブル・バインド的な緊張状態が必要なのである。このあと私も川喜田やベイトソンの姿勢に学び、これまでコミュニケーションの拠り所だとされてきた諸概念(コード、身体、そして「自分」といった)を、リソースとその使用へと還元することを試みる。そういった作業における、頼れるものは何もないという不安に、われわれは耐えねばならない。その先に、宇宙人とのコードなきコミュニケーションへの展望も開けてくるはずである。

2 コードというリソース

コードをリソースに還元する

まず、第II部の冒頭で批判した、「コード」の概念についてもう一度考えてみよう。「コード・モデル」は、シャノンの情報理論を基盤とし、いまもコミュニケーション論の中心となる考え方なのだが、私はベイトソンの論考を手がかりに、それを相対化しようと試みているわけである。しかし私自身、コードという仕掛けが存在すること自体を否定しているわけではない。現に、モールス信号はコードによって運用されているし、デジタルテレビ放送、携帯電話、インターネット等々も、複雑なコード化のシステムによって成り立っている。私が主張したいのは、コードによる通信を、そのコードが伝わっている通信路のみに限定してとらえようとするとおかしなことが起こる、ということなのである。

たとえば、遺伝情報について考えてみる。「遺伝情報はＤＮＡにコードされており、そこに生物体の情報はすべて含まれている」とよく言われる。つまり、たとえば人間では約三〇億塩基対と言われるＤＮＡの配列がわかれば、その持ち主が復元できる、というわけである。しかしこれは誤解を招きやすい言い方だと言える。ＤＮＡから生物体ができていくプロセスでは、遺伝情報を読み取り、タンパク質を構成する分子機構（ｍＲＮＡ、ｔＲＮＡ、リボソーム等々）が必要である。そしてそうした分子機構によって受精卵が発生するためには、卵や子宮といった環境が必要である。ＳＦでは人類を宇宙に播種するという話[7]がしばしば出てくるが、考えてみればＤＮＡ分子だけを他の星系に運んでいっても、何も起こるわけはないのである。そこでは、先に述べたような発生の環境を一緒に運んでいくことが必要で、それでは人間自体を運んでいくのと、さほど変わりないことになってしまう。この矛盾は、遺伝情報と発生というシステム全体に目を向けず、細い通信路たるＤＮＡだけに着目したことによって起こっている。

もうひとつ極端な事例を書いておこう。「一ビットで辞書一冊の内容を送る」という話である。その方

（6）　ギルバート・ライルは『心の概念』（1987: 47／原著 1949）において、knowing how と knowing that の区別と関連して、「われわれは理論を教えられることによって助けられることなく、たんに批判や範例を通じて学ぶということがしばしばあるのである」と書いている。

（7）　こういった「播種船」のアイデアは、たとえばクラーク『遥かなる地球の歌』（1996／原著 1986）、弐瓶勉『シドニアの騎士』（2009–2015）などに登場する。

法は簡単で、受信側に異なる辞書を二冊置いておき、送信側で0を送信すれば辞書A、1を送信すれば辞書Bが指定される、と決めておくのである。これで目的が達成されたというわけだが、これはもちろん「ずるい」方法である。そこでは、システムのほとんどすべてを向こう側においておくのだから、「辞書の内容を送った」とは言えないだろう。しかしよく考えてみるとこのやり方は、「情報伝達」と呼ばれているものの実態を、極端な形でよくあらわしているとも言える。「くびれた風船モデル」で示したように、システムにおいて、その一部が極端にくびられるということはしばしばある。そのくびれた部分にあらわれるのが「コード」と呼ばれるものなのだが、実はその両側に、エンコーダ、デコーダという高度な規則性(＝冗長性)を持ったシステムが必要なのであった。コードとはそういったシステムの、いわば冗長性を取り除いた「絞りかす」だと言える。コードとは情報の本体ではなく、まさにそのような形であらわれ、使われるリソースなのである。

また私は、ファースト・コンタクトで数学的知識や物理法則をコンタクトの手がかりに使うというアイデアを紹介し、それを仮に「自然コード」と呼んだ。それは厳密な意味で「コード」とは呼べないものだったのだが、しかし本節の議論から言うと、それらは十全な「リソース」なのである。数学的事実や物理法則は、地球人にとっては、そしておそらくは宇宙人にとっても、顕在的で変わることのないもののはずだ。したがってそれは、われわれと彼らの間の規則性を作り上げていくための、空間を超えた道具となるのである。

「使い方」としての言語

では次に、コミュニケーションの主たる担い手と目されている「言語」について考えてみよう。言語は規則だった記号の体系であるとされ、それゆえに言語学は人文科学の中では数少ない、きちんと理論化することが可能な分野であると考えられてきた。しかし本書でおこなっているのは、そのような固定的な体系とみなされているものを、リソースとしてとらえ直すという作業である。言語に関しても、そのようなとらえ直しが可能なのだろうか。

この問題について、哲学者ドナルド・デイヴィドソンは、「マラプロピズム」という風変わりな用語を用いて考察している（デイヴィドソン 2010: 164／原著 1986）。マラプロピズムとは、イギリスの劇作家リチャード・ブリンズリー・シェリダンの作品に出てくるマラプロップ夫人という人物の名に由来するが、この夫人はしょっちゅう言葉を言い間違えている。たとえば、「異名（epithet）をうまくあみだすこと（arrangement）」を「碑銘（epitaphs）をうまく乱すこと（derangement）」と言ったりする。このような言い間違いのことをマラプロピズムと呼ぶのである。[8] さて、デイヴィドソンは次のような問いを立てる。こういった言い間違いは、あまりひどい間違いでない限り、聞き手によって即座に理解される。しかし、「epitaphs を epithet と読み替える」とか「derangement を arrangement と読み替える」などという規則のいちいちを、あらかじめ皆が共有しているとはとても考えられない。そのような規則は無数に考えることができるからである。

ではどのようにして、そのような理解が可能となっているのだろうか？　そこでデイヴィドソンは、言葉の解釈のプロセスを「事前理論（prior theory）」と「当座理論（passing theory）」の二つに分けて考える。事前理論とは、世界や言語に関する共有された知識に基づいた発話解釈システムであり、通常のコミュニ

（8）「マラプロピズム（Malapropism）」はデイヴィドソンの造語ではなく、英語辞書にもちゃんと載っている一般的な用語である。

ケーション論で言われる「コード」とか「規約」といったものを指していると考えてよい。デイヴィドソン自身も、その存在や有効性を否定しているわけではない。一方、当座理論とは、マラプロップ夫人の言い間違いのような事態を、その場で即座に理解するやり方のことである。当座理論は事前理論が適用できない場合に発動され、コミュニケーションの起こっているその場で、まさに道具的に作り上げられる解釈だと言える。この当座理論が用いられる際の、聞き手の持つ構えとはどういったものなのだろうか。デイヴィドソンはそこで「寛容の原理（principle of charity）」という概念を提示している。それはつまり「相手が一見よくわからないことを喋っているときでも、寛容の精神をもって、それが正しいことを述べようとしているのだとみなすこと」である。この原理に従えば、事前理論が使えないような語や文でも、なんとかがんばって解釈してみよう、ということになる。それが当座理論の発動なのである。こういったプロセスを認めるとき、デイヴィドソンの次のような主張が可能になる。

言語が、多くの哲学者や言語学者が考えてきたようなものだとすれば、そのようなものは存在しない。つまり、学習されたりマスターされたり、あるいは生まれつき持っていたりするようなものは何もないのである。言語使用者が習得し、現場で適用している明示的に定義された共有の構造という観念は、諦めなくてはならない。（森本（2004: 77-78）の訳を引用した）

森本浩一はこの主張に関する本を書いているが、それは『デイヴィドソン――「言語」なんて存在するのだろうか』と題されている。従来のコミュニケーション論にとっては破壊的とも言える表題だが、しかし本書のコンテクストで解釈すれば、そこでは言語は固定された記号体系ではなく、記号をリソースとした道具の「使い方」なのだというとらえ直しがなされているのである。

言語は認識を決定するか?

言語はファースト・コンタクトSFにおいても重要な役目をはたしている。ここで、言語を直接のテーマとした、「言語系SF」とでも呼べる作品をいくつか紹介してみよう。そこから、言語がどのような形で道具的なのか、という問題をさらに深く考えていけるはずである。まずそれらの作品の基礎となっている、「言語相対主義」および「サピア＝ウォーフの仮説」[9]について簡単に説明しておく。それらは簡単に言うと次のような議論である。まず、「住んでいる世界が違えば、それに対応して言語が異なってくる」という話は素直に理解できる。たとえば、雪というもののない熱帯に住む人たちには、「雪」という言葉がなくて当然である。この関係を逆にして、「言語の違いによって、われわれの世界に対する認識や思考が決定されている」と考えるのが「サピア＝ウォーフの仮説」なのである。よく引かれるのが、色彩よりも形に関する語彙の豊富な言語を話す人たちは、世界を形に関して豊かに認識するようになる、といった例である。

言語相対主義のアイデアを最初にSFに取り入れたのは、私の知る限り、サミュエル・R・ディレイニーの『バベル-17』(1977／原著 1966)ではないかと思う。[10] 星間に進出した人類がインベーダーと遭遇し、戦いになるが、そのとき決まって、バベル-17と名づけられた奇妙な通信が傍受される。天才詩人リド

(9) 言語学者エドワード・サピアとベンジャミン・リー・ウォーフによって唱えられた。
(10) 英語版ウィキペディア「Babel-17」の説明には「サピア＝ウォーフの仮説が重要な役割を果たしている小説だ」と明記されている。

ラ・ウォンはそれを解読する役目を負うことになるが、やがてバベル-17は単なる暗号ではなく、ひとつの言語であることが明らかになった。ところがこの言語に習熟したウォンは、精神に変容をきたしはじめる。実はバベル-17は、学んだものの心に「自己充足的な分裂性性格を〈プログラム〉し」、「(人類たちの)同盟軍を粉砕せねばならぬ」と考えるようにさせる作用を持っていたのである。その仕掛けは、次のようなことだった。バベル-17は「わたし」という単語（あるいは概念）を含まない言語だった。そもそも「わたし」が無ければ「自省作用」というものは起こらず、歯止めなく破壊活動に邁進していける、というわけである。まさに、ある特性を持つ言語を学ぶことによって思考が変化してくる[11]という、サピア＝ウォーフの仮説を地で行くストーリーである。アイデアとしては単純だが、「わたし」のない言語というのは、SFならではの魅惑的な発想だと言える。

もうひとつのよく知られた言語系SFに、ワトスンの『エンベディング』（2004／原著 1973）がある。物語は、三つのストーリーが絡み合って展開していく。ひとつは、イギリスで孤児たちに特異な人工言語を教えるプロジェクトの話、もうひとつは、ブラジルの熱帯雨林の民族ゼマホアを調査する人類学者の話、そして最後は、地球に突如飛来した異星人たちとのコンタクトの話[12]である。これらのストーリーの共通のキーが、「埋め込み（embedding）」である。言語における埋め込みとは、『エンベディング』に出てくる例を挙げれば、「これはジャックが建てた家に転がっていた大麦を食べたネズミを不安がらせたネコを追いかけた犬を投げた――」（ワトスン 2004: 61）といった文に見られる構造である。こういった文は、注意深く括弧をつけて考えないと意味が取れないが、そこには「これは「「「「ジャックが建てた家」に転がっていた大麦」を食べたネズミ」を不安がらせたネコ」を追いかけた犬」を投げた」といった具合に、ある括弧が別の括弧に埋め込まれているという構造がある。『エンベディング』では、非常に深い入れ子構造を作ることのできる言語を習得した個体は、ある特異な力を持つようになるという設定になっている。[13][14] ブラジルのゼマホアたちはキノコによる幻覚の力を借りて、ゼマホアBという異常に入れ子構造の多い言語を喋り、[15] イギリスの孤児たちは、入れ子構造の多い人工言語を習得させられることによって別種の知性を獲得し、さらに異星人もまた、そのような種類の言語を収集するために地球に来ている。このような盛りだくさんの設定なのだが、訳者の山形浩生は巻末の解説に、「チョムスキー言語学を駆使した難解な観念小説だという評判の割には読後感がもうひとつだ」といった評を書いている。チョムスキー理論やサピア＝ウォーフの仮説への理解が、あまりにも単純で通俗的だというのである。

最後に、より完成度の高い作品を紹介しよう。現代ＳＦの旗手の一人と言われるチャンの『あなたの人生の物語』(2003／原著 1998)である。地球にヘプタポッド(七本脚)と呼ばれるエイリアンがやってくる。彼らの言語を習得するために連れてこられたのが、主人公の言語学者ルイーズ・バンクスである。ヘプタ

(11) ジョージ・オーウェル『１９８４年』(1972／原著 1949)に出てくる言語ニュースピーク(Newspeak)は、言語体系を単純化し、体制にとって不適切な語彙を消し去ることによって、使用者の思考そのものを変形しようというもので、バベル-17の発想と近い。

(12) 「再帰」とか「入れ子構造」という言い方もされる。

(13) そのような「特異な力」の獲得というのはもちろん作者ワトスンの創作だが、再帰構造の存在が人間の言語と人間以外の動物のコミュニケーションをわかつ分水嶺だという主張は、最近ではチョムスキーらによる二〇〇二年の論文(Hauser et al. 2002)で展開されている。

(14) プロローグで紹介した山田正紀の『神狩り』(1974)にも、「一三重の入れ子構造を持つが、論理記号は二つしかない言語」が登場する。それは結局「神」の言語だという設定なのだが。

(15) ブラジルの少数民族が奇妙な言語を喋っているのが発見されるというのは、最近出版されて話題になった『ピダハン』(エヴェレット 2012／原著 2008)を思わせる設定である。ただし、ピダハンの場合は、その言語に再帰(入れ子構造)がないという、この作品とは逆の特異性が見出されているのだが。

ポッドは音声言語（ヘプタポッドA）と文字言語（ヘプタポッドB）という二種類の言語を持っているのだが、後者は人類の文字言語のような一次元的な広がり（線形性）を持たず、二次元に広がって書かれており、その翻訳は困難を極める。やりとりを重ねるうちに、ヘプタポッドBは意味を直接図示するものであり、文字をつなぐ線の曲がり具合によって、たとえば「見る」と「はっきりと見る」を区別している、などといった特徴が明らかになってくる。ヘプタポッドBが書かれる過程を観察すると、ヘプタポッドは「第一本目の線を書きはじめるまえに、全体の文の構成を心得ている」ことがわかってきた。ここから、ヘプタポッドたちが「変分原理⑯」を基礎とする認識世界に生きていることが明らかになる。主人公はヘプタポッドBを習得することにより、原因が発生する前に結果に関する知識を得ることができるようになる。この作品は、そのようにして未来を見ることができるようになった主人公が、まだ生まれてもいない我が子の一生を垣間見るという語りと、ヘプタポッドの言語を調査していく語りが交互に出てくるという構成をとっている。変分原理という、現代物理学においてもしばしば哲学的な話題として議論されている道具立てを持ってくる大技は、さすがチャンと言える。

これら「言語系SF」は、それぞれ独自の仕掛けがあり面白いのだが、私はそこに、いまひとつ物足りなさを覚えるのである。それは、言語によってそんなにドラスティックに世界認識が変わるのだろうか、という、サピア＝ウォーフの仮説そのものにかかわる疑念とも通底している。この点については、言語の「道具性」という観点を用いればうまく議論できるように思われる。先に紹介したように、デイヴィドソンは、言語は学習されたりマスターされたり、あるいは生まれつき持っていたりするようなものではなく、言語使用者が習得し、現場で適用している明示的に定義された共有の構造という観念は諦めなくてはならないと言い切っている（デイヴィドソン 2010: 170／原著 1986、訳は森本（2004）のものを用いた）。この言語観を私流に言い換えるなら、言語とは、記号表現を道具的に用いて相互行為に規則性を作り上げていくプロセスのことなのである。通常は、その記号表現の体系のことが言語と呼ばれているわけだが、それは言語の本体ではなく、その「リソース」と呼ぶべきものだと言える。

このような「使い方こそが言語なのだ」という観点に立ったとき、サピア＝ウォーフの仮説、およびそれに想を得た言語系SFの弱点が見えてくる。言語が使い方＝プロセスだとするならば、サピア＝ウォーフの仮説は次のように言い換えることができるだろう。「作るプロセスが違えば、できるもの（認識）が違ってくる」。しかし、「違ったプロセスからも、同じものができる」というのはよくあることではないだろうか。たとえば、同じ形の茶碗を作るにも、紐作り、手びねり、ろくろ、といったさまざまな方法がありうる。このように、言語が固定された体系であり、違った体系からは必ず違った結果が出てくるという決定論的な色合いを感じさせるところが、サピア＝ウォーフの仮説の危うさなのである。そしてこのことがこの仮説に、いまだ「仮説」の名がついたままになっている理由かもしれない。

3 身体というリソース

次に、身体をリソースとして、相互行為の規則性がどのように作られているかについて考えてみよう。

(16) 物理学における原理のひとつだが、この作品の記述を借りれば、「光線が動きはじめる方向を選べるようになるまえに、最終的に到達する地点を知っている」といった事態のことをいう。なぜこういったことが成り立つのかについてはさまざまな議論があり、現代物理学の大きな謎のひとつになっている。この作品ではそれが「未来がすでにわかっている」状況につながるとされる。

言語はたしかに相互行為の重要な要素なのだが、それはいわば「やり方の束」とでも言うべき、とらえにくい存在であった。それに比べて、身体はまだしも実体性を持っており、相互行為のリソースとしては比較的明確に考えうると言えよう。

ベジタリアンの傾斜

まず考えてみたいのは、「互いの身体が似ていること」の意味である。私の大学時代に次のような思い出がある。私は茶道部に入っていたのだが、先輩の下宿でだべっているとき、部の後輩のM君が「僕は最近ベジタリアンをやっているんですよ」と言い出した。茶道は禅につながり、禅は懐石料理につながるので、自然な流れと言えなくもない。菜食主義にもいろいろあることを知っていたものだから、M君に食べられないものの範囲について詳しく聞いてみた。彼がどこまでを食べないと言ったのか、もう忘れてしまったが、私はその境界にありそうな食物を挙げて、「これはだめなのにこっちは何でいいわけ?」などと意地悪く質問した記憶がある。実際ベジタリアンは、基本的に肉は食べず、もう少し厳しくなると肉に限らず動物性タンパク質を食べないのだが、そこでたとえば乳製品はどうだ、卵はどうだ、さらに有精卵と無精卵は違うのか、などというあたりが問題になってくるのである。食べる食べないの境界は一意的に画定できるものではなく、「いいもの」から「よくないもの」への傾斜があるだけだと言えるだろう。本書ではこういった状況を「ベジタリアンの傾斜」と呼んでおきたい。

われわれは、意識に昇らせるにせよ昇らせないにせよ、そのようなゆるやかな差異づけを考えながら生物を認識し、ある場合は可愛がるし、ある場合は殺して食べているのである。それにしても、結局のところ、なぜ食べないのか。宮沢賢治(1934)は『ビジテリアン大祭』[17]で、菜食主義には「健康を推進するため」と、「殺生がよくないから」という大きな二つの考え方があることを述べているが、本書にとって重要なのは、後者の「よくないから」という理由づけだろう。その基盤には、他者としての相手生物の理解可能性、あるいは相手を自分の身に引き比べて考え得る可能性、といったものがあるものと思われる。

宇宙人の類似性

話を地球上の他種から宇宙人に移してみよう。想像される宇宙人においても、その理解可能性は、われわれ人間との類似性にほぼ比例しているように思われる。

SFにおいて、「スペース・ブラザー」や「グレイ」のような人間に似た体型を持つ宇宙人は「ヒューマノイド」と呼ばれるが、彼らはだいたいにおいて、理解可能な他者である。このタイプの宇宙人の存在に関してよく出てくる理屈は、知的生命が進化してくると、「収斂現象」によって人間の体型に似てくるだろう、というものである。「収斂（convergence）」とは、まったく異なった起源を持つ器官であっても、同じ目的を持つなら進化の過程で形が似てくるという話である。たとえば水の中を泳ぐ魚類、クジラ類（哺乳類）、そして絶滅した魚竜（爬虫類）が同じような流線型の体を持っているという例、昆虫の羽、コウモリの翼、鳥の翼が空を飛ぶために同じような形になった例などがよく挙げられる。しかし、「知性」と「体型」が必然的に結びつくという議論はあまり論理的だとは思えないので、私自身は「ヒューマノイド宇宙人」論にはあまり賛成できない。

人間そのものではないが、人間に近い類人猿をモデルにした他者表象も存在する。たとえば映画『猿の

(17) 科学者・思想家としての宮沢の深さがうかがえる作品であり、現在でも菜食主義に関する第一級の文献と言える。

惑星』シリーズ（1968-）や、ロバート・J・ソウヤーの「ネアンデルタール三部作[18]」があるし、デイヴィッド・ブリン『スタータイド・ライジング』（1985／原著 1983）にも、人類によって知性化されたチンパンジーやイルカが登場する。彼らもまた、比較的容易に意志疎通できる存在として描かれている。

類人猿以外の哺乳類がモデルになった宇宙人には、たとえば、カード『死者の代弁者』（1990／原著 1986）に出てくる「ピギー」がある。その名のとおりブタに似た外見をしており、コンタクトを持とうとする「異類学者（xenologer）」たちとの間である事件が起こるのだが、ピギーたちは、このあと紹介する昆虫型宇宙人ほど理解不可能な他者とは描かれていない。また、コードウェイナー・スミス「補完機構」シリーズ[19]に登場する猫娘ク・メル[20]は、遺伝子改造によって作られた下層民であり、バニーガール的な魅力を持った存在として描かれている。クリフォード・D・シマックの『都市』（1976／原著 1952）では、木星に去っていってしまった人類たちを継いで地球を支配しているのは、犬たちである。これらの、いわゆる「アニマリアン（けもの型）」の宇宙人は、いかに異種的であるとは言え、何かわかり合える、温かい感覚で描かれている。

爬虫類型の宇宙人の例も結構ある。大川隆法のチャネリングには、ウンモ星人だけではなく「レプタイル」（「爬虫類」の英語そのものだが）と呼ばれる爬虫類型宇宙人も登場するのだが、コンタクティーたちによると、この連中はとても凶悪な存在であるという。またゴジラをはじめとする怪獣たちも、その多くは爬虫類型だと言える。ゴジラ・シリーズでは「ゴジラザウルス」という恐竜が放射能を浴びてゴジラが生まれたという設定だし（『ゴジラvsキングギドラ』1991）、ラドンのモデルはもちろん翼竜プテラノドンだろう。このように爬虫類から延長された表象は、哺乳類のそれと比して、力強い凶暴さのイメージを帯びている。

もう少し系統上離れたモデルに関して見ると、ウェルズ『宇宙戦争』（2005／原著 1898）で登場したのはタコ型の火星人だった。アパルトヘイトのパロディとも言える映画『第9地区』（2009）の宇宙人は、ヒューマノイドではあるがエビに似ている。また映画『宇宙人王さんとの遭遇』（2011）には、中国語を喋るイカに似たヒューマノイドが出てくる。[21] 彼らは意志疎通はできるが、ある種のペーソスを帯びた非人間として描かれている。[22]

一方、しばしば凶悪で理解不能な宇宙人のモデルになるのが昆虫である。『エンダーのゲーム』（カード 1987／原著 1985）に登場する「バガー」[23]をはじめとして、『ウルトラマン』（1966-1967）のバルタン星人など、その例はたくさん挙げることができる。たとえば図5-2のカマキリの顔の拡大図を見て、理解不可能さを感じない人は少ないだろうが、この感覚こそが、昆虫が悪の表象のモデルになる根源なのだと考え

(18)『ホミニッド――原人』（2005／原著 2002）『ヒューマン――人類』（2005／原著 2003）『ハイブリッド――新種』（2005／原著 2003）の三部作で、平行宇宙から来たネアンデルタール人が登場するが、彼らは人類と違い、とても平和的で地球環境にも優しい人たちとして描かれている。

(19)『帰らぬク・メルのバラッド』（コードウェイナー・スミス 1994／原著 1962）。

(20) C'mell。個人名である。"C"の接頭辞は Cat から来ている。また、ド・ジョーン（D'Joan）という女性も登場するが（コードウェイナー・スミス、1994／原著 1964）、彼女は犬から作られた下層民である。

(21) なぜ宇宙人が中国語を喋るのかということに対しては、「地球上でもっとも話者人口が多いのが中国語だからだ」という至極もっともな理由がつけられている。

(22) さらに人間から離れた生物形態としては、植物がある。植物系宇宙人が登場するＳＦはそう多くないが、シマック『宇宙からの訪問者』（1983／原著 1980）に登場する立方体のＵＦＯは植物の性質を持っている。植物のほのぼの感と理解不能感をうまく描いた、シマックらしい作品だと言える。

(23) この異星人は、映画版（2013）および「エンダー・シリーズ」連作の後期の作品では「バガー（Buggers）」ではなく「フォーミック（Fomics）」と呼ばれている。「バガー」は英語で差別用語にあたるので、表現を変えたのだという。

図5-2　カマキリの顔

られる。

　ここで、そのような昆虫的な知性を描くことを試みた最高の作品とも言える、ジェイムズ・ティプトリー・ジュニアの短編『愛はさだめ、さだめは死』（1987／原著 1973）を紹介しておこう。この作品は、異星の惑星上で生活する、巨大なクモに似た生物モッガディートの「一人称小説」である。惑星の季節変化は大きく、そこに住む生命たちのライフサイクルも、それに応じて激しく変化する。冒頭の部分を引用してみよう(24)。

思い出す――

聞こえるか、俺の赤、かわいい赤？　抱きとめておくれ、優しく。寒さが大きくなる。

思い出すのは、

――おれはとてつもなく黒く、希望に満ちている。新しい温《ぬく》みのなか、おれは六本の肢《あし》で山々を跳ねる！　……変える力をうたえ、ふしぎな力をうたえ！　変ワリは永遠に替わっていくものだろうか？

……おれの唸りはいまではみんなコトバだ。これもまた、変ワリ！

おれは陽に向かってしゃにむに弾み、空《くう》にまじる小さなときめきを追う。森や林がまだ縮かんでしまっている。そこで気がつく。おれなんだ！　自分・おれ、**モッガディート**――冬ざむのあいだに、こっちがもっとでかくなったのだ！　自分がおれにおどろいてしまう、ちび助モッガディート！（ジェイムズ・ティプトリー・Jr. 1987: 305）

モッガディートは、自らの本能（plan＝さだめ）に逆らって恋人リーリッルウと生きていく道を選ぶが、冬の訪れとともに、その関係に変化が訪れる。そしてクライマックスで、この奇妙な題名がつけられた理由が明らかになる。

　これらの例からうかがえるように、SF作家の想像力の中でも、種を越えた理解は、身体が似ていないほど困難になっていると言えるだろう。(25) しかし、そのような直感的な納得とは裏腹に、「なぜ、身体が似ているとわかり合える（と思える）のか」という問いに対して、十分な説明を与えることはなかなか困難なのである。次に、この問題について、具体的な例を挙げながらもう少し考えていこう。

動物と出会う

次に、われわれが実際に出会うことのできる地上の他者たち、すなわち他種生物について見てみよう。それらの生物は、「SF作家の描く異星生物」という投射の支持点にあたると言え、その方向を決めているものたちなのである。

---

(24) かなりの「雑音」が入った独白だが、それはもちろん「書けないことを書く」ための工夫なのである。翻訳はさぞたいへんだったろう。

(25) ただし、互いの相違がある程度以上になると、また親しさ（というよりは可愛さ？）が戻って来るようにも思える。たとえば人間にとってゾウリムシは、系統的にカマキリよりもはるかに遠いのだが、カマキリ以上に不気味だ、ということはないだろう。木下晋也の漫画『ポテン生活』（2008-2013）には、微生物を愛玩する女子高校生たちが出てくるし、ミュージシャン坂田明はミジンコの愛好者であることが知られている。森政弘（1970）は、人間に似ているものとまったく似ていないものとの中間に「不気味だ」と感じられる「谷」があることを指摘しているが、ゾウリムシはこの「不気味の谷」を越えたところにいるのかもしれない。

以前、「ベジタリアンの傾斜」を実感させられる、こんな出来事があった。自宅の台所でゴキブリが出たので、「ごきぶりホイホイ」を仕掛けていた。ところがあるとき、その中にヤモリの赤ちゃんが引っかかっていたのである。ヤモリは弱々しく腹を波打たせ、うごめいていた。私はとっさに「これは助けねば」と思い、慎重に爪楊枝で引きはがしにかかった。何分かしてやっと作業は成功し、ヤモリはしばらく動かずにいたのだが、少し目を離したうちにどこかへ行ってしまっていた。私は心底ほっとしたのである。ゴキブリに対してはこれほどの情が湧くことはないし、むしろ「おお取れた」と喜ぶのだが。

このような地上の他者たちへの共感において、「ベジタリアンの傾斜」はどのような形を取っているのだろうか。この問題について、動物と密接にかかわってきた研究者たちの記述から見てみることにしよう。

霊長類研究者は、しばしば対象を「ほとんど人間」とみなすことがあるようだが、まず私自身の経験を書いてみる。私は霊長類学者ではないが、ボノボの調査地であるコンゴ民主共和国のワンバ地域で人類学的調査をしており、折に触れてボノボを見に連れて行ってもらっている。最初にボノボをつぶさに観察したのは、一九八〇年代なかばのことだった。その頃はまだ、ボノボに対する餌付けがおこなわれていた。一次林を開いて作った餌場に着いたときのことである。切り払った空き地に隣接する高い木の枝に、一頭のメスのボノボが肘をついて寝そべっていた。私は彼女を見、そして彼女もじっと私を見つめた。「ああ、見られているな」。そう思ったとき、それまで感じたことのない、奇妙な気分に襲われたのである。それは犬や猫を見つめるときにはけっして味わうことのない感覚であった。後に、ボノボ研究者である黒田末寿の著書を読んでいて驚いた。それとほとんど同じ経験が書かれていたからである。

最初の観察を始めてから数ヵ月後のこと、私がひとりで歩いていたとき、ピグミーチンパンジー㉖の一頭のメスが樹上から私の近くまで降りて来た。黒檀のような顔に豊かな黒い頬毛とひさしのような頭髪、しなやかなほっそりした黒い肢体。彼女は黒目がちの目で私を覗き込むように見つめた。ピグミーチンパンジーを観察するという一方的な関係が突然投げ返されて、私は少しうろたえ、そして見つめ合った。その目に敵意はなかった。ピグミーチンパンジーの穏和な姿は不思議なほどで、彼らに比べるとその後私が出会ったどんなチンパンジーの目も獣じみて見えたほどである。（黒田 1999: 23-24）

私も黒田も感じた奇妙な感覚はおそらく、ボノボと人間の、近い・しかし異なっている、というアンビバレントな関係が生み出したものなのだろう。

次に、タンザニアのマハレ山塊国立公園で野生チンパンジーの研究をしている中村美知夫（2015）の記載を紹介しよう。私の編集した『動物と出会う』二巻本に書かれたものである。

振り返るとそこには一頭のヒョウがいた。距離にして五メートルくらいである。目が合う。ヒョウは凍り付いたように動かない。しばし間があって――実際にはほんの一瞬だったかもしれない――私は手元に置いていた山刀（パンガ）を手に取ってそっと立ち上がった。その刹那、ヒョウは音もなく再び藪の中へと姿を消した。観察時間を確認する余裕はなかったが、この出会いはおそらくほんの数秒のことである。無機質な言い方をすれば、私は「一瞬ヒョウを見た」だけで、わざわざ「ヒョウと出会った」という言い方をする必要はないのかもしれない。しかし、一瞬であるとしても、私とヒョウ

(26) ボノボはかつてピグミーチンパンジーと呼ばれていた。

との間に広い意味での相互行為が成立していたことは疑いようがない。ヒョウと私は互いにその姿を認め、相手がどう振る舞うかによってこちらの振る舞いを変えるという状況に陥っている。この時は、たまたま私の方が先に動き、その動きに即座に呼応するようにヒョウの方も動きを見せた。当然、ヒョウの方から先に動けば、私の方もそれに応じる形でなんらかの動きをしたことだろう。（木村編 2015a: 80）

中村とヒョウはたしかに出会ったのだろう。そこで述べられている「相手がどう振る舞うかによってこちらの振る舞いを変えるという状況」は、まさにタルコット・パーソンズ（1974／原著 1951）やニクラス・ルーマン（1993／原著 1984）の言う「ダブル・コンティンジェンシー（二重の偶有性）」の状態である。もし、中村が別のふるまいを選択していたら、ヒョウはそれに対して攻撃を仕掛けてきたかもしれない。このような意味での、まさに行為のもつれ合いと呼ぶべき状態が、そこには存在している。

波佐間逸博は同じ論文集の中で、ウシ同士の、そしてウシと人間の関係性について記述している。ウガンダの牧畜民カリモジョンにおけるエピソードである。

筆者はある朝、放牧前の家畜囲いのなかで山羊や牛を確認していた。その外側をLの友人男性の群れが通り過ぎようとしていた。そこから一頭の去勢牛（Kolikau という名前）がやってきて、イネ科草本に覆われた地面に鼻を近づけている。草の根元の地面には、四日前に平和を呼び込むための儀礼「白の屠殺」で死んだLの去勢牛（Ikwabong）の消化器内の未消化の内容物（*ngikujit*）が僅かに残っていた。それは、飢え、略奪集団、病いなどの「敵」から防衛するために、数十人の男性たちが自身の身体にすり込み、塗布した時、彼らの皮膚を伝って地面に落ちて乾いた欠片であった。Kolikauはやがて顔をあげ、「ドワッドワッドワッ」と、低くて短い声を一〇秒ほど続けた。Lの息子たち四人が、アアーイ、スースーイという音声を発しながら、土塊をひろってこの去勢牛に向かって投げつけ、走り寄って牧杖を振り上げた。この音声には、「やめろ」「前方へ移動しろ」という意味が含まれている。一人の青年が一方の手で角を、他方の手で下顎を摑み、もう一人の青年が片手で尻尾を上向きに引っ張り上げ、もう片方の手をわき腹において前方へ押し、丘の向こうの下の方へ連れて行く。その間、囲いの中の去勢牡たちが一斉に地響きを立てて暴走し始めた。二〇〇頭がひしめく群れのあちこちで、若牡、種牡、去勢牡たちが角を付き合わせて、その動きで全体が大きく揺れ動く。周囲の牝牛は押し退けられ、逃げ惑い、恐慌を来している。全体を環状に囲っている柵はへし折られ、押し倒される。囲いの中に一緒にいた青年Aが緊張して、「ここは危険だ、逃げよう」という。柵のあちこちをなぎ倒しながら騒乱は五分前後続いた。やがて群れが落ち着きを取り戻すと、「囲いの外を通過していた去勢牛の*akidoor*に反応したのだ」と、騒乱の理由をAは説明した。「牛は、ともに生きてきた牛や山羊・羊の死んだ個体の匂いを嗅ぐことで、声をあげ、時に涙して泣く。そして、その声を聞いた他の個体たちは角を付き合わせる。これは、人間の世界で他者の死を嘆き悲しみ、自ら命を断つ行為と同じだ」と説明した。Kolikauはかつて Lの牛群のメンバーであり、Lの四人の妻の畑を耕すパートナーとしてIkwabongと犂を牽引し、耕起の時期を終えた後、放牧中も常に互いに身を寄せ合っていた。KolikauがLの友人に贈与されたのは四ヵ月前のことだった。「Kolikauは自分が所属していた群れとIkwabongを思い出したのだ」とAは筆者に語った。

この去勢牡の行動と、*ngikujit*の匂いに対する感度に、そして、彼が生誕の場所だけではなく、彼が育った群れのメンバーの記憶が呼び覚まされたという説明に、私は驚いた。それに対して牧民たちはまったく驚いた様子はなかったし、牛の行動を別の個体の死に対する悲しみの感情に原因があるものと躊躇なく説明し、牛はこの感情を「泣くこと」によって示していると了解していた。（木村編 2015b: 20-21）

ここには、他者存在の認知をめぐる二つの逸話が含まれている。ひとつは、去勢牛 Kolikau が臭いによって同僚のウシの死を思い起こし、悲しんで暴れ出したという話[27]、もうひとつは、カリモジョンたちが、ウシたちの行動を何の疑いもなくそのように解釈したという話である[28]。これらの話の正当性は、ボノボやヒヨウの事例ほど確信を持って肯定できるわけではない。やはりベジタリアンの傾斜を進むと、事態は難しくなってくるようだ。しかし、カリモジョンの生活世界が、このような論理で回っていることはたしかなのである。

このように異種の動物間の出会いと相互行為は、少なくとも近縁な動物種に関してはリアリティを持って感じられる。こういった傾斜の先に、本節の最初に述べたヤモリとゴキブリの話があるわけだが、そういった「共感」あるいは「理解」と呼びうる現象の基盤には、いったいどのような機構が存在するのだろうか。

身体による理解の方法

身体が似ていることが、いかに理解の、そして相互行為のリソースになっているのか。この節では、この問題について考える。他者理解のメカニズムに関して近年よく言われているのが、「心の理論」と「ミラーニューロン」という二つの概念である。また「共鳴」という言葉も、一般的な説明としてはよく出てくる。これらはともに、深く身体に根ざした機構だと言える。

①「心の理論」とシミュレーション

「心の理論（Theory of Mind）」という用語は、霊長類学者デイヴィッド・プレマックらの論文「チンパンジーは心の理論を持っているか？」[29]の中ではじめて用いられたものである。そこでは、チンパンジーや人間の幼児が「他者の行動を予測したり説明したりするために使われる、意図や信念、願望、感情といった心的状態などの心の働きに関する知識や原理」（これが「心の理論」と呼ばれる）を持っているか、ということが問題とされた。

しかしそもそも、そういった「知識や原理」とはいったい何で、そしてどのように働いているのだろうか。これまで、そのメカニズムに関する有力な説として、「理論説（theory theory）」と、「シミュレーション説（simulation theory）」の二つの説が唱えられてきた。前者は、ある個体が心の中に「他者の心とはこういうふうに働くものだ」という理論（つまり説明書のようなもの）を持っていて、それを参照しながら他者の心的状態を理解しようとしているのだ、とするものである。一方、後者では、そういった一般的な説明書を参照するのではなく、「自分だったらどうするか」という、自分を基準にしたシミュレーションが

(27) 上橋菜穂子『獣の奏者』（2006–2009）に「闘蛇（とうだ）」という生きものが出てきて、仲間の死を嘆いて「弔い笛」と呼ばれる音を発するというシーンがある。他種の動物と理解し合うことを描いた良作である。
(28) 波佐間の私信によると、カリモジョン語にはこういったウシの行動を表現する固有の動詞が存在するという。
(29) "Does the chimpanzee have a theory of mind?" (Premack & Woodruff 1978)

おこなわれていると考える。

あらかじめやり方のリストが用意されているという「理論説」は、「やり方の際限のなさ」を重視する本書の立場からは、基本的に支持しがたい考え方だと言える。そのような説明書は、すぐに際限なく多様な事例でパンクしてしまうだろうからである。そしてそのような一般的な説明書とは、実のところ「研究者の持つ常識」の別称であることが多い（木村 2015）。もちろん、他者を理解する能力が、非常に基本的なレベルにおいて生得的であるということを否定するわけではないが、それはごく一部の事象の説明にしかならないだろう。

一方、シミュレーション説の方は、身体の問題を論じる上でも都合のいい考え方である。シミュレーションとは、「何らかのシステムの挙動を、それとほぼ同じ法則に支配される他のシステムやコンピュータなどによって模擬すること」[30]と定義されるのだが、よく似た身体とは、まさにそういったよく似たシステムのことだからである。[31] 次に引用するのは今西錦司の『生物の世界』（1974／原著 1941）の一節だが、ここですでに、シミュレーションの機構とみなしうる事柄が論じられている。そこではまず、生物界は基本的に、よく似たものたちが共在する場所だ、ということが主張される。

> このように相違ということばかりを見て行けば、世界じゅうのものはついにみな、異なったものばかりということになるが、それにもかかわらずこの世界には、それに似たものがどこにも見当たらない、すなわちそれ一つだけが全然他とは切り離された、特異な存在であるというようなものが、けっして存在していないということは、たいへん愉快なことでなかろうか。（今西 1974: 9）

それでは、こういった似たものたちの間には、「似ている」ことをベースにしたどのような規則性が成立しうるのだろうか。今西は続けて次のように書いている。

類縁関係の近いものは、それの遠いものよりも、より近い、あるいはよりよく似た世界をもっている。よりよく似た世界というのは、いろいろに解釈できるけれども、主体的にいえば、お互いの認識している世界が似ていることだといえるであろう。そしてそれはつまり類縁の近いものなら、また当然にその認識に対する主体的反応の現われ方においても似ているのでなければならぬ、ということを要請するものである。だから類縁の近いもの同士が遭遇した場合を考えると、一方が他を認識するようにして、また片方も他を認識しているのでなければならぬ。そしてその一方がその認識に対して現わす主体的反応と相似た反応を、片方のものもやはり現わすのでなければならぬ。すると相互の認識、ひいてはその主体的反応の結果として、ここに一種の関係、もしくは一種の交渉が成立することとなるであろう。認識に対するわれわれの主体的反応とは、認識したものに対するわれわれの働きかけにほかならないといったが、かくのごとき関係の成立を認める場合には、それは多分たんなるわれわれの働きかけではなくて、われわれへの働きかけを予想した上での、われわれの働きかけになるであろう。(今西 1974: 16)

(30) ウィキペディア「シミュレーション」

(31) 簡単な例として、石原藤夫の短編『高い音低い音』(1967) に出てくる話を挙げてみよう。そこでは、地球人は単位時間あたりの振動数の多い音を「高い音」、少ない音を「低い音」と表現する理由として、前者が頭に響く音であり、後者が腹に響く音だからだ、という説明がなされている。ところが身体構造が上下逆のタタタ星人は、前者を「低い音」、後者を「高い音」と表現するのである。

実におおらかな書きぶりだが、ここに書かれている事柄が、今西の「種社会」概念のエッセンスとなっている。そこでは、生物の間で「私が世界をこう見ているのと同じように、他者も世界をこう見ているだろう」という類推・予期が働いているとされる。[32] 具体的に言えば、私がレモンを食べると感じる「酸っぱさ」を、私とよく似た彼もまた、レモンを食べるときに感じているだろう、などといった想定がなされるわけである。[33]

もうひとつシミュレーションの例を出そう。フレッド・ホイル[34]のSF『暗黒星雲』(1958／原著 1957)に、太陽系内に侵入してきた、意識を持つ暗黒星雲が人類に語りかけるシーンが出てくる。「似たような他者」に関するとてもわかりやすい説明である。

貴下たちの持つ奇異な特色のうち目立つのは、貴下たちが相互にたいへん似ていることである。これがために、貴下たちはきわめて粗雑な通信法ですませることができる。貴下たちは、貴下たちの神経の分野に貼り札をする。怒り・頭痛・当惑・幸福・憂うつ……これらがその貼り札である。もしA氏がB氏に、頭がいたいと告げたいときには、彼は頭の中に起った精神の分裂を事細かに述べる必要はない。彼は「頭痛がする」という。B氏がこれを聞いたときには、彼は「頭痛」の貼り紙を手にし、自己の経験に照らして解釈する。こうして両氏とも頭痛の本体は何であるか、全然知らなくとも、B氏はA氏の具合の憑いことを知ることができる。かようなまことに奇妙な通信法は、いうまでもなく、きわめてよく似た者同士間に限ってできるものである。

「このようにいえないものだろうか。」キングスリー[35]は発言した。「絶対に等しい二者がもしあったとすれば、その両者間では、通信などは全然必要ないであろう。なぜかというと、たがいに相手の経験したものを自動的に知るからである。だいたい等しい二者間では、きわめて粗雑な通信法でたりる。大いに異った二者間では、たいへん混みいった通信法が必要となる。」（ホイル 1958: 249-250）

シミュレーションというやり方に関して指摘しておかなければならないのは、それによって、「内向きの探索」の困難が巧妙に解消、あるいは回避されるという点である。先のレモンの例で考えてみよう。私は「彼がレモンを食べると酸っぱさを感じるだろう」と想定するわけだが、そのとき、その酸っぱさを「説明」することは可能だろうか。「説明」を「酸っぱいとはどのようなことか[36]の説明」という意味で使うなら、それは不可能だろう。どんな説明を試みたとしても、結局のところそれは「このレモンの酸っぱさだ

(32) さらにそういった予期が、「われわれへの働きかけを予想した上での、われわれの働きかけ」といった形でダブル・コンティンジェンシー的になりうることも、今西は指摘している。

(33) ただし、「私の感じている酸っぱさ」と、彼が感じている「××さ」が一致しているという保証は、究極的にはどこにもない。それはまったく違うものであっても論理的な矛盾は起こらないのである。この議論は、心の哲学で「逆転クオリア」問題と呼ばれている（ウィキペディア「逆転クオリア」）。しかし相互行為論の立場から言えば、それらが一致しているかどうかは問題ではなく、「一致していると信じて行為していること」こそが重要だ、ということで十分なのかもしれない。

(34) 著名な天文学者で、SF作家でもある。

(35) 暗黒星雲と通信している天文学者。

(36) こういった主観的な体験の記述の不可能性に関しては、トマス・ネーゲルの『コウモリであるとはどのようなことか』(1989／原著 1979) の議論が参考になる。この中でネーゲルは、コウモリのコウモリ自身による主観的な体験とはどのようなものかを問うている。もちろん科学者たちは、コウモリがどのように飛び、捕食し、また超音波によって自らを定位するかを記述することができる。しかしそれでもわれわれは、コウモリがコウモリ自身においてどのような体験をしているのかを、結局のところわかることはできない、とネーゲルは主張している。

よ」という言明に帰着してしまうからである。このことは心の哲学において、クオリアにかかわる問題として議論されているが、ここで注目したいのは、酸っぱさの説明の努力において「この」という形の直示が出てくることである。こういったやり方を私は、「直示論法」と呼んでいる。直示とは、「この」「私」「いま」といった形の指示のことだが、それらはその語の置かれた文脈に依存してしか決定できない。しかしそれゆえに、「説明」を経ずに物事を提示することができるのである。「直示」の持つこのような独特の性質を他者の感覚の説明に適用したのが、ここで論じている事態なのだと言える。つまり、私がレモンを食べたときの感覚と、彼がレモンを食べたときの感覚が同じであることを知って(信じて)さえいれば、その感覚そのものがどういうものであるのかを説明しなくても、「『この』感覚」と言えばそれで済むわけである。(37)

実はこういった「直示論法」は、人文・社会科学のさまざまな場所にあらわれている。たとえば先に述べたように、会話分析においては、「順番交替」「優先構造」「修復」といったさまざまな会話の手続きが見出されているが、それらの現象に名前をつけ定位する、その根拠とはいったい何なのだろうか。もちろんそういった現象は、「目立つ」し「何度でも繰り返される」ことはたしかだろうが、そもそもなぜその現象が「目立つ」ものであるのか。そこには究極的には、会話分析研究者たちがそれを観察して、「ああ、あれだね」という形で同じ感覚を持つ、そのこと以上の根拠は見出しがたいのである。

二〇〇八年二月に京都大学でおこなわれたコミュニケーションに関する研究会で、著名な会話分析研究者である西阪仰の講演を聞いた。胎児の超音波診断における医師と患者(胎児の母親)のやりとりについての話だったのだが、その中で西阪は、医師の発話に対して母親の答えが返ってこない場面を取り上げ、次のように述べている。(38)

さっきみたいに「ああ　ああ」とか「はい」ま　せいぜい「はい」が無いと　何もな　無いと
何かね　やっぱし反応が無いような感じがしませんか！　h[39]
してくるでしょ！　h
あ　いや　こういう言い方するとね　会話分析って実は催眠術じゃないか
(聴衆笑)
馬鹿にされたりする。
だんだんそう見えてくるでしょう　とかね。
でもそう見えてるのは実は私　私だけじゃなくてね　たぶんそのお医者さん自身がそう見てるような
ああ　見ているような気がするんです。

西阪は冗談めかして「催眠術」という言葉を使っているのだが、しかしこのような「そう見えてくるでしょう」という説明は、おそらく会話分析からは消去しがたいのである。私はここで、会話分析の方法論を貶めようとしているのではない[40]。西阪がつけ加えているように、重要なのは、分析者だけではなく、おそらく会話に参与している医師も同様に、「反応が返ってこない」という印象を持っている、という点なの

(37)　私はこういった状況を、「共有されるブラックボックス」という概念で分析したことがある（木村 2014)。
(38)　この発言内容は録音したテープから起こしたものだが、その公表については西阪氏自身の了解をいただいている。
(39)　"h"は軽い笑い声を示す。
(40)　会話分析は社会科学の中でも、厳密な方法論に則って研究を進めるという意味ではきわだった存在だと言えるだろう。

である。ここでまさに、「私がこの会話に対して感じる『この』感じを、他の分析者も、そして当の参与者も、同様に感じているはずだ」という形で、直示論法が用いられているのである。その結果、「結局のところなぜそういった印象があるのか」という「内向きの探索」の問題は回避されることになる。この論法は、それによって「説明」が完遂された、という形で使われるのはよくないが、しかし他者認識の仕方としては、ごく自然なやり方だと言えるだろう。

②共鳴

「似たもの同士での通じ合い」を説明するのによく持ち出されるもうひとつの概念に、「共鳴(resonance)」(あるいは「同調(synchronization)」)がある。共鳴現象を物理学的に定義すると、「ある固有振動数を持つ系Aの振動が、波動の形で同じ振動数を持つ別の系Bに伝わり、Bも同じ振動をはじめる」といったことになるだろう。このような描像は、動物間の比較的単純な相互行為に関しては、うまく適用することができる。たとえば合原一究は、蔵本モデル(蔵本 2014)と呼ばれる数理モデルを用いてカエルの発声の時間的・空間的相互関係を調べているが(合原ら 2014)、この現象はまさに、同調・共鳴の一例としてとらえることができるだろう。

一方、相互行為における共鳴という話題で私が思い起こすのは、『鉄腕アトム』に出てくる「ロビオとロビエット」の話である(手塚 1965)。いがみ合う二人のロボット制作者、井塩春三と矢似鳴太にそれぞれ作られたロボット、ロビオとロビエットは、偶然にも体の構造がまったく同じだった(図5-3)。二人は「共鳴作用で呼び合い」、愛し合うようになるが、井塩家と矢似家の対立に巻き込まれ、最後に悲劇が訪れる。ここで、構造が同じ二つのロボットが共鳴作用で呼び合うというのは、いかにもありそうなことのように思える。しかし「共鳴」というと何かわかったような気になるのだが、この場合、そのメカニズムをきちんと説明できるかというと、それはなかなか難しい。カエルの鳴き声の場合のような、正弦曲線で近似できる「振動」が、相互行為の何にあたるのか、そしてそれがどう伝わって、他者の何に影響を与えるのか、そういったことはまったく明らかではないからである。とは言え、共鳴、同調と呼びうる現象が、相互行為において重要な位置を占めていることはおそらく間違いない。すなわち、他者を認識できる

図 5-3　ロビオとロビエット（出典＝手塚治虫『手塚治虫漫画全集 234 鉄腕アトム 14』講談社，173-174 頁）

能力を持った「よく似たものたち」が多数一緒にいるときに何が起こるのか、ということが問題になるわけだが、こういった系[41]のふるまいを記述する理論を作ることが、今後の相互行為研究では重要になってくるだろう。

③ミラーニューロン

身体に根ざした他者認知の機構として、近年大きく取り上げられているのが「ミラーニューロン」である。この機構は次のようにして発見されたと言われている（イアコボーニ 2009／原著 2008）。イタリアの神経生理学者ジャコモ・リゾラッティらのグループが、サルの頭に電極を差し込んで「サルが何かをつかむときに発火するニューロン」の様子を調べていた。すると、何かをつかむ人間の様子をそのサルが「見た」ときにも、同じニューロンが発火するのが観察されたのである。[42]つまり、「ある動作Aを実行する」時と、「他者がある動作Aをするのを知覚する」時に同じニューロンが発火するわけで、実行（遠心性）と知覚（求心性）という、本来別物と考えられていた二つの神経システムが重なっているという意味で、従来の常識を覆す発見とされた。このニューロンは他者の行為と自己の行為を結びつける神経的な機構であると考えられ、その様子が自己と他者を鏡で映しているようだということで、「ミラー」ニューロンと名づけられたのである[43]（リゾラッティ&シニガリア 2009／原著 2006）。

さて、このようにシステムとしては明確に描かれているミラーニューロンなのだが、それをどう解釈するかというのは、実はなかなか厄介な問題である。その働きから、ミラーニューロンは心の理論におけるシミュレーションの基盤となると考えられることが多い。「他者が○○をしている」のを見ることで、「自分が○○する」というニューロンが発火する。そしてそのことで、「他者は○○している」ということが理解できるということならば、それはたしかにシミュレーションと呼びうるだろう。しかし、それはレモンの酸っぱさの例で出したような推論過程ではなく、まさにミラー「ニューロン」と呼ばれているような神経的な、すでに配線済みの機構によって実現されている。そういった機構が脳内に存在するというのだから、それは進化的に長期にわたって練り上げられてきたものだと考えねばなるまい(44)。そうだとすると、ミラーニューロンにかかわる現象は、シミュレーションではなく、むしろあらかじめの説明書が存在するという「理論説」に近いもののように思えてくる。さらに、それだけで話が片付くわけではない。ミラーニューロンの発火に基づいて自分と相手の行為を重ね合わせてみるという、もう一段上のシミュレーションの過程も考えることができるのである(45)。このようにミラーニューロンによる理解には、一見したわかりやすさとは裏腹の、配線済みの機構と、それを道具的に利用する機構という複合的なプロセスが存在すると考えられる。

(41) 私はそのようなシステムを、仮に「相似多体系」と呼んでいる。
(42) 最初に発見されたこの事例ですでに明らかなように、ミラーニューロンは種を越えて発動しうる。
(43) ミラーニューロンは、サルだけではなくおそらくヒトにも存在するだろうと考えられている。
(44) ヒトやチンパンジーなどの新生児が、「舌出し」など他者の顔の動きを見てそれを模倣する「新生児模倣」は、ミラーニューロンと関連していることが示唆されている。明和政子（2004: 38）は、「他者の表情を模倣すること、それは思ったより難しい。なぜなら自分の表情とは、手や足とは違って自分の目では見えない顔という部位であり、他者の表情を模倣して自分の表情をつくる場合、自分がどのような表情をしているのか直接目で確認できないからだ」と書いている。目で見えた他者の舌出しが、自分が舌を出すことに関連づけられているというのだから、新生児においてあらかじめそのような神経機構が備わっていると考えざるを得ない。
(45) そこでは「自分を外から見た時にどう見えるか」という「自己の客観化」のプロセスが必要だと思われる。

④インタラクションによる理解

ここまで、身体の相似性をリソースとした理解、相互行為について考えてきた。しかしそれを「リソース」と呼んだのは、「必ずしもそれがなくてもできる」「別のものでもいい」という意味も込めてのことなのである。ここで、身体がまったく似ていない他者に対する理解が可能なのか、という問題を考えてみよう。

次に引用する、ウラジーミル・ミハイロフのSF作品『黒い鶴』（1964／原著 1963）は、私が中学生の頃、学校の図書室で借りて読んで、いまも深く心に残っている作品である。話は宇宙船オミクロンを操縦する二人の乗組員の描写から始まる。一人は老飛行士のクレノフ、もう一人は生物学者の若者イーゴリである。イーゴリは、伝説の〝ツル〟についてクレノフに尋ねる。ツルとは、「はばの広いまっ黒な旗」のような形をした宇宙空間の飛翔体で、クサビ状の隊形を組んで飛ぶのでそう名づけられた。そしてその軌道はなぜか、爆発する新星の近くを通っているのだった。クレノフは若い頃、親友の宇宙船がツルによって破壊されるのを目の当たりにした。それ以来、クレノフはツルの正体を明らかにしようとして、独自に考案した捕捉機を船に積んで宇宙をさまよってきた。これまで五回の出会いがあったものの、いまだ捕捉には成功してない。クレノフは「ツルは莫大な容量の凝縮場以外の何物でもない」と考えており、そのことをイーゴリに説明する。その刹那、検知器が耳を刺すような信号音を発する。

ツルはこの船と交差するコースを飛んでくる。おかげで、飛行方向を変える必要がなかった。もっとも、この船の速度で方向を変えたら、とたんに破局がくるにきまってるから、どうしてもブレーキをかけなければならない。いまは速度を調整するだけでよかった。老人はただ一度だけ、ふり向いてな

にかどなった。しめた、というような意味らしかった。(ミハイロフ 1964: 79)

そしてクレノフは、デルタ・フィールドという力場を放出する捕捉機で、ツルを捕獲しようと試みる。

目には見えないが実質のある網は、ちょうど二羽のツルのあいだの隙間にはられた。あとの方のツルはこの強力な線にどうしてもひっかからないわけにはいかない。こんどこそ逃がしはしないぞ、と長老が勝利の腕を高くあげようとしたとき、だれも知らないめちゃくちゃな歓喜のおどりを、若者がまさに踊りはじめようとしたとき、ふたたび意外なことが突発した。黒い旗はふいにひらひらとくねって、横に逸れた。これから捕捉機に接触しようというその寸前に、ひらりと体をかわして、網の有効域から離脱したのである。すこしもわけがわからない。まるでバカにされているかっこうだ。それでもクレノフはまだ敗者を自認するつもりはなかったが、次のツルは、前のツルの場所に達しないうちにすばやく身をかわし、その次のはもっと早く横に逸れた。クレノフがどんなに秘術をつくしても——力を強め、収束度を変え、彼でなければとっさに考えつかないような、あらゆる策略を施しても、なんのかいもなかった。やがて最後の一羽が船の前を通りぬけて、クサビ形のしめくくりをつけると、ツルの群はしだいに速度をあげながら、暗黒の空間へ消えていった。(ミハイロフ 1964: 82)

ツルを取り逃がしたクレノフに、イーゴリは語りかける。

「考えてごらんなさい。あれは宇宙の黒ツルなんですよ！」

「だから、どうなんだ?」

「あれは生きてるんですよ――その、あなたのツルたちは……」

長老はとびあがった。船室を静寂が支配した。いつもの曲線がスクリーンの上を滑り、機械の高い歌声がにわかに耳に入ってきた。

「生きてるって?」

「はい！　生物でなければ、飛行の速度や方向を勝手に変えることはできません。それをかれらはやってのけました」

長老はうつむいて、ひたいをおさえた。ひたいは汗にぬれていた。

「そればかりではありません」と、イーゴリはつづけた。「かれらはあなたのワナからひらりと身をかわしたじゃありませんか。かれらをはじいたのはフィールドではない。かれらは自分で横に逸れた。たがいに情報を通じ合っていたんです！　まえにもこの方法でつかまえようとしたことがある、とおっしゃいましたね?　どうでした、そのときは?」

クレノフはうなずいた。

「それごらんなさい。かれらはこの方法を知ってるんです！　あなたが教えておやりになった……」

「生きている……そんなことは頭にはいらないよ」

生物学者は笑った。

「入れるべきですね」

「だが……どうして生きていけるんだ?　どこで?」

「ここで！」と、生物学者は声を高めた。「この空間で。どうして、生活は惑星にかぎって可能だ、などと考えるんです？　空間自体、生物の住み家であっても、すこしもさしつかえないじゃありませんか」

「恒星空間が生物の住み家？　そんな話はついぞ聞いたことがない」

「話し手はあなたじゃないですか？　それとも、あなたより前に〝宇宙の黒ツル〟の話を聞いた人がだれかいましたか？」

「いったいなにを食べてるんだろう？」

「エネルギーにきまってます」若者はやさしく老人の肩をおさえて、またベッドに横にした。

「おそらく輻射エネルギーでしょう。だから一定の容積にたいして最大の面積を持ってるんです。だから新星が大好きなんです。そこからたっぷりエネルギーが取れますからね」（ミハイロフ 1964: 83-84）

ここで考えたいのは、なぜ、最初は「莫大な容量の凝縮場」という物理現象だと思われていたツルが、「生きている」と感じられたのかという点である。その答えは当然、ツルたちが、クレノフの展開する捕捉機のデルタ・フィールドから巧妙に身をかわしたからである。そこでは、つかまえようとする行為とそれから逃げるという行為が、きちんと規則性を持って絡みあっている。

ここで明らかなのは、身体による理解において、「似ている」ということは、有利なリソースではあるが、必須なものではない、ということである。黒いツルに対する理解は、「つかまえる—逃げる」という相互行為（ここでは非常に希薄なやりとりではあるが）によってのみ達成されている。身体はまったく似ていなくても、なんとか理解は可能なのだ。そのように、一見生きているとは思われない対象に、何らかの相互行為的なものを感じるという例は、たとえば昔風のコンピュータ・ゲームでスクリーン上を逃げ回る正方形を追いかける、などといった状況を挙げることができる。(46) このとき身体は、表出の媒体であるという意味においてのみ、相互行為のリソースとなっているのである。

⑤形而上学的機能主義

インタラクションを通じての理解によく似た考え方に、「形而上学的機能主義(metaphysical functionalism)」(Block 1980) と呼ばれるものがある。次田瞬(2013: 114) によると、それは「システムがとる、ある状態を特定の心的状態タイプにするものは、そのシステムの内的組成ではなく、その状態がはたす機能的役割である」とする考えである。人間と似ていない他者(火星人でもタコでも昆虫でもいいが)を考えよう。それが皮膚を強くつねられたとき、身をよじってそれを避けようとしたとする。この時、その体内でどういった神経生理学的な出来事が起こっているかにかかわらず、身をよじることは自らの体を損傷から守ろうとする「機能」を実現しているから、それは「痛みを感じている」とみなそう、というのがこの主張である。(47)

ここで問題になるのは、その「機能」なるものがいったい何で、誰がそれを同定するのか、という点である。それが客観的に規定できるものだとするなら、それはまさに「理論説」の「理論」に該当することになる。(48) 本書は理論説には肩入れしていないわけだが、先に論じた「生物は自分の体を損傷から守ろうとする」などといった基本的な原則は、さすがに認めざるを得まい。そういったレベルでは、われわれの他者理解にも機能主義的理解が混じり込むことはありうる。たとえば、カマキリの羽をむしろうとすると、カマキリはそれを嫌がるかのように身をよじる。そのときわれわれは、半ばは自分の肢体がもぎ取られようとするというシミュレーションからカマキリの「痛み」をみるのだが、半ばは「ああ、カマキリも自分の体を守ろうとしているのだな」という機能的な理解をしていると言えるだろう。しかしその「機能」が細かいものになるにつれ、それは結局、客観的に規定できるものではなく、自分を基準にしたシミュレーションにまぎれこんでしまうことに注意しなければならない。

「動物の知能」という話題にも、形而上学的機能主義に関連する部分がある。古くはヴォルフガング・ケーラーの『類人猿の知恵試験』（1962／原著 1917）で知られるように、人間に近い動物たちに知能テストのようなことをやらせ、「○○はできる」「××はできない」といった形で、彼らの知能を測るという実験が積み重ねられている（たとえば、松沢（1991））。ここでも同様に、その「知能」なるものが結局、何を基準にしたものなのか、その究極的な説明は直示論法的に『人間のような』心の働き」としか言えないのではないか、という批判が出てこざるを得ない。実際、類人猿や、高い知能を持つと言われるクジラ・イルカ類においては、いかにそのように機能主義的に知能を定義しようとしたとしても、そこに共感性が忍(49)

(46) このとき、われわれの内部では、対象の動きをシミュレートするモデルが、その場で作られているのだと考えられている。脳科学ではそれは「内部モデル」と呼ばれているが、その構築は、主に小脳でおこなわれているとされる（川人 1996）。
(47) 無脊椎動物が痛みを感じるかどうか、といった問題に関しては、動物愛護の観点から多くの議論がある。そもそも「痛みとは何か」という問いに対しては、ここでいう形而上学的機能主義のような議論が登場してくることは不可避だろう。
(48) その「機能に関する理論」は、インタラクションをおこなってみるより以前にすでに存在する。したがって形而上学的機能主義的理解は「インタラクションによる理解」とは異なる。
(49) したがって、そこでは「でもやはり彼らは人間にはかなわないのだ」ということが強調される。高梨克也（2010: 57）はこういった傾向を、「オリンピックで日本人がメダルを取ると、必ずすぐにルールが改定されるという現象に似ていなくもない」と評している。

び込んで来ることは避けようがない[50]。実はそれが直示なのにもかかわらず、そこに「(客観的)機能」という名前をつけて論じているとするならば問題である。

一方、無脊椎動物の世界に目を向けてみると、実はこちらの世界にも、たいへん賢い連中がいることがわかってきている。それは頭足類、すなわちイカやタコの類である[51]。『イカの心を探る』(池田 2011)によると、イカは無脊椎動物にしては体に対する脳の比率が大きく、記憶力もなかなかのものだという。体色を変えてコミュニケーションをおこない、群れ行動を取り、順位を持っている。さらに驚くべきことに、鏡像認知(鏡に映った自分の像を自分だと認識すること)ができることさえ示唆されているのである。このような賢さのゆえに、海洋学者クストーは、イカやタコのことを「海の霊長類」と呼んだ。脊椎動物に関しては、人類からの近さと賢さがほぼ比例するという結果が見られるわけだが、無脊椎動物の中に、このような知性の「独立峰」が見られるというのは実に意外である。われわれがイカたちに対して、身体を通して共感するということはかなり困難だろうから、そこで働いているのは、やはり形而上学的機能主義なのだと言わざるを得ない。われわれの頭足類への対し方は、来たるべき宇宙人とのファースト・コンタクトの想像への支持点としても重要だと言える。

4 「自分」というリソース

ここまで、身体をリソースとした規則性の作り上げ方について論じてきた。その直感的なわかりやすさとは裏腹に、そこにはいくつかの原理が錯綜しており、簡単に説明が組み立てられるわけではないことが明らかになった。ところで、他者を理解するのに身体を用いると言うとき、それは通常は「自分の」身体のことだと解釈されるだろう。自分の身体を他者の身体と重ね合わせたり、共鳴させたり、あるいは自分のミラーニューロンが他者の動作に感応したり、ということが起こっているわけである。また第I部では、宇宙人表象の投射の基点にはピボットフットの如く、抜きがたく「人間」がいるということを見た。これらの見方には、「自分」を中心に世界を見るのは避けがたいことである、という、一種の独我論の臭いが感じられるかもしれない。ここで、この「自分」という存在をも「リソース」として相対化し、この独我論臭を払拭することを試みておきたい。

われわれにとって、われわれの身体、あるいは心（そういったものが定義できるとして）がもっとも手近にある存在だ、ということは疑い得ない。私は私の手に触れうるし、それをつねると痛い。一〇〇キロメートル離れたところにいる他者の手に触ることはできない。私は内観として悲しいという感情をもちうるが、はるか遠くにいる他者の感情は感じることはできない。しかしこういった事態は、必然的なものではなく、私の身体や心は偶有的に私の手近にあるのであって、われわれはそれを単に使いやすい道具として使っているのだ、と考えたいのである。

そう考えることには、もちろん根拠がある。つまり、「私こそが私にとってもっとも手近な存在だ」というのが、文化的なバイアスがかかった考えである可能性を示す事例が存在するのである。それはたとえば、私が二〇年以上にわたって調査を続けてきている、熱帯アフリカの狩猟採集民バカ・ピグミーたちの相互行為である。詳しい記述はこれまで書いたもの（木村 2003a; 2010a）に譲るが、その中で私は彼らを

(50) だからこそ捕鯨やイルカ猟への批判が起こるのである。
(51) 少し古い話だが、二〇一〇年のFIFAワールドカップで八試合の勝敗を予想し的中させたタコのパウル君のことを思い出す。

図5-4　バカ・ピグミーの女性たちの会話
同じ内容の言明が共鳴的にはげしく重なり合っており，声ははるか遠くまで届いている．

「重なり合う人々」と形容した。つまり、彼らの相互行為に対して「私」とか「個人（individual）」といった概念が、存在しないとまでは言わないが非常に「薄い」という印象を受けることが多かったのである。[52]

その重なり合いは、彼らの相互行為のさまざまなレベルで見られる。たとえば、彼らの会話には、会話分析で言うところの隣接対（adjacency pairs）の構造がはっきり見られないことが多い。私は会話の書き起こしの分析から、次のように書いた。「この会話例の多くの部分では、発話は対をなさず、いわば瓦を重ねるように、同じような内容が少しずつずれながら重なっているのである。そこから命題行為をはぎ取っていくなら、結局なされていることは（局所的には）『そうだそうだ』『そうだそうだ』の連続ということになる」（木村 2003a: 201）。また、彼らの村、あるいは森の中のキャンプでは、しばしば家の壁をまたいで、にぎやかな会話が繰り広げられる（図5-4）。そこでは、ある人が何かを知りたければ、村の中に向かって「あれはどうだったかな?」などと呼びかけたりする。すると、それを知っている人がいれば、即座に答えが返ってくるのである。[53] 今風に言えば、それぞれの人たちが情報を分け持って蓄えている共有データベースがあるようなものだと言える。[54] このようなありさまを見るとき、彼らにおいての「私」の概念が揺らいでくるのである。私の二〇〇一年一一月一五日のフィールドノートには、次のように綴られている。

夕方、外のベンチでラジオ日本を聞く。隣に少年が座っている。席を立ちもせず、ボーっと（と見える）、道で他の子供たちが遊んでいるのを見ている。魂が抜けたように。彼は実は今、あっちで遊んでいるのではないか、とさえ思う。「心ここにあらず」と言うが、たとえではなくそうなのではないか。

私はこういったバカ・ピグミーたちのつながり方を、並列分散的相互行為(55)（Parallel Distributed Interaca-tion、ＰＤＩ）と呼んで議論した（Kimura 2003）。そのようなことを考えているとき、いつも連想するのが、クラークのＳＦ『太陽系最後の日』（2009／原著 1946）に登場する「パラダー人」である。この作品は、太陽が新星になりかかったとき、地球人を救済するために宇宙人たちの乗った銀河調査船が地球にやってくるというシーンから始まる。その宇宙人たちの中の一種族がパラダー人である。彼ら（作品中では「それ」と記されている）については次のように説明されている。

---

(52) 園田・木村（2018）には、そのような状況を示す会話の事例を挙げてある。

(53) ＬＩＮＥのグループ通話などでも同様な状況が見られることがある。「われわれのとは別種のつながり方」と考えられてきたものが、電子コミュニケーションの発達にともなって「復活」してきている事例と言える。

(54) こういった現象は、私が彼らに質問をしているときにも見られる。たとえばA氏に向かってあることを聞いたとき、おせっかいにもその周りにいたB氏やC氏から答えが返ってくることが多いのである。調査者としては、A氏の知識を知りたいのだからお前らは黙っておいてくれ、と言いたくなるのだが、彼らにしてみれば、そういった「個人」を特定したやり方はまさに文化的なバイアスなのだろう。

(55) この用語はもちろん、認知心理学や人工知能研究において言われる、並列分散処理（Parallel Distributed Processing、ＰＤＰ）をもじったものである。

それは、その種族の例にもれず名前というものがない。それ自体の個性を持たないからだ。移動はできるが、やはり種族の意識を構成する独立した細胞にすぎないのである。その個体をはじめとする同族は、ずいぶんむかしから銀河系じゅうに散らばって、無数の世界の探検に従事しているが、それでもなにか未知の絆を介して、人体における生体細胞と同じくらい不可分に結びついているのだった。パラドー[56]の生物が口を開けば、用いられる人称代名詞は、つねに『われわれ』である。パラドーの言語に一人称単数は存在しないし、そもそも存在するはずがないのだ。（クラーク 2009: 29）

個体の死という概念は、それにとって意味がない。その集合精神にとって、個々の単位が消滅するのは、人間が爪を切るのとたいして変わらない意味しかないのだから。（クラーク 2009: 37）

危機にさいして、パラドー人の精神を構成する個々の単位は連結し、いかなる物理的頭脳にも遜色のない緊密な組織となることができる。そのようなとき、彼らは大宇宙で類を見ないほど強力な知性を形成する。通常の問題であれば、数百あるいは数千の単位の力で解決できる。ごくまれに、数百万の単位が必要になるときがあり、歴史上に二度、パラドー人の全意識を構成する数十億の細胞が一体化し、種族の存亡に関わる緊急事態に対処したことがある。（クラーク 2009: 43）

もちろん、バカ・ピグミーの人々が、パラダー人のように個人性（individuality）を持たず[57]、細胞的であるなどというつもりはない。しかし彼らの社会は、個人性に重きを置く西欧近代的な社会観からすると、構成原理の重心が、個人そのものではなく、その間のつながりの方に大きくずれているということは言えるだろう。私はそういった集団全体としての柔軟性(58)が、環境の物理的・社会的変動にさらされてきた狩猟採集民にとって適応的だったのではないかと考えている。

高梨克也（2010）は、このような異文化の事例だけではなく、われわれの日常においても、他者の身体や認知が、行為のための豊かなリソースとなっていることを論じている。高梨はこの現象を「他者の認知の利用」と名づけ、「『ある主体Aが道路が凍結しているのを見て、滑らないように注意を払いながら歩いている』のに別の主体Bが気づき、Bも滑らないように注意を払う」、「駅のフォームへ駆け上がる人を見て、電車の到着が近いことを知る」、「前を走る車のブレーキランプが点灯したのを見て、自分もブレーキを踏む」などという例を挙げている。このような例を考えるとき、私にとって一番利用しやすいリソースは、私ではなく、身近な他者だという場合もありうるということが納得されてくるのである。

そういった「身近な他者」は、もちろん私によく似た他者であることが多いのだが、しかしまったく似

---

(56) ここに引用した新訳のハヤカワSF文庫版では「パラドー」と記されている。

(57) このような「個人性を持たない知性」は、SFに数多く登場している。その代表的なモデルは、ひとつは社会性昆虫であり、もうひとつはコンピュータ・ネットワークだろう。前者の例としては、『エンダーのゲーム』（カード 1987／原著 1985）の「バガー」、フレドリック・ブラウンの短編『さあ、気ちがいになりなさい』（2005／原著 1949）の、「真に地球を支配する者たち」としての黒アリ、白アリ、赤アリたちなどが挙げられる。後者は、古くはクラークの『Fはフランケンシュタインの番号』（1978／原著 1964）で、世界中の電話ネットワークがつながったとき、それが知性を持つに至ったという話、ロバート・A・ハインライン『月は無慈悲な夜の女王』（1969／原著 1966）のコンピュータ「マイク」、さらには、映画『ターミネーター』シリーズ（1984–）の敵役「スカイネット」、カード『死者の代弁者』（1990／原著 1986）に登場する、超光速ネットワークの中に生まれた知性「ジェイン」などを挙げることができる。

(58) たとえば狩猟採集民研究者はよく、「ある朝起きてみたら、知らぬ間にキャンプが移動することになっていた」といった種類の記載をおこなっている。移動は集団全体の成り行きで決まり、誰が主導した、ということは言えないのである。

ていない他者であっても、その相手と長くつきあっている人にとっては、十分に利用可能なリソースとなり得る。たとえば、法隆寺の宮大工、西岡常一は『木に学べ』(1991) の中で次のように述べている。

木というのは正直でね、千年たった古い木でも、ぽっととれば右ねじれは右にねじれてますよ。人間と大分違いまっせ。人間は朝に言うてることと夕方することと違うけどね、木というのは正直です。千年たっても二千年たってもうそつきませんわ。動けないところで自分なりに生きのびる方法を知っておるでしょ。わたしどもは木のクセのことを木の心やと言うとります。風をよけて、こっちへねじろうとしているのが、神経はないけど、心があるということですな。(西岡 1991: 17)

西岡は、木を身近な他者として、相互行為を繰り広げているのである。

第二の幕間　それでもなお相互行為は可能か

第Ⅱ部では、双対図式において「共在の枠」と呼んだものについて考察した。その本体は、行為を規則的に組み合わせることなのだが、しかしそこで登場する「規則性」という概念は、次の二点において「つかみどころのない性質」を持っていることを見た。

・あるパターンがあったとき、そのパターンの（もっとも短いという意味で）もっともよい規則性を発見する手法はない。（内向きの探索の困難）
・さまざまなパターンを並べて見ていくとき、そのどこかに非常に良い規則性を持つものが存在するが、それがどこにあるかを予見する方法はない。（外向きの探索の困難）

私はこれまで、コミュニケーションや相互行為に関する議論全体に靄のようなものがかかっていることを感じてきたのだが、その靄の原因は、まさにこの点に存すると考えられる。ただしこれらの主張は、それがまったくつかみどころがないものだ、というわけではない。「そこそこいい」解を見つけることは可能なのである。「探索の困難性」などと言われると、相互行為を成り立たせることがそもそも可能なのか、といった不安にとらわれるかもしれないが、実はわれわれは、そこそこいいものを、なんとかかんとか見つけだしながらやっているわけである。

この「なんとかやっていっている」作業において本質的なのが、「道具」あるいは「リソース」の概念であった。道具とは「使われる」ものであり、その時々で道具性を発揮するが、しかしそれはその時々で立ちあらわれ、また消えていくものである。そのような意味で、これまで相互行為の確固たる基盤であると考えられてきた、「コード」「身体」さらには「自分」といった諸概念が、道具として使われるもの、必須ではないものとして相対化されるのである。

そこで、次に考えないといけないのは、そのように脆弱であるかに見える「共在の枠」を基盤として、どのようにして未来や他者に向けての投射をおこないうるのか、という問題である。「私たちがいましていること」自体がつかみどころのないものであれば、「私たちがこれからすること」など決定のしようがないのではないだろうか。

しかし、ここで思い直してみたい。これまでは「相互行為の枠が投射を支える」というイメージで考えてきたが、逆に「投射こそが相互行為の枠を支えている」とは言えないだろうか。つまり、未知のもの、想像できないものがたしかに「ある」という確信、そしてそれを想像してみようという志向性こそが、いまここでの相互行為の枠を作り上げる原動力となっているのではないか、と考えてみるのである。

このようにしてわれわれは、映画『2001年宇宙の旅』(1968)のボーマン船長のように、規則性にまつわる長い旅を経て、最初に出発した「投射」の概念に帰還することになる。第Ⅲ部ではその道行きを、まずファースト・コンタクトＳＦにおけるさまざまな他者の描き方を見るところからはじめてみたい。

Ⅲ　枠と投射

第6章　ファースト・コンタクトSFを読む

1　友好系

『最初の接触』

宇宙船ランヴァポンは、地球から四〇〇〇光年離れたカニ星雲の裂け目に突入しようとしていた。オーヴァードライブ(1)が切れたとき、突然船の中に警報が響き渡る。何らかの物体が、ランヴァポンめがけて向かってきているのだ。どうやら、相手は探知機で、こちらと同じ周波数のビームを向けてきているらしい。

船長が荒々しい口調で言った。「〔……〕探知機までそなえた船に乗ってるやつは誰なんだ？　人間ではないぞ、これは！」

(1)　超光速飛行の一種で、ＳＦによく出てくるが、これはもちろん科学技術の「延長」の典型例であり、実現しているわけではない。

彼は袖の通話機のボタンを押してどなった。

「直ちに行動せよ！　全員武装！　全区、非常警戒態勢につけ！」

〔……〕

「人間ではないとすると」トミイ・ドートが緊張した声で訊いた。「それでは――」

「この銀河系に星がいくつあると思う？」船長が苦々しげに問いかえした。「そのうち、生命を育むのに適した惑星はどれくらいある？　そこに発生した生命の数は、どれくらいだろう？　もしあの船が地球のものでないとしたら――いや地球のものでないことははっきりしている――乗員も人間ではないはずだ。それに、絶対真空中を航行できる宇宙船を持つような文明の段階に達した、人間でない種族となればどんな事態だって考えられるじゃないか！」（ラインスター 1969: 148）

ラインスター『最初の接触』（1969／原著 1945）の冒頭の部分である。最近のSFに比べれば古くさい文体ではあるが、その骨太なコンセプトによって後世に名を残すことになった作品である。実際、異星人との出会いを描いたSFは、この作品の名を取って「ファースト・コンタクト・テーマ」SFと呼ばれることになった。

とりあえずもう少しストーリーを追ってみることにしよう。このあとランヴァポンは、異星人とのコンタクトをはたす。彼らはヒューマノイドであり、互いの意志疎通は「自動翻訳機」を用い、あっけなく成功する。しかしその後、どうやってお互いの科学技術を手に入れ、かつ自分の母星の位置に関する情報を隠しておくかという、腹の探り合いが展開されることになる。母星の位置が知れたら、相手が攻め込んでくるかもしれないからである。作品が書かれた当時の国際情勢を感じさせるストーリーである。

この作品以前にも、宇宙人の登場するSFはたくさんあった。(2) にもかかわらず、なぜこの作品が記念碑的とされるのだろうか。それは、この作品が未知の他者との「出会い」に焦点を絞って書かれたからだろう。ここで描かれている出会いは、細い針の先同士が接触するような微妙で厳しいものだが、それはつまり、結果がどう転ぶかわからないということである。もし相手が地球の位置を知れば地球は滅ぼされるかもしれないし、逆にこちらが相手の惑星の位置を知れば、相手を滅ぼすことも可能である。そのようなぎりぎりの分岐点を描いたということが、この作品の手柄であり、SF史に名を残した要因だと言えるだろう。

『宇宙《あま》翔けるもの』

『最初の接触』が入っているアンソロジー『千億の世界』(福島編 1975)に、旧ソ連の作家イワン・エフレーモフの『宇宙《あま》翔けるもの』(1966/原著 1958)という作品が併せて収録されている。『最初の接触』とたいへんよく似た状況を描いた作品なのだが、微妙に違うところが面白いので、比較のために紹介しておこう。

ワープ航法(3)で飛行する宇宙船テルル号は、地球から三五〇光年の宇宙を飛び続けていた。

(2) 前述のウェルズの『宇宙戦争』(2005/原著 1898)は一八九八年に出版されているし、一九二〇年代からアメリカのパルプ・マガジンに出版されたいわゆるスペース・オペラには、さまざまな宇宙人が登場する。その集大成とも言えるE・E・スミスの『レンズマン・シリーズ』(1966-1967/原著 1937-1947)も、第三巻までは一九四五年よりも前に出版されている。

(3) こちらも架空の超光速飛行技術の一種。空間をひずませてそれを飛び越えることで超光速を実現する。

船は、炭素星から、四つの島宇宙がかすかに明滅している方向へ、自信をもってとんでいった。ふいに、なにかがおこった。大レーダーのスクリーンに、一点の光がともって、ゆれはじめた。耳をさすような信号音がひびいた。

〔……〕

テルル号が前方遠くに投げているのとおなじくらい強力なレーダーの電波を発射しながら、なにかえたいの知れないものがこちらに飛んでくる！

〔……〕

すると、船長の胸のとどろきが先方に通じたかのように、スクリーンの光点は応答しはじめた。四―二、四―二、こんなに規則正しく発信することができるものは、宇宙のどこをみても、人間のほかにはない。

もう疑う余地はなかった。べつの航星船がこちらにやってくるのだ。（エフレーモフ 1966: 219-220）

この作品でも、「規則正しい」信号の形態から、相手は自然物ではなく知性を持った存在④であることが知れている。

テルル号は相手の宇宙船と邂逅するが、相手ははたして、ヒューマノイドだった。ところが、相手の呼吸している空気の主成分は酸素ではなく、地球人にとっては猛毒のフッ素だったのである。このことから、相手はF人⑤と呼ばれることになる。これでは直接の交流はできない。地球人は酸素を呼吸しているということを知らせた途端、「先方の船長らしい先頭のすがたはよろよろして、宇宙帽子の貝殻を手でかきむしるようにした。これは地球人にも理解できるジェスチュアである」。あまりにも人間的なF人である。『最初の接触』とは違って、F人とは友好的な雰囲気の中で情報の交流がおこなわれる。そして名残惜しい別れの時、生物学者アフラ・デビはF人に「体のフッ素を酸素に入れ替え、遠い未来には直接出会えるのではないか」という可能性を提示し、物語は終わる。

このように、設定自体はほとんど同じだが、宇宙人との関係性の描き方はある意味で対照的な両作品と言える。東西陣営の対立という、書かれた当時の国際情勢が反映したように見える『最初の接触』だが、『宇宙翔けるもの』の方は、共産主義の夢を描いたようなところがある。[6] ベイトソンは「文化接触と分裂生成」(2000/原著 1935)において、文化接触においては、「相称性 (symmetry)」と「相補性 (complementary)」の二つの安定的パターンがあると論じたが、『最初の接触』の関係性はまさに相称性の極にあると言っていいだろう。一方『宇宙翔けるもの』は、両者の間に片方は酸素生物、片方はフッ素生物という形であらかじめの差異が存在している。それを前提に、それをうまく組み合わせる形でつきあっていこうとするという意味で、相補的な規則性構築を描いた作品とみることができるだろう。

(4) 直接のコンタクトの前に、テルル号の乗組員の間で相手はどのような形態をしているかについて議論がなされるが、生物学者アフラ・デビは、「他の世界の考える生物が、宇宙に到達したというのなら、やはり高度に完成され、万能的であり、したがって美しい存在なのだとおもいます! 考える怪物、キノコ人間、八本足の人間なんて、あるわけがありません」(エフレーモフ 1966: 223) と述べる。知的生物はヒューマノイド型へと収斂するというアイデアの典型である。

(5) Fはフッ素の元素記号。

(6) 作品解説で福島正実も「人間主義的理想主義がみごとに表現されている」(福島編 1975: 287) と評している。

2 敵対系

『バーサーカー』

一方、われわれの表象にあらわれる他者たちは、友好的な他者だけではもちろんない。当然そこには「悪」とか「敵」といった要素をもった連中もあらわれる。まず、そのような敵対性を徹底して描いた作品として、フレッド・セイバーヘーゲンの『バーサーカー』シリーズ(1973; 1980; 1990/原著 1967-)を紹介しよう。

その恒星船は、生物の乗り込んでいない巨大な要塞だった。すでに死に絶えて久しい支配者たちが、その昔、生きとし生けるものを滅ぼす目的で発進させた機械なのである。それとその同類は、地球暦とはおよそ関わりのない遥かな過去に、名も知らぬ星間帝国のあいだで行われた戦争から、地球がうけついだ遺産であった。

もし、人類の植民惑星に、そうした機械の一つが接近すれば、地表を百マイルの深さまで死の灰と蒸気の雲に変えてしまうのに、ものの二日とかからない。いまここに登場する機械も、すでにそれをやり終わってきたところだった。(セイバーヘーゲン 1973: 13)

シリーズ最初の作品「無思考ゲーム」(『バーサーカー 赤方偏移の仮面』所収)の冒頭部分である。ここに記されているように、「バーサーカー」と呼ばれる宇宙船＝ロボット群は、はるか昔に宇宙のどこかで、すでに滅び去った異星人によって作られた。彼らはもともとは、建造者たちの敵に対する究極兵器として設計されており、「すべての知的生命体を抹殺せよ」という至上の命令をプログラムされている。そして、建造者たちが消え去った後も、宇宙をさまよいつつ、生きとし生けるものを皆殺しにし続けているのである。「バーサーカー」の語源は、北欧神話に登場する「狂戦士」(8)である。その本体は全長数十キロメートルにもなる巨大なロボット宇宙船で、自らを補修したり新たに「造船」して自己増殖することもできる。内部には宇宙船の命令を受けて動く小型のロボットたちも乗っている。彼らは宇宙に進出した人類と接触し、そこに一切の妥協なき戦いが始まった。——このような設定のもとに、長・短編合わせて数十の物語が描かれているのだが(9)、この世界観は抜群に魅力的であり、その後のSF作品にも大きな影響を与えている(10)。その魅力の中心は、『最初の接触』や『宇宙翔けるもの』などで見られた「理解」とか「友情」といったウェットな感情を排し、すべてを抹殺しようとする「吹っ切れた」存在を描いたことだろう。

そのように、人類にとっては全面的に「悪」であるバーサーカーたちなのだが、実際につきあってみるとどうなのだろうか。読後感から言うと、彼らは意外と「つきあいやすい」相手なのである。電波通信や小型ロボットを通じて問題なく人類とコミュニケートすることができるし、人類を見ても必ずしも問答無

(7) 前節では二つの作品を紹介したが、SF小説や映画には、友好的な宇宙人はたくさん登場している。有名どころでは、『E. T.』(1982)や『未知との遭遇』(1977)などが挙げられる。

(8) ノルウェー語でberserk、英語に訳すと"bear skin"となる。彼らは「危急の際には自分自身が熊や狼といった野獣になりきって忘我状態となり、鬼神の如く戦う」(ウィキペディア「ベルセルク」)とされている。

(9) うち日本語訳としては『バーサーカー　皆殺し軍団』をはじめとして三冊が訳出されているが(1973; 1980; 1990/原著1967-)、未邦訳の作品も多い。

(10) ただ、セイバーヘーゲンはこのアイデアのみの一発屋であり、個々の物語には深みがない、という評価もある。

用で殺しはじめるのではなく、騙したり罠を仕掛けたりすることもある。そこで起こる人類側との騙しあいが、いくつかの作品のテーマとなっているのだが、そのようなストーリーが繰り返されると、バーサーカーたちは、不可知で不気味な存在ではなく、むしろ親しみやすい相手だと感じられるようにさえなるのである。たしかにその存在の根本には、生きとし生けるものを抹殺するということがあるのだが、そういった「あいつらは生命を抹殺するようにプログラムされているのだ」というバーサーカーたちの事情は、地球人にもよくわかっていることなのである。おそらく作者も執筆の過程で「バーサーカーのイメージがどうしても人間的になってくる」という難しさを感じていたのではないだろうか。

『エンダーのゲーム』

バーサーカーたちはロボットだったが、第5章3節で紹介したように、よく敵対系の宇宙人のモデルとなるもうひとつのカテゴリーが、昆虫である。

カード『エンダーのゲーム』(1987/原著 1985) に登場する異星人「バガー」は、アリに似た知性体であり、その全体は女王アリにあたる「窩巣女王 (hive queen)」によって統べられている。いわゆる集合知性 (collective intelligence) である。バガーたちはあるとき突然、地球を攻撃してくる。地球はそれに対し応戦するのだが、その戦役に天才少年エンダーがかかわり、バガーたちは殲滅される、というのがおおまかなストーリーである。バガー戦役においては、まさにバーサーカーのように、問答無用で人類に襲いかかってきたかのように見えたバガーたちだったが、実はバガーたちは、集合知性として地球人と「コミュニケートしようとした」だけだったのである。しかし地球人側はそれを攻撃と解釈してしまい、それがバガー戦役のきっかけだった、というのがこの作品のオチとなっている。

また『ウルトラマン』（1966-1967）の怪獣の中でも一、二を争う人気を誇るバルタン星人も、そのモデルは明らかにセミであろう。彼らもまた地球を侵略する「悪い」宇宙人として描かれているが、実はその裏には以下のような事情がある。「地球を訪れる最初の目的は侵略ではなく、故障した宇宙船の修理のため。自分たちの故郷であるバルタン星が発狂した科学者の行った核実験で壊滅したため、たまたま宇宙船で旅行中だった二〇億三〇〇〇万人のバルタン星人が故郷を失い難民となった。身体をバクテリア大にまで縮小して放浪の旅を続けていたバルタン星人たちは、やがて発見した地球で宇宙船を修理しようと飛来した際に現地を気に入り、ハヤタ隊員の提言を無視して地球侵略を開始する」（ウィキペディア「バルタン星人」）。

このように、これら昆虫型宇宙人の描かれ方は[11]、一見理解不能であるかのように見えるが、実は彼らにもそれなりの事情があって地球を攻撃してきているのだ、といったものが多い。その意味で彼らは、このあとで述べる「わからん系」に片足を突っ込んではいるが、それなりに「理解できる敵」というバーサーカー的な描像に踏みとどまっていると言える。しかしそこでの「理解」の大半は、図5-2のカマキリのように、共感はできないが、しかし「相手がそうする事情は理解できる」といった、形而上学的機能主義のレベルであると言えるかもしれない。

（11）漫画『テラフォーマーズ』（貴家・橘 2011-）では、火星を環境改造しようとして放ったゴキブリがヒューマノイド型に進化してしまい、彼らを「駆除」しようと送られた人間たちと激しいバトルを繰り広げる。また世界最長のＳＦシリーズと言われる『宇宙英雄ローダン・シリーズ』（シェールほか 1971-／原著 1961-）に登場する悪玉宇宙人IVsはスズメバチのような昆虫型知性体であり、ハインライン『宇宙の戦士』（1967／原著 1959）の敵役アレクニドはクモに似た宇宙生物である。これらの作品では、相互理解よりも不可解さの方が強調されている。ただ例外もある。マイクル・フリン『異星人の郷』（2010／原著 2006）に登場するクリンク人はバッタに似た宇宙人だが、一四世紀のドイツに不時着し、村人たちと交流する。彼らが凶悪でないのは、バッタ型として描かれたからだろうか。

3　わからん系

　ここまでに紹介したいくつかの作品においては、「他者」のありさまは描かれてはいるものの、「わかり合うこと」自体が中心的なテーマとなっていたわけではなかった。『最初の接触』では自動翻訳機で、バーサーカーでは機械の電子頭脳の力で、人類との意志疎通はあっけないほど簡単になし遂げられている。しかし一九六〇年代頃から、SFの人文・社会科学化に呼応して、宇宙人といかにしてわかり合えるのか・わかり合えないのかを問う作品が次々と書かれることになった。その代表は何と言っても、レムの『ソラリス』（2004／原著 1961）だろう。

『ソラリス』
この作品に登場する生命体は、ソラリス[12]と呼ばれる惑星の表面を覆う「海」そのものである。作品中では、その発見からすでに数十年が経過し、「ソラリス学」という名の学問分野が成立しているという設定になっている。その成果を、主人公の心理学者ケルヴィン博士の独白から引用してみよう。

　ソラリスが発見されたのは、私が生まれるほとんど百年も前のことだ。この惑星は赤色と青色の二つの太陽のまわりを回っている。四〇年以上の間、一隻の宇宙船もこの惑星に近づかなかった。（レム 2004: 27）

そののち調査隊が着陸するが、論争の対象になったのは、ソラリスの海である。

分析の結果に基づいて、それが有機的な形成物であることは認められていた（それを生物と呼ぶことは、当時はまだあえて誰もしなかったのだが）。〔……〕つまり、それはおそろしく巨大に成長した、流動性を持った一つの細胞のようなもので、〔……〕それが場所によっては百マイルもの深さに達するゼリー状の覆いで惑星全体を取り囲んでいるのだ、というわけである。（レム 2004: 30）

やがて、この海がソラリスの重力自体を制御し、惑星の運動に影響を与えていることもわかってきた。さらに海から発生する電波などを分析すると、次のようなことが明らかになった。

記録は絶えず増大し巨大な量になっていったが、その解読まではあと一歩、という感じがいつもしていた。

〔……〕

実際のところ、いくつかの結果は得られた。海は、電気的、磁気的、重力的インパルスの発生源であ

(12) サン・マイクロシステムズ社（現在はオラクル社に吸収されている）で開発されているUNIX系OSはソラリス（Solaris）という名だが、この名はレムの作品にちなんでつけられたものだという。また、映画『ブレードランナー』（1982、原作フィリップ・K・ディック（1969／原著 1968））に登場するアンドロイド「レプリカント」たちは「ネクサス6型」という型番だが、ネクサスはグーグル社の発売しているスマートフォンやタブレットの名称となっている。グーグルのスマホ用OSが「アンドロイド」だからである。このように、これらのSF作品は現在のコンピュータ技術者たちのネーミングセンスにも大きな影響を与えている。

り、いわば数学の言語を話していた。その放電のいくつかの系列《シークエンス》は、地球の分析的方法である集合理論の中でももっとも抽象的な部門の知を利用して、分類することができた。そして、エネルギーと物質、有限と無限、素粒子と場などの相互関係の考察に取り組んでいる物理学の分野で知られる構造の相同物が現れた。

〔……〕

この海は、われわれの理解のいかなる可能性も越えた巨大なモノローグを深淵で永遠に続けているのであって、われわれの捉えるものはすべて、そのモノローグからたまたま盗み聞きした取るに足らない断片に過ぎないというのである。（レム 2004: 35-36）

しかし、このような知性の存在を示す断片が見つかっているにもかかわらず、海とコンタクトを取ろうとする試みはいっさい成功していない。その一方で海は、調査に訪れた研究者たちに、「お客さん」と呼ばれる、人間のコピーをさしむける。ケルヴィン博士のところにも、死んだ恋人ハリーがあらわれる。こういった展開で、作品は一種、心理劇の様相をも帯びる。

次のシーンはとくに衝撃的である。調査者ベルトンが、ソラリスの海の上をヘリコプターで飛行したときの報告である。海はさまざまな奇妙な構造物をその表面に出現させるのだが、ベルトンは海に開いた漏斗状の場所に、あるものを発見する。

ベルトンの答――その人間はそう、それは人間だったのですが――宇宙服を着ていませんでした。それにもかかわらず、動いていたのです。

質問——その人間の顔は見えたかね？
ベルトンの答——見えました。
質問——で、誰だった？
ベルトンの答——子供でした。
質問——子供だって？　以前、どこかで見たことのある子供かね？
ベルトンの答——いいえ。一度も見たことはありません。いずれにせよ、覚えてはいません。とにかく、もっと近づくと——そう、四〇メートルくらいの距離か、あるいはもうちょっとあったかもしれませんが——すぐに、なんだか異様だということが感じられたのです。
質問——いったい、どういうことだね？
ベルトンの答——いますぐに説明します。最初は自分でも、何が問題なのかわかりませんでした。しばらくしてようやく、わかったのですが、それは異様に大きかったのです。巨大だなんて言葉ではとても言い足りません。たぶん四メートルはあったでしょう。正確に覚えていますが、機体が波にぶつかったとき、子供の顔は私の顔よりも少し高いところにありました。私は操縦室に座っていたとはいえ、海面上三メートルくらいの高さにいたに違いありません。
質問——もしもそんなに大きかったのなら、どうして子供だとわかったのかね？
ベルトンの答——実際にとても小さい子供だったからです。
質問——ベルトン君、その答は論理的でないと自分でも思わないかね？
ベルトンの答——いや、まったくそうは思いませんね。なにしろ顔が見えたんですから。結局のところ、体つきは子供のものでした。それは、ほとんど……赤ん坊のように見えました。いや、それは言いすぎかな。二、三歳の子供といったところでしょうか。髪の毛は黒く、青い眼をしていました。その眼の大きかったこと！　そして裸でした。真っ裸で、生まれたばかりのような姿でした。その体は濡れているというか、つるつるしていて、皮膚はきらきら光っていました。その姿を見て、私はひどい衝撃を受けました。もはや蜃気楼などとは思えませんでした。あまりにもまざまざとその姿が見えていたからです。それは波の動きにあわせて、浮かび上がったり沈んだりしていましたが、それとは別の動きもしていました。ぞっとするような光景でしたね！

質問――どうして？　いったいそれは何をしていたのかね？

ベルトンの答――そう、博物館かどこかの人形みたいに見えました。でも、生きているみたいに、口を開けたり閉じたり、あれこれの動作をしたり。いや、ぞっとしました。なにしろ、それ自身の動きじゃないんですから。

質問――それはどういう意味だろう？

ベルトンの答――私は数十メートル以下の距離には近づきませんでした。いや、正確に見積もって、せいぜい二〇メートルくらいだったでしょうか。でもすでに言ったように、その子供は巨大だったので、とても正確にその姿を見ることができました。眼はきらきら光っていて、生きている子供のような印象を与えました。ただ、体の動きはまるで誰かが試しているというか、試験しているみたいな感じで……

質問――どういうことなのか、もうちょっと詳しく説明してもらえないかね。

ベルトンの答――さあ、うまくできるかどうか。そういう印象を受けたということです。直感的なものでしたから。その点について、きちんと考えてみたことはありません。ともかく、その体の動きは自然なものではありませんでした。
質問――つまり、例えばその手が、人間の手だったら関節の動きが制限されているためにできないような動きをしていたとか、そういうことかね？
ベルトンの答――いえ、全然そういうことではありません。ただ……その動きに何の意味もなかった、ということです。だいたいにおいて、体の動きというのはどんなものでも、何らかの意味を持っていて、何かのために行われるものでしょう……
質問――そうかな？　赤ん坊の体の動きだったら、何らかの意味を持っているとは限らないだろうね。
ベルトンの答――それはそうですが。でも、普通の赤ん坊の動作はとりとめがなく、調和を欠いているものでしょう。そして分化していないものです。ところが、この赤ん坊の動作ときたら！　そうだ、系統的な動きだったんですよ。順番に、グループにわけて、系列に沿って行われていくといった感じの。まるで誰かがこの子供の手や、胴体や、口に何ができるか、調べているといったふうでした。顔の場合が最悪でしたね。なにしろ顔というのは一番表情が豊かな部分でしょう。ところがあれは、顔としては……いや、なんと言ったらいいか、わかりません。たしかに生きてはいたのですが、人間のものとは言えない顔だった。いや、つまり、顔の輪郭も、眼も、肌も、すべて、まったく人間そっくりだったんですが、顔つきというか、表情が違っていた。（レム 2004: 135-138）

わからないものを描くという意味では、ＳＦ史上でも屈指のシーンであろう。このような形で、海のやろうとしていることは結局は不可知のままで[13]、物語は幕を閉じる。理解できないものを理解できないものとしてそのままに描ききったその緊張感が、この作品の評価[14]を高めている。

ソラリス的な不可知性を描いた作品としては、クラーク『幼年期の終わり』（1964／原著 1953）における、宇宙に広がる超知性「オーバーマインド」を挙げることができるだろう。とくに、オーバーマインドそのものではなく、それに吸収される直前の、地球人の子供たちの見せる不可解さ・不気味さは、ソラリスの海のそれと近いものがある。また、『新世紀エヴァンゲリオン』（1995-1996）の「使徒」たちも、なぜ地球を攻撃してくるのかがいっさいわからず、コミュニケーションも取れないという点で、ソラリスの海に似た印象を受ける。⑮

ここで「ソラリスの海」的な不可知性をきわだたせるため、比較対象として、物理的には「海」とよく似た他者を設定した、ホイルの『暗黒星雲』（1958／原著 1957）を再び紹介しよう。天文学者たちによって、巨大な暗黒星雲が太陽系に向かってくるのが観測される。やがて太陽の輻射が星雲によって反射され、地球の気温が上がりはじめる。人類はイギリスのノルトンストウに研究所を作り、暗黒星雲の観測を開始する。太陽を通過するかと思われた星雲は、内部から物質を打ち出してブレーキをかけはじめた。星雲は太陽を覆い、地球に大災害が起こって人類の四分の一が死滅する。やがて電波通信の観測から、暗黒星雲自体が生命であることが明らかになってくる。つまり、その内部で電波が神経インパルスの代わりになって通信がおこなわれているのである。電波によって交信が試みられた結果、星雲から返信らしきものが得られるが、その通信文は解読できず、科学者たちは一方的に通信を送り、星雲がそれを解読してくれることに期待をかける。

「手始めとしては、できるだけ科学と数学とに、問題をしぼることにしたいと思う。これらは一番いい公分母らしいからだ。社会的なものはその後にしよう。送信しようと思う材料を全部録音するのは、大仕事だな。」

「そうすると、科学と数学における初歩的なものを、初歩の英語で送信すればいい、というのだな。」

ウェイチャートが念をおした。

「そういうことだな。それもすぐにとりかかったほうがいいと思う。」

この政策は成功も成功も、大成功だった。二日たたぬうちに最初の明瞭な返信がもどってきた。それにはこう書いてあった。

〝通信うけとった。知らせが少ない。もっと送れ〟（ホイル 1958: 238）

不可知性のかけらもない、なんとも拍子抜けな成り行きである。しかし、この作品の価値はそういったコミュニケーション上の機微ではなく、暗黒星雲を生命に仕立てたというその想像力にある。星雲は人類を苦境に陥れたことを認め、太陽系から離れることになるが、その間に人類とさまざまな会話を交わす。その過程で、暗黒星雲は一種の栄養生殖をおこなっているらしいことがわかる。

(13) 「まるで誰かがこの子供の手や、胴体や、口に何ができるか、調べているといったふう」といった記述はあり、そのような具体的なレベルではやろうとしていることが不可知だとは言えない。しかし、「どういった動機でそれをやろうとしているのか」というレベルにおいては、やはり「海」はわからない存在なのである。
(14) 本作品の翻訳者である沼野充義による解説（2017）も参考になる。
(15) そのほか、この種の作品として、不可解な異星人の痕跡「ゾーン」を描いた『ストーカー』（ストルガツキーとストルガツキー 1983／原著 1972）、同様な不可解な領域「エリアX」に侵入する調査隊の物語『サザーン・リーチ』三部作（ヴァンダミア 2014-2015／原著 2014）などを挙げることができる。

「実際問題として、あなたは何歳で。」

〝五億年以上になるかな。〟

「それであなたの誕生、つまりあなたがこの世に姿をあらわしたのは、やはり偶発的な化学作用の結果でしょうか。この地球上の生物の場合には、そうであったと信じられていますが。」

〝いや、そうではなかった。銀河系内を旅行してまわっている間、適当な物質の集合、生命を移しうるに足る適当な星雲を、さがしつづけていた。われわれはこれを、あたかも貴下が木から若木をとり育てるようなぐあいに、行ってきた。かりにわたしが、適当な星雲でまだ生命に恵まれていないものをみつけたとしたら、わたしはその中に比較的簡単な神経組織を移植する。それはわたし自身が作りあげた組織、つまりわたしの一部なのだ。〟（ホイル 1958: 258–259）

このミクロメガス並みに紳士的な暗黒星雲[16]は、何とたくさんの同胞を持っているのである。このことが、暗黒星雲とのコミュニケーションのとりやすさの一因ではないかと私は考える。つまり、自分とよく似た身体を持つ他者がまわりにたくさんいれば、その間にさまざまな相互作用が起こらざるを得ないだろうからである。一方、理解不能な知性は、ソラリスにせよ、『幼年期の終わり』（クラーク 1964）のオーバーマインド[17]にせよ、使徒にせよ、あい似た他者を持たない、ただ一個の個体として描かれているのである。

『最悪の接触《ワースト・コンタクト》』

次に、『ソラリス』とまったく違った角度から「わからなさ」を描いた作品を紹介しよう。筒井康隆の短編『最悪の接触《ワースト・コンタクト》』[18]（1982）である。私はこの作品はずいぶん昔に読んでいたのだが、そのコミュニケーション論的な重要さを認識したのは、倫理学者・大庭健の『他者とは誰のことか』（1989）の中で取り上げられているのを知ってからである。(19) とりあえず、内容を見てみよう。

マグ・マグ人という宇宙人が地球にコンタクトしてきた。本格的な交流をはじめる前に、試験的に、双方から代表が一人ずつ出て共同生活をしてみることになり、「おれ」(20)がその役に当てられた。マグ・マグ人のケララと一緒に、ドームの中で一週間暮らすのである。マグ・マグ人はヒューマノイド型の宇宙人であり、言葉も「ヒューマノイド共通語」によって問題なく交わせる。

> 「よろしく。タケモトです」
> ところがマグ・マグ人は両手を背中の方へまわしたまま、おれにうなずき返した。「よろしく。ケララです」
> 両手をうしろへまわすことによって恭順の意を示す種族も二、三ある。おれもあわてて両手を背中に回した。
> その途端、ケララというそのマグ・マグ人は、背後に握っていた棍棒をふりかざし、おれの脳天を一

(16) 同様に、中性子星の上で超高速で進化する生物チーラを描いた『竜の卵』（フォワード 1982／原著 1980）でも、チーラの文化や歴史は、やけに人類のそれと似ていて、若干興ざめである。

(17) 『ウルトラマン』（1966-1967）などに出てくる怪獣が、多くの場合「ただ一匹」で登場するのも同じ意味があるのかもしれない。

(18) この表題は日本語の表題とルビの双方とも、『最初の接触（ファースト・コンタクト）』のパロディになっている。さすがは筒井である。

(19) これもまた、哲学と宇宙人のコンタクトの好例と言える。

(20) 筒井の作品中で、一人称がしばしば「おれ」になることはよく知られている。

撃した。

眼がくらんだ。「いててててて」

〔……〕

ケララはにこにこしていた。「よかった。死ななかったね」

怒りを忘れ、おれは一瞬啞然とした。相手の意図を悟ろうとしながら、おれはゆっくりと椅子に腰をおろした。「死ぬところだったぞ」「あなたを殺して何になりますか」ケララは笑いながら、テーブルをはさんで俺と向かいあい、腰をかけた。「死なないように殴ったよ」

またもや怒りがぶり返し、おれはテーブルを叩いてわめいた。「だから、なぜ殴ったと訊いているんだ」

ケララは真顔になり、ちょっと怪訝そうな表情をした。「だから言ったでしょ。私はあなたを、殺さなかった」

おれは憤然として立ちあがり、わめいた。「殺されてたまるか」

「なぜ、そんなに怒る」ケララもあわてた様子で立ちあがり、心から不思議がっている顔つきでおれを見つめた。「あなたはわたしに殺されなかったのだから、しあわせではないか」（筒井 1982: 132-133）

こういったやりとりが二〇頁以上にわたって続く。まさに筒井的な展開だが、これだけの不条理を延々と描き続けられる筆力には驚嘆する。やがて「おれ」は、「け。けけ。けけけ。けけけけけけ」と叫びだすような状態に陥ってしまう。その後、回復した「おれ」がこの体験を報告書に書いたところ、それが流出してマグ・マグ語に翻訳され、ベストセラーになった。「どういう意味かよくわからないが『人間がよく描けて』[21]いたのだそうである」（筒井 1982: 158）というオチで話は終わる。

ここで『最悪の接触』の不可解さを[22]、『ソラリス』のそれと対比させて考えてみたい。『ソラリス』においては、「海」からある程度有意味な信号は送られて来るにせよ、まともな対話的やりとりは端から成立していなかった。しかし『最悪の接触』では、「ヒューマノイド共通語」によるお互いのやりとりは、局所的に見れば問題なくできているのである。それでもなおこの状況が「ワースト・コンタクト」である理由とは、「おれ」に対するケララの行為が、なぜそのような形で接続していくのかがわからないというその一点なのである。いったい何が、このコミュニケーションにおいて失調していたのだろうか。大庭（1989）の論考を参照しつつ考えてみよう。この作品を彷彿とさせるコミュニケーション不調の状況を紹介した後で、大庭は次のように続ける。

もちろん我々の日々の生活では、こんな悲劇的な事態はまず起こらない。しかしこれに近いドラマが皆無なわけでもない。かかるドラマを、日常の根底に巣くう悲劇を信じられない喜劇に仕立て上げてしまう作家[23]に敬意を払って、《ワースト・コンタクト》と呼ぶことにしよう。すなわち、

1 互いに自分の行為に対する相手の応じ方が全く不確定であり、それ以前に

2 自分の振舞が何の行為として受け止められるかが全く不確定であり、従って

(21) 「人間が描けている」というのは、文学賞の選評によく使われるフレーズである。

(22) よく似た不条理さを描いた作品に、ブラウンの『火星人ゴーホーム』（1976／原著 1954）がある。突然地球にテレポートしてきた火星人たちは、『最悪の接触』とよく似た不可解さで地球人をおちょくり、地球を大混乱に陥れた後、突然消え去ってしまう。

(23) 筒井のことである。

> 3　互いに身がすくんで身動きできなくなる
> という事態である。すると問題はこうなる。我々が日々互いに行為しあいながら《ワースト・コンタクト》に陥らないですんでいるのは、果たしてそれぞれが一定の「意図」と「信念」を持って振る舞っているからなのか。（大庭 1989: 46）

このような「ダブル・コンティンジェンシー」の状態において、《ワースト・コンタクト》に陥らないですんでいるのは、「それぞれが一定の『意図』と『信念』を持って振る舞っているから」ではないだろう。そこで必要なのは、それぞれを超えた相互行為の規則性を形作る志向性なのであり、それがケララには欠けていたのである。

『戦闘妖精・雪風』

次に紹介するのは、神林長平の『戦闘妖精・雪風』シリーズ[24]である。物語では、地球の南極に突然、超空間への通路があらわれる。それは他星系の惑星フェアリィに通じており、そこから「ジャム」と呼ばれる正体不明の存在が侵攻してくる。人類はＦＡＦ（Fairy Air Force）という組織を作ってフェアリィに橋頭堡を築き、ジャムと戦う。主人公のパイロット深井零は、人工知能を搭載した高性能戦闘機「雪風」に乗り、戦闘に参加する。零とジャムの会話の断片を引用してみよう。

> 「人にものを頼むなら、自分の身分を明かすのが礼儀というものだ」本気ではなかったが零はそう言ってみる。「おまえはだれだ」

困ったような沈黙のあと、そいつは言った。

『貴殿の概念でジャムと呼んでいるものの総体である』

「総体……ジャムそのものだというのか。つまりジャムの代表の声として聞いてもいいというのか」

『そのように判断してもらって差し支えない。返答を請う』(神林 1999: 394)

このように、ジャムは集合意識のような存在であり、またそれが機械的なものであることをにおわせる記述も存在する。


『われには、ユキカゼという知性体が理解できない。特殊戦という知性体群が、理解できない。[25] なぜだ、深井中尉。なぜ戦う』

「おまえに殺されずに生きるためだ。それがなぜ理解できない。他の人間や、雪風や特殊戦以外の集団はそうでない、というのか」

『貴殿、ユキカゼを含む、特殊戦知性体群だけが、ヒト的意識を持たない知性体であり[26]、われに類似であると思われる。それがFAF集団と分離せず、なぜわれに干渉し邪魔をし戦うのか、それが理解できない。ユキカゼは、われとの非戦協定の批准を拒否している。拒否を撤回するように働きかけ、

(24)『戦闘妖精・雪風』(1984)、『グッドラック　戦闘妖精・雪風』(1999)、『アンブロークンアロー　戦闘妖精・雪風』(2009)の三部作。
(25) ここでジャムが言っているのは、雪風および特殊戦とは十分わかりあえるにもかかわらず、なぜ「戦う」という選択をするのかが理解できないという意味である。
(26) ここで言及されているように、零は人間よりも機械と理解し合える人物として造形されている。

それを実現できるのは貴殿だけである。深井中尉、覚醒を望む。われに返れ』（神林 1999: 398）

ジャムとの戦いを繰り返すうちに、雪風とＦＡＦのコンピュータ「特殊戦知性体群」はジャムと交感状態に陥り、やがて零もそちら側に引き込まれていく。こういった筋書の中で、ＳＦ的な道具立てはさほど前面にあらわれておらず(27)、奇妙に思弁的な味わいを持った作品である。

機械、知能、人間の境界線を描いたと評される『雪風』だが、そこではその境界を侵犯しようという試みがなされていたと言える。一方、先に引用した『エンベディング』（ワトスン 2004／原著 1973）の中でも、「たどり着けないあちら側」を描くことが試みられている。イギリスの研究所に集められた四人の孤児たちに、埋め込みが異常に多い特異な人工言語を教えると、彼らだけで完結し外部からは理解できない言語体系が形成されたのである。研究者たちがその言語を分析しようとしているうちに、子供たちは部屋の中をぐるぐるとかけずり回りはじめ、やがて中心となる男子が自分で自分の首を折って死亡してしまう。そういった言語は結局人間の脳には過負荷だったということだろうか、何とも救いのない結末である。

このような「連中同士はわかり合っているのに、それがわれわれにはわからない」という状況は、コンピュータ囲碁・コンピュータ将棋などの世界で現実に起こりはじめている。先に述べたように、囲碁ソフト「アルファ碁」は、自分自身と対戦しながら学習を進めている。そして、

人間から見ると奇想天外な着手が続出。〔……〕「遠い未来で行われている対局のようだ」（時越九段「囲碁と違う競技を見ているようだ」（大橋拓文六段、「朝日新聞」二〇一七年六月九日）

といった状況になっているわけである。また、将棋ソフトに関しても、名人に勝ったソフト ponanza を開発した山本一成は「将棋の探索は、最初から出てくる手が僕の直観から離れていたんです。とにかくプログラムの挙動がぜんぜん理解できない。え、なんでそんな手を指すの、って。そして、ponanza が強くなればなるほど遠ざかって、こちらの人間的な直観とずれていく[28]」と語っている。

半可知な他者

ここまで「わからん系」と名づけた他者の例を、ＳＦを中心に紹介してきた。友好的にせよ敵対的にせよ、何らかの意味で共在の枠を共有している相手とは違って、そこには「取り付く島のなさ」とでも言うべき状態があらわれていた。しかしここで考えなければならないのは、そういった他者に対した人間が、なんとかしてそれに「取り付こう」と努力しているということである。つまり彼ら（それら）は、端的に不可知というのではなくて、ひょっとしたら理解できるかもしれない、という中途半端な存在なのである。なぜそう思わされるのかというと、それは、彼ら同士の間では[29]、何らかの規則性・整合性を持ったコミュニケーションがおこなわれているらしいからである。ソラリスの内部では、数学や物理学に関する思索がなされている兆候があった。『最悪の接触』でも、ケララの行動の動機づけはまったく理解できないが、そういった行動はマグ・マグ人の間では普通のことであって、ケララとの支離滅裂なやりとりを記した

---

(27) 一方、作者は米海軍の戦闘機の操縦マニュアルを入手して研究したと言われており、戦闘機のシーンが異様に詳細である。
(28) http://special.nikkeibp.co.jp/atclh/NBO/15/changemakers/interview03_1/
(29) ただしソラリスの海はとりあえずは一個体であるが。

「おれ」のレポートは、彼らの間では「人間がよく描けている」と評されたのだった。さらに『エンベディング』の孤児たちは、一瞬ではあるが独自の言語体系を確立したし、囲碁・将棋ソフトは、人間に理解できない独自の手筋を見出している。ここではこういった状況を、中途半端に可知であるという意味を込めて「半可知」と呼んでおこう。

端的に不可知なものに対しては、取り付こうという欲望も湧かないだろう。しかし、つかみ取ることはできないが、たしかにそこに何かあるはずだと信じられるもの——半可知——に対しては、手を伸ばす気になるのである。そこに、冒頭に紹介した「想像できないことを想像する」、その志向性があらわれている。次章ではさらに、こういった志向性がこれまでのコミュニケーション論でどのように扱われてきたのかについて検討してみたい。

第7章　仲良く喧嘩すること

1　トムとジェリーのパラドックス

まず前章に書いた「友好系」・「敵対系」・「わからん系」、この三者の相互関係について考えてみたい。とりかかりにひとつの例を出そう。アニメ『トムとジェリー』(1940-)である。「♪トムとジェリー　仲良く喧嘩しな」という主題歌はよく知られているが、(1) そこでは「仲良く」「喧嘩する」という、一見して矛盾した状況が歌われている。子供心にも面白いと思ったものだが、実際にアニメを見ると、それが矛盾ではないことはすぐにわかる。トムとジェリーはいつも喧嘩しているのだが、それはまったくパターン化しており、二匹は嬉々として、まさに「仲良く」喧嘩しているのである。ときどき、トムがガーンと頭を打つなどしておかしくなり、ジェリーにものすごく優しくなる、といったシーンが出てくるが、するとジ

(1)　ただしこの主題歌はまったくの和製で、三木鶏郎の作詞・作曲である。

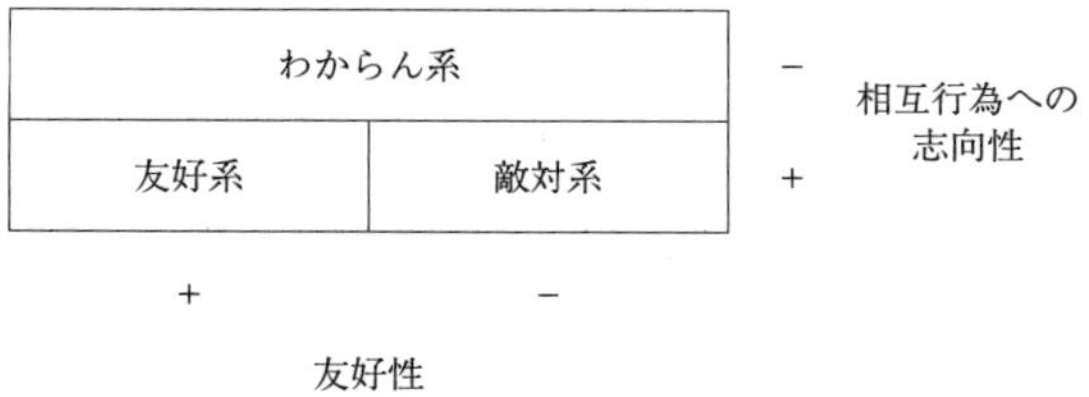

図 7-1　友好系，敵対系，わからん系の関係

エリーは、むしろ「ん？」という感じで、何か裏切られたような顔をするのである。

結局のところ、この「トムとジェリーのパラドックス」とでも言える状況は、理解やコミュニケーションを、友好性と敵対性の軸のみでとらえることに起因していると考えられる。トムとジェリーは、たしかに敵対しているのだが、しかし「われわれはいま敵対しているんだ」という枠組み自体は共有しているのである。トムが突然やさしくなるのは、むしろその枠を壊す行為だと言えるだろう。

この状況を、「友好系」「敵対系」「わからん系」の関係にあてはめてみよう。バーサーカーと人類は、「仲良く喧嘩している」とまでは言えないのだが、「われわれは敵対しているのだ」という形で、相互行為の「枠」そのものは共有していると言える。その意味で、「友好系」と「敵対系」はいわば同じ穴の狢《むじな》なのだが、それに対し「わからん系」は、そういった「枠」の共有そのものを志向してないという意味で異なっている。この関係を、図7-1に示す。ここで示すように、相互行為の分析においては二つの軸を考える必要がある。すなわち、そもそも相手と行為を組み合わせて何かをしようとするかしないかの軸（図の縦方向の軸）と、具体的に相手とうまく行為を組み合わせて規則性を作り出すやり方の軸（図の横方向の軸）である。横方向には、とりあえず「友好系」と「敵対系」の区別を書いたが、もちろんそれ以外の関係性もさまざまにありうるだろう。しかし「わからん系」の方は、そもそも関係が絶たれてしまっているのでバリエーションは生じ得ず、そこは「ワースト・コンタクト」の世界になるのである。

2　翻訳の不確定性と寛容の原理

こういった、相互行為の志向性に関する二つの層は、言語哲学の論理構成の中にも見ることができる。まずW・V・O・クワインの議論（1984／原著 1960）を見てみよう。そこではコミュニケーションの根源を考える作業の中で、まさにファースト・コンタクト的と言える状況が示される。これまでまったく接触のなかった、未知の群島の周辺に住む原住民(2)と接した言語学者を想定する。そこで、原住民が走りすぎるうさぎを見て「ギャバガイ！」と叫んだとする。この発話は通常、「うさぎだ！」と訳していいように思われる。しかしクワインは、その意味を一義的に確定することは不可能だと主張する。それは「動物だ！」であるのかもしれず、「白い！」であるのかもしれず……等々、さまざまな可能性が考えられるからである。これを「翻訳の不確定性のテーゼ」と呼ぶ。そしてクワインは、不確定性はこの例のような極端な場合だけでなく、実は日常のコミュニケーションにもさながらに見られると主張するのである。人類学者の立場から言うと、この議論は実感として正しいが、正直それほど重大な主張をしているようには思えない。しかし世界を命題の集まりとして理解しようという論理実証主義にとって、この主張はかなりの痛撃だったのだろうし、コミュニケーションは規則性の絡み合いであり、そこには逃れ得ない探索の困難性があると見る本書の立場にも整合的である。

もしクワインの言うように翻訳が本質的に不確定であるならば、およそコミュニケーションというもの

（2）　現代の人類学で「原住民」という言い方が使われることはまずないが、ここではクワインの記述に従っておく。

は現実に可能なのだろうか? もちろん答えはイエスでなければ困るのだが、そうするとわれわれは、そこで何をやっているのだろう。このことに関して「マラプロピズム」という用語を用いて考察したのが、デイヴィドソンの議論であった(デイヴィドソン 2010)。復習すると、マラプロップ夫人はしばしばひどい言い間違いをするのだが、聞き手は多くの場合、その意味をうまく理解することができる。しかしその理解のすべてが、あらかじめ共有された知識(事前理論)に基づいておこなわれるものとは考えられず、聞き手は「相手はたぶん何か意味のあることを喋ろうとしているのだ」ということを信じる志向性(寛容の原理)をもって、言い間違いをなんとか解釈しようと努力するのである(当座理論)。

それでは、当座理論とはいったいどのようにして働くのだろうか。このことを知りたくなるのは当然だが、デイヴィドソンの記述の中に、それについての具体的な説明は見当たらないのである。しかしこのことは、本書にとってはまったく意外ではない。そういったやり方に関する定型が存在しないことは、第Ⅱ部で規則性をめぐる困難性をめぐって延々と論じてきたことなのである。そうすると、デイヴィドソンの主張の中心に残るテーゼは、「寛容の原理」すなわち、「人は相手の曖昧な言い方を寛容を持って引き受け、それを解釈しようと努力するものだ」ということになる。しかし、そこに「寛容」とか「努力」といった言葉が出てくると、何かはぐらかされたような気がするのもたしかである。この違和感が、相互行為への志向性の議論へとつながってくる。

3 会話の格率と関連性の原則

ポール・グライスの語用論(1998/原著 1989)の中にも、前節とよく似た議論があらわれている。グライスは、人々が会話を進めるにあたって求められている事項を考えた。その大元は、「協調原理（cooperative principle)」すなわち「会話の中で発言をするときには、それがどの段階で行われるものであるかを踏まえ、また自分の携わっている言葉のやり取りにおいて受け入れられている目的あるいは方向性を踏まえた上で、当を得た発言を行うようにすべきである」というものであり、この原理のもとに、次の四つの格率（maxim）が存在するとされた。

1　量の格率　求められているだけの情報を持つ発話をせよ。求められている以上に情報を持つ発話をするな。
2　質の格率　偽であると信じていることを言うな。十分な証拠を欠いていることを言うな。
3　関係の格率　関連性を持て。
4　様態の格率　曖昧な表現を避けよ。多義的になることを避けよ。簡潔たれ。順序立てよ。

ただしここで注意しないといけないのは、これらの格率は、話し手が守らなければならない「規則」として規定されているのではなく、あくまでも、聞き手がとりあえず「話し手はたぶんこういう原則に従って話しているはずだ」と期待して話を聞く、その期待の源といったものだということである。実際、これらの格率への違反はしばしば起こるのだが、通常それでコミュニケーションが破綻するわけではない。聞き手はそこから「話し手は協調原理には従っているはずだから、そこに何らかの『言外の意味』が存在するはずだ」という推論をおこなうことになるのである。グライスはむしろ、そういった推論過程によって解釈される「会話の含み（conversational implicature)」[3]を説明するために、この枠組みを提示したのである。

グライスの先駆的な研究は、その後の語用論に大きな影響を与えたが、一方でさまざまな批判にもさらされてきた。本書の議論に関連しては、次のような疑問点がある。それは、四つの格率のうち、第三の格率「関連性を持て（be relevant）」が、他の三つとは異質のものなのではないか、というものである。「必要十分な情報を提供しろ」「嘘を言ってはいけない」「不明瞭な言い方をしてはいけない」というのは非常に具体的な指示だが、「関係の格率」だけは、妙に抽象的なのである。実際、他の三つの格率は、結局この「関係の格率」に帰着するのではないか、という議論もなされている。つまりベイトソンの言い方を借りると、この格率のみが一段上の論理階型に属する、という感じがするのである。

次に、グライスの理論を発展させたとされる、スペルベルとウィルソン（1993／原著 1986）の「関連性理論」について考えてみる。関連性理論は、グライスの理論でも重要な位置を占めた「推論」のプロセスを、コミュニケーションの中心に置こうという試みである。そこではまず、「文脈効果（contextual effect）」と「文脈含意（contextual implication）」と呼ばれる概念が導入される。

{P}を新情報（新しく伝えられた情報）、{C}を旧情報（すでに受け手が知っていた情報）とするとき、{P}と{C}の結合に基づいた演繹により、{P}あるいは{C}だけからは派生されない新しい結論を導き出しうる。これを{P}の{C}における文脈含意と呼ぶ。（スペルベル&ウィルソン 1993: 129、筆者が一部書き換えた）

文脈含意を生じさせるプロセスが文脈効果なのだが、その本体は推論だと言える。しかし、いかに高い文脈効果を持つ推論でも、参与者がそれをおこなうためにあまりにも長時間考えるとするならば、円滑なコミュニケーションは期待できないだろう。そこでスペルベルらは「文脈効果から処理に要する労力を引いたもの」[4]を考え、それを「関連性（relevance）」と呼んだ。そして「関連性を最大に（つまり、文脈効果はできるだけ大きく、処理の労力はできるだけ小さく）するように、伝達はおこなわれる」としたのである。こうして定義された「関連性」の概念を用いて、スペルベルとウィルソンは、次のような「関連性の原則」の存在を主張する。

> すべての意図明示的伝達行為はその行為自体の最適な関連性の見込みを伝達する。[5]（スペルベル＆ウィルソン 1993: 192）

大変わかりにくい表現だが、噛み砕いて言うと、コミュニケーションとは「送り手は、関連性が最大になるように努力しているのだ」ということを、送り手も受け手も了解しつつおこなわれるものだ、ということである。この原則があるからこそ、受け手は「字義どおりでない意味」の推論を開始する気になるのである。

関連性理論は、コミュニケーション論をコード・モデルの隘路から解き放つ試みとして評価されてきた

（3） グライスの書いた例を見てみよう。AとBが銀行員になった友人Cの仕事ぶりの話をしているとき、Bが「ええ、上出来だと思いますよ、彼は同僚のことが気に入っているし、まだ刑務所にも行っていない」と言ったとする。この最後のひとことは、Cの仕事ぶりに関する話にしては余分な感じがする。なぜそういうことを言ったのか、Aは当然考えはじめるだろう。Bの言葉はそういう推論を発動させる「含み」を持っているのである。

（4） 両者はまったく違った次元に属する量であり、その間で引き算ができるのか、という点が疑問だが、スペルベルとウィルソンはその後、さまざまな文脈効果を処理労力が低いものから試していき、文脈含意がある値を超えたら処理を打ち切る、というモデルを考えたようである。

（5） 原文は“Every ostensive stimulus conveys a presumption of its own optimal relevance.”

のだが、本書の立場から言うと、次の二点に大きな疑問が残る。まず、理論の中心にある「推論」のプロセスが、少なくとも『関連性理論』に書かれている限りでは、式で書けるような、記号主義的なものに限られてしまっているという点である。スペルベルらが言う文脈効果とは、結局のところ、コミュニケーションのプロセスに何らかの規則性が生じるということに帰着するのだろうが、しかし本書ではその規則性が、記号主義的には扱えない、ある種の不可知性を伴うものだということを論じてきたのだった。そういった「規則性の底知れなさ」といったものを、スペルベルらが十分に認識しているようには思えないのである。そしてもう一点は、「関連性の原則」に感じる、理論体系の中での不整合感である。『関連性理論』の中では、文脈効果にせよ、処理の労力にせよ、それが実際に記述・計量できるのかどうかという問題はさておいて、非常に具体的な議論が展開されている。ところが、そういったプロセスの要となるのは、平たく言えば「相手を信じて[6]推論をおこなえ」という、具体性を欠いた「かけ声」なのである。この違和感は、グライスの「関係の格率」に対して感じたものと同質だと言える。

4　「このようにやれ」と「とにかくがんばれ」

賢明な読者はすでにお気づきのことかと思うが、長々と言語哲学や語用論の話をしてきたのは、これらの理論に潜んでいる、二つの別の階型に属する論理を、「トムとジェリーのパラドックス」で論じた二つの層に対応させて考えようという目論見からである。

もう一度状況を整理してみよう。「寛容の原理」、「関係の格率」、「関連性の原則」、これらの概念に共通して漂うのは、ある種の「拍子抜け」の感じである。つまり、それまでは一生懸命コミュニケーションをおこなうための「具体的な方策」について語ってきたにもかかわらず、最後の所で、「それをおこなうにあたっての身構え」という、一段メタなレベルの議論になってしまっているのである。たとえば、バレーボールの指導を考えてみよう。普通の指導は「レシーブは腰を落として」とか「スパイクは腕を伸ばしすぎずに」といったものだろうが、そこで「とにかくがんばれ！」としか言わなかったとしたら、選手たちは怒り出すだろう。しかしここで言われているのは、まさにそういったことなのである。

この「論理階型の違い」とでも言うべき差異が明示されずに論じられているところに、違和感が感じられたわけなのだが、ここでさらに考えないといけないのは、そのようにがんばるしかないにしても、そもそも「なぜ」、がんばって他者との関係に規則性を発見し、あるいは構築しようとしなければならないのか、という点である。この志向的な姿勢こそがまさに「わからん系」には欠けているものなのだが、ここでわれわれは、第二の幕間で予告したように、最初に出発した「投射」の概念に回帰することになる。

(6) つまり、受け手は「送り手は関連性が最大になるように努力してメッセージを送信している」ということを信じて解釈をおこない、送り手はまた「受け手がそのように解釈してくれる」ということを信じてメッセージを送る。

第8章　枠・投射・信頼

1　長い投射と短い投射

ここまで、他者に関する何事かを信じて、相互行為にかかわっていこうとする姿勢について論じてきた。そのことは「投射」と呼びうるのだが、実はこの用語は、第Ⅰ部で宇宙人という表象について語るときにも用いたものだった。第一の幕間で述べたように、前者を日常的にいま・ここで起こっていることにかかわるという意味で「短い投射」、後者を彼方の他者を眼差すものとして「長い投射」と呼んでおく。この両者に同じ「投射」の語を使う、その妥当性をもう一度検討しておこう。

まず「長い投射」について考えてみよう。この概念は、宇宙人という表象を考察する中で出てきたものだった。いまだ出会えていない宇宙人に対して、われわれはさまざまな形で思いを凝らしている。しかしそういった表象は、一点には定まらない。あたかもバスケットボールのピボットのように、想像力はさまざまな可能性の方向へ「延長」されており、宇宙人はその彼方にいると想定される。こういった状況を、長い投射と呼んだのであった。

一方「短い投射」は、相互行為の成立基盤とかかわっている。相互行為とはその名のとおり、行為同士のもつれあいによって作られる。そこには何らかのパターンが存在するわけだが、「そのパターンはどのような規則性によって生成されるのか」を一意的に決定することはできない（内向きの探索の困難）。またさまざまな相互行為の中に「どういった面白いパターンがあらわれるのか」をあらかじめ知ることもできない（外向きの探索の困難）。そのような不可知性を帯びた状況のもとで「相互行為を成り立たせることがそもそも可能なのか」と私は書いたのだが、そこで登場するのが「短い投射」、すなわち他者の何事かを信じて「とりあえずやってみる」という態度なのである。

同じ「投射」という名で呼ぶにしては、その機序は相当に違うように見える。それをなお同じ名で呼びたくなるのは、両者ともに、「そこに何かあるけれどよくわからない、よくわからないけれど何かある」ということを認めてしまいましょう、という態度が見て取れるからである。こういった態度は、「投げる」、あるいは「（わからないものがあることを）納得する」、「（そこに何かがあることを）信じる」といった動詞で表現したくなる。つまり「投射」とは、そういった構え、あるいは志向性につけた名前なのであって、「具体的にどうこうする」という方法の話ではないのである。

そのような志向性を具体的なレベルに適用しようとするときに、はじめてさまざまな「やり方」があらわれてくる。つまり、よくわからないものをどうにかして扱っていこうという、そのやり方である。やり方とはまさに道具的であり、「これこれのものがあります」と枚挙することはできないのだが、しかし「やりやすい」という意味で代表的なものは存在する。そのうちの二つが、長い投射、すなわち「基点と支持点を定めて想像を彼方に延長する」というやり方と、短い投射、すなわち「とりあえず相手の何事かを信じてやってみる」というやり方なのである。

2 投射を定める枠・枠を探り当てる投射

ここで、第一の幕間で論じた「双対図式」を思い起こしてほしい。そこで私は、共に支え合って作り上げている相互行為の場、すなわち「共在の枠」と、「相互行為の投射」が、互いに互いを作り出しつつ進んでいく、という描像を提示した。この描像を、ここまでの議論と絡めて考えてみたい。

共在の枠は、投射の具体的な方向を定めるリソースである。短い投射の場合は、「私たちはいま意味のある会話をしているはずなのだから、マラプロップ夫人も無茶苦茶なことを言っているはずはない」とか、「僕とトムはずっと喧嘩をしてきたのだから、そんなに急に優しくなるはずはない」といった形で、信頼としての投射が定められる。そして長い投射の場合は、「フォン・ノイマンはこんなにすごい頭脳を持っているのだから、会ったことのない宇宙人はその一〇〇倍もすぐれた頭脳を持っているに違いない」とか、「科学によってどんどん速い乗り物ができてきたのだから、そのうち超光速の宇宙船ができるに違いない」といった形で、想像の延長という投射が定められる。

一方、投射は共在の枠をどのように支えているのだろうか。先に述べたように、共在の枠のパターンは、内向き、外向き、二重の意味での不可知性を帯びている。そのような「枠」を、変転する環境や相手との関係性の中で把捉し続けようとするとき、そこでできるのは「がんばって、とりあえず規則性を探索してみる」ことしかないのである。こういった志向性を、まさに投射という言葉で呼んだのであった。その結果得られるのは、最上のものである保証はないが、とりあえずは使える規則性であり、それによってまた新たな枠が生成することになる。「とにかくやってみる」というのは、いかにも無責任な物言いであり、そういった態度がわれわれの相互行為を支えているというのは、一見意外なことかもしれない。しかし、投射がなくすべてが見渡せるやりとりなどといった状況を想像してみるなら、それはもはや、インタラクションの名に値しないのである。①

3 生命と投射

こういった、枠と投射の双対性から生まれる相互行為は、われわれ人間にとどまらず、およそ生命一般に見られるもののように思われる。

生命とは何か、というのは大きな問いではあるが、その定義の中心に、「代謝」つまり外界と物質をやりとりしつつ自己同一性を保持することと、「生殖」つまり自己複製をすることの二点があることは大方の一致するところだろう。② 代謝は生物体そのものの高度な規則性を保持するという意味を持つわけだが、そこに自己複製が加わると、規則性を有するよく似たものたちが、たくさん存在するという状況が生まれる。③ 同じ構造をしているということ、つまり相称性は、規則性の中でももっとも基本的なものだと言えるが、生命たちにはそもそもこのような形で、個体同士の間の高度な規則性が備わっているのである。

この状況が、「身体というリソース」の章で見たようなさまざまなやり方を通じて、相互行為の基盤となっている。そしてそこには、必ず「とりあえず○○としてみる」という投射的な構えがつきまとっている。タンザニアの森でヒョウに出会った中村は、「しかし、一瞬であるとしても、私とヒョウとの間に広い意味での相互行為が成立していたことは疑いようがない。ヒョウと私は互いにその姿を認め、相手がどう振る舞うかによってこちらの振る舞いを変えるという状況に陥っている」と書いている（中村 2015: 80）。おそらくそれは正しいのだろうが、ヒョウは中村の思いとはまったく違うことを考えていた可能性も否定することはできない。しかしここで重要なのは、中村がとりあえず、自分とヒョウは相互行為の状態にあるとして、行為したということなのである。この出会いがもっと長く続いたなら、その中村の想定が正しかったかどうかは、事態の進展によってより明確になっただろう。

　このように、相互行為は、あくまでも「投射が妥当だとするならば、以下のような世界が成り立つ」という形で生成されていると言える。(4) それはいわば、「もし～ならば」という仮定の上に立ちあがった世界である。しかしこのことは、相互行為を貶めることにはならない。言ってみればそれは、あるルールの上に立ちあがったゲームなのである。たとえば囲碁を考えてみても、「石をこう置いたらこういう陣地が取れる」という単純なルールの上に、宇宙的とも言われる複雑な世界が立ちあがっている。生命現象そのものも同様で、タンパク質合成の際にアミノ酸を指定するコドン（DNAの塩基配列の三つ組み）が基礎となって生命現象が形作られているわけだが、それがいま現にある対応でないと、生命が生命でなくなるわけではない。それはいわばひとつの「約束事」なのであって、生命現象はそういった膨大な約束事の上に成

(1)　たとえば、自動販売機の発する「アリガトウゴザイマシタ」が空しく聞こえる、というのがいい例である。

(2)　ただし、「ソラリスの海」はとりあえず生殖はおこなわないようであり、その意味で「生命」と呼べるかどうかは議論の分かれるところではある。

(3)　まさに今西が『生物の世界』（1974／原著 1941）で「それ一つだけが全然他とは切り離された、特異な存在であるというようなものが、けっして存在していない」と書いた状況である。

(4)　このような「〇〇を正しいと考えたら以下の世界が成り立つ」という言明は、数学における公理主義（axiomatism）、あるいは形式主義（formalism）を思い起こさせる。

り立っているゲームなのである。

一方、生命は、見えない部分の多い外界の中で、自己同一性を保ちつつ生きていかなければならない。その岩の影には敵がいるかもしれないし、目の前の他個体が裏切るかもしれないのである。そこに生じるのが、「世界にはどうしようもなくわからないものがある」という覚悟であり、それをわかろうとする志向性である。このことを私は、長い投射と呼んだのだった。クラークの『２００１年宇宙の旅』（1993／原著 1968）の冒頭、数百万年前のアフリカのシーンに、〈月を見るもの〉（Moon-Watcher）というヒトザルが登場する。「覚えてはいないが、小さなころ〈月を見るもの〉は、山々の背にのぼる青白い顔を見て手を上げ、それにさわろうとしたものである。成功したためしはなかったが、おとなになって、彼はその理由を知った」（クラーク 1993: 37）。やがて〈月を見るもの〉たちのところに黒いモノリスがあらわれ、彼らの知能を高めるのだが、しかしすでにそれよりも前に、彼は手の届かない月を見、そしてそれに手を伸ばしていたのである。クラークはこのエピソードに、「長い投射」ができるようになった人類⑤が、知性の階梯を上りはじめたというメタファーを込めたのだろう。

そしてそういった外界の中に、ある特殊な存在を見て取ることができる。それは、「他者」と呼ばれる存在である。プロローグで「他・者」と書いて説明したように、他者とは他でありながらも、（自分と同じ）「者《もの》」でもあるという、二重性を帯びた存在である。「想像できないもの」は、彼方の宇宙人のみならず、いつも顔を合わせている他者の中にも、さながらにあらわれうるものなのである。『ソラリス』において、次のような述懐がみられる。「自分たちの間でさえ理解しあうことができないときに、どうして〔不可解なソラリスの〕海を相手にそれができるんだね?」（レム 2004: 36）。

ここまで述べてきたことが、われわれの知る生命という存在から予測される事態なのだが、それは、宇宙人とのコミュニケーションにも適用できることなのだろうか。まず言えるのは、彼らとのコミュニケーションは、体がまったく似ていなくても、あるいはコミュニケーションのメディアが違っていても、可能だろうということである。なぜなら、コミュニケーションとは相互の行為に規則性を作り上げていくことであり、体の相似性といった事柄は、そのためのひとつのリソースに過ぎないからである。しかし次に言わなければならないのは、そのようにしてコミュニケーションをおこなうことは可能だろうが、そもそもそれをしようと思うかどうか、まずそこが問題だということである。(6) 宇宙人がわれわれが生命と呼んでいるカテゴリーに入るとするならば、彼らはよく似た他者を身近にたくさん持っており、それらを何らかの意味で忖度しつつ生きている、ということは間違いないだろう(短い投射)。そして、わからない環境がありわからない他者がいるという覚悟も持ち合わせているだろう(長い投射)。

もしそうだとするなら、その投射の基盤となるのは、とりあえず相手を、そして世界を信じてみるという「見返りを求めない信頼」のようなものだということになるだろう。このことを考えるときに思い起こされるのが、小松左京の短編『袋小路』(1970)である。近未来、太陽系外からの超光速通信がキャッチされるが、いくら地球から返事をしても相手は反応を示さない。地球を統べる機械知性たちは、ふと気づいて、進化の袋小路に入り複数に種分化した人類の、「愛」のパターンを送り返してみる。

---

(5) 人類は未知のものを知ろうとする傾向が強い動物であることが知られている。現生人類は数十万年前にアフリカに起源したわけだが、五万年前頃にアフリカを出た後、地峡を横切り海を渡って、アジア、オセアニア、南北アメリカと、地球上のすべての地域に拡散してきている。このような広い分布を持つ動物は他になく、そこには未知の土地に行ってみようという強い志向性があったと考えざるを得ない。

(6) 「このようにやれ」と「とにかくがんばれ」の違いを思い起こしてほしい。

結果はただちにあらわれた。先方は〝よびかけの愛〟のパターンに対して、敏感に反応し、〝次の段階〟の通信をおくってきた。こちらもふたたび〝愛〟のパターンにのせて、次の信号を送りかえした。往復がはげしくなるにつれて、双方の言語系はみるみるうちに、理解されていった。――十六光年をへだて、宇宙の空間のひずみをかよう〝愛の交信〟は、いよいよ熱烈に本格的になっていった。――コチラ、太陽系地球種知性体、愛ヲコメテ……。ワタシハ、レビヤリク知性体――、愛ヲコメテ……。愛――アナタヲ理解シタイ……。愛――ワタシモ、アナタノスベテヲ理解シタイ……。(小松 1970: 276)

この作品をはじめて読んだときは(大学生だったと思うが)、ある種のいらだたしさを感じざるを得なかった。なぜハードSFの真骨頂である星間通信を、「愛」などというウエットなものに還元しないといけないのか。日本のSFはいつもこれだ。そんなふうに思ったのである。しかし、本書を書き進めてくるうちに、「信頼」という言葉が登場し、それは「愛」とも近いことに気づいて(7)、多少の驚きを感じている。しかしそれは、「規則性」にかかわる長い旅を経由して還ってきたわれわれにとっては、納得のいく事態だろうと思う。

(7) ただし、ここで論じている「信頼」は、小松の作品にみるようなエロス的な愛だけでなく、トムとジェリーの関係のように「敵対的ではあるが相手のやることが互いによくわかっている」といった状態も含んでいることに注意されたい。

エピローグ　接触にそなえたまえ

もしも宇宙人とのファースト・コンタクトが実現したら、何が起こるのか。本書としては、最後にこの問いについて書いておく必要があるだろう。

先に述べたように、宇宙における生命が、われわれの考えるような代謝と自己複製をおこなうものだとするなら、いかに身体が似ていなかったとしても、そこには何らかのコミュニケーションが成立するだろう。そしてその後で何が起こるのか。ひとつの想定は、人類の文明あるいは意識そのものが深刻な影響を受けるだろう、というものである。この問題については、SETIの試みが開始されて以来ずっと議論されてきているが、中でもよく知られているのは、一九六一年に出された「ブルッキングス・レポート」(Michael 1961) である。このレポートは、アメリカのシンクタンクであるブルッキングス研究所がNASAのために作成したもので、「地球外生命発見の意義」と題されたセクションがとくに有名である。そこでは、地球外生命との電波によるコンタクトの可能性が指摘されたのち、次のような事柄が論じられている。

・コンタクトに対する個々人の反応は、その人の文化的、宗教的、社会的背景に依存するだろう。

・異星の生命の存在は、人類の団結を高める可能性がある。

・諸宗教は対応を迫られるだろう。

・人間を超える知性が発見されたときは、何が起こるかは予測できない。とくに、彼らの生理学や心理学が非常に異なっている場合、そこから多くを学ぶことができるだろう。

・またそういった知性が発見されたときには、その自然に対する進んだ理解に接して、科学者や工学者は(劣等感を感じ)落胆させられるかもしれない。

実にSF顔負けの想像力である。ファースト・コンタクトの人類社会への影響という問題に関しては、現在に至っても、このレポートを超える考察はおこなわれていないように思われる。

またSFにおいても、ファースト・コンタクト後の人類社会の状況を描いた作品は多い。とくに、クラークはいくつもの作品で、印象的な状況を描いている。『幼年期の終わり』(1964)では、優れた科学技術を持つ異星人オーバーロードたちと接触した後、人類は次のような状況に陥ってしまう。

世界には無数の技術家がひしめいていたが、人類の知識の最前線を延長すべく創造的な仕事に打ちこもうというものはほとんどなかった。好奇心はまだまだ旺盛だったし、そのための余暇も充分にあったはずなのだが、人々の心は地味な基礎的学術研究からまったく離れていた。オーバーロードがもう幾世代も前に発見してしまっているにちがいない秘密を一生を賭けて求めるなど、どう考えても無益に思えたからだろう。

（クラーク 1964: 95-96）

また『楽園の泉』（1980／原著 1979）では、異星人が作ったロボット探査機「スターグライダー」が太陽系を通過し、人類と多くの会話を交わす。ある地球の学者が、トマス・アクィナスの『神学大全』の全文をスターグライダーに送ったところ、次のような答えが返ってきた。

スターグライダーから地球へ

貴下が神と呼ぶ仮説は、論理のみによる反証は不可能とはいえ、以下の理由により不必要なものである。

もし宇宙が、神と呼ばれる実体が創造したものとして〝説明〟できると仮定すれば、神は明らかに自己の創造物よりも高次の有機体でなければならぬ。然して、貴下は当初の課題の大きさを倍加するに留まらず、発散的無限後退への第一歩を踏み出すことになる。ウイリアム・オブ・オッカムは、貴下たちの一四世紀というごく最近の時期に、実体は不必要に増加させるべきではないと指摘した。したがって、私には、なぜこの議論が続くのか理解できない。（クラーク 1980: 93）

このような対話の結果、スターグライダーは「外見上は知性を持つ者たちが、何世紀にもわたって自己の頭脳を錯乱させてきた、何十億語という敬虔なたわ言に、終止符を打ったのである」。つまり、地球上の宗教はすべて崩壊してしまうわけである。

一方、このような予想に対し、たんに宇宙人の信号だけがキャッチされたとするなら、最初は大きなインパクトがあるかもしれないが、そのうちに人類は遠くにいるだけの彼らの存在に慣れ、それはふつうの風景になってしまうのではないか、という醒めた予想もある。相互のやりとり、すなわちインタラクションというものがないのであれば、それは案外現実的な想定かもしれない。

これらは、宇宙人が相互行為への志向性を持ち、それに基づいたコミュニケーションが成功したら、という仮定のもとでの話である。しかし本書では、そういった決め打ちを批判し、「思いもよらぬやり方」がある可能性が否定できないということを論じてきたのだった。つまり、そういった想定は地球型生命中心主義的であって、そこから飛び離れた「投射をしない生命」というものが存在する可能性も捨て去るわけにはいかないのである。それを「生命」と呼ぶのかどうかは定義の問題ではあるが。

SETIにおいても、そのような可能性は議論されている。それは物理学者エンリコ・フェルミが提示した次のような問いにかかわっている。

・宇宙には何千億もの恒星があり、そこでは知的生命も誕生しているだろう。宇宙が誕生してからの年月を考えると、その中には地球よりもはるかに進んだ文明を持ったものたちがいるはずである。彼らは地球に到達する能力を持っているだろう。

・しかしわれわれは、まだそういった存在と接触していない。

この両者の明らかな矛盾は、「フェルミのパラドックス」と呼ばれている。この問題への代表的な答えのひとつは、ドレイク方程式のどれかの項の値が非常に小さくて、宇宙には知的生命はそんなにたくさんいないのだ、とするものなのだが[1]、もうひとつの有力な考え方として、宇宙人はたくさんいるが、何らかの理由であえて地球と接触しようとしてない、というものがある。その理由としてよく言われるのが、進んだ宇宙人が「いまファースト・コンタクトをすると地球人は混乱してしまうだろう」と考えて接触を避けているという、いわゆる「動物園仮説」である。そしてもうひとつ、彼らはそもそも他者とコミュニケートするという志向性を持ってないのだ、という可能性も考えられている。野尻抱介の『太陽の簒奪者』(2002)では、次のようなストーリーが展開される。太陽系に侵入してきた異星船に侵入をはたした主人公たちは、やっとのことで異星人に出会うのだが、彼らはまったく呼びかけに反応せず、「人類の使者が完全にシカトされた」(野尻 2002: 247)という事態に陥ってしまう。その理由は結局のところ、高度に発達した集合知性である異星人

(1) 実際、ドレイク方程式のLすなわち「知的生命体による技術文明が通信をする状態にある期間」は非常に短い(つまりそのような状態になるとすぐ文明は滅びてしまう)、というペシミスティックな考え方もある。人類が現在おかれている状況を考えると、ありえないことではないという気もしてくる。

たちは、自分自身の思索に没頭しており、人類は意識の周辺にあって気づかれなかった、ということだった。何とも拍子抜けなオチではあるが、しかしたしかに、宇宙にはそういう知性もいる可能性も考えておかねばならないだろう。つまり宇宙人とのコミュニケーションにおいて問題になるだろうことは、通常考えられているような「共通のコードの不在」ではなく、コミュニケーションへの志向性（平たくいうと「やる気」）があるかないか、ということなのである。『太陽の簒奪者』のような場合も含めて、宇宙人は、われわれの知らない規則性の窪みにたどり着いているかもしれない。実際のところ、それこそ私が望んでいる事態ではあるのだが、しかしもし出会った宇宙人がわれわれと非常によく似たものであるなら、そのときはまた、われわれは世界に対するひとつの認識を得ることになるだろう。

現在のSETIの状況は、「コップにすくった海水を見て、大洋に魚はいないと言っているようなものだ」[2]などと表現される。宇宙の探査技術は今後も発展していくだろうから、私の生きているうちに、「知的生命」というのは高望みかもしれないが、系外惑星における生命の証拠ぐらいは明らかになってほしいものである。そういった願いを込めて、私がファースト・コンタクトについて考えるときいつも思い浮かべるフレーズで本書を締めくくりたい。「レンズマン・シリーズ」の掉尾を飾る『レンズの子ら』（E・E・スミス 1967／原著 1947）で、第二段階レンズマンのクリストファー・キニスンが未知の知性に向けて送ったメッセージである。

諸君がこの報告の事実、含蓄、内包を理解すると同時に、われわれのひとりが諸君と精神感応状態にはいるだろう。諸君の心を精神接触のためにそなえたまえ。（スミス 1967: 458）

（2） National Public Radio, July 23, 2012. "Jill Tarter: A Scientist Searching For Alien Life" (https://www.npr.org/2012/07/23/156366055/jill-tarter-a-scientist-searching-for-alien-life)

あとがき

二〇一六年八月二八日、私はコンゴ民主共和国チョポ州の、ヤトレマという小さな町に滞在していた。指導学生の高村伸吾君と、ロマミ河沿いの町オパラまで行った帰り道だった。土砂降りの雨に遭って下着までびしょ濡れになったり、バイクのクラッチが切れなくなってシフトペダルだけで操作したり（これは優秀な運転手がやってくれて、私は後部座席で揺られていただけなのだが）、いまはもうあまり体験する機会のない「探検」の気分を十分に味わえる旅だった。CTBというベルギーの援助団体が建てた宿泊施設の、小さいがそれなりに清潔な部屋に泊めてもらった。その日の朝、高村君は近くの町ヤセンドの市場の調査に出かけていった。私は一人で宿に残り、前日バイクの上でぼんやりと考えていた、アルゴリズム的複雑性の問題に再び取り組みはじめた。一日中バイクの後部座席に乗っていると、頭はそれなりに自由になり、湧いてきたアイデアを慌ててフィールドノートに書きつけることもあるのだ。テラスのベンチに座ったり、部屋に入ってベッドに横になったりしていると、豆乳に苦塩《にがり》を入れたときのように、考えがもろもろと固まりはじめた。

そのときに見えたのが、アルゴリズム的複雑性の解釈に二つの方向があるという描像である。この描像がその後、第4章で論じた「内向きの探索」と「外向きの探索」という概念として凝結したのだった。私は規則性の問題に関して、一九九七年に「情報・規則性・コミュニケーション——シャノンとベイトソンの対比を手がかりに」（木村 1997）という論文を書いていたのだが、そこでの解釈はどうもうまくいってない、という気持ちをずっと引きずっていた。約二〇年の後に、一定の解釈を手に入れることができたのだが、それが本書における議論の核になったのである。

あれからもう二年近くが経過しているが、このアイデアを形にし、やっと本書を脱稿することができた。この間（というよりもそれよりずっと以前から）、私を励まし原稿を待ち続けてくれた、東京大学出版会の神部政文さんには感謝の言葉もない。月並みな言葉ではあるが、前著『括弧の意味論』と同様、神部さんの熱意がなければ本書は完成しなかっただろう。

＊

本書はＳＦ、とくにファースト・コンタクトＳＦを素材として相互行為論を考える、というスタイルを取った。大量のＳＦ作品の引用は、趣味的だと感じられる読者も多いだろう。しかし書き終わって思うのは、やはりそういったスタイルを取らなければ本書は書けなかっただろう、ということである。投射や規則性という問題を考えるときには、どうしても「想像できないことを想像する」ＳＦの力に頼り、宇宙人を引き合いに出すことになってしまうのである。またＳＦは、取っつきにくい相互行為論や規則性の議論を包む衣の役割を果たすことにもなったが、そうしてできた「糖衣錠」には、いささか強い薬を仕込んだつもりでもある。

しかしその作業が完遂できたかというと、はなはだ心許ない。本書は私の現在のアイデアの包絡線にすぎず、むしろ考察のスタートだと考えていただいた方がいいだろう。またＳＦに関しては、幅広く渉猟に努めたつもりではあるが、引用すべき重要な作品もたくさん残っているだろう。「なぜこれを引用しないのか」というお叱りを受けることもあるかと思う。この点についても、今後の課題としたい。

なお、本書では必要な場合、ウェブ上の情報、とくにウィキペディアを参照している。一般にこういった情報は、出所が不確かで信頼性が低いとされている。本書における引用にあたっては、その内容を吟味し、十分に信頼できると判断した場合のみ用いることにした。

＊

本書にかかわる研究報告は、コミュニケーションの自然誌研究会（コミュ研）、インタラクション研究会（イン研）、京都大学宇宙ユニット、宇宙人類学研究会、日本文化人類学会、国際人類学・民族学科学連合などの場で何度もおこなわせていただいた。発表するたびに、重なる部分はあるが少しずつ議論が進んできたという思いがある。コミュ研やイン研では、不勉強な私にさまざまな基礎的理論を学ぶ機会を与えていただいた。ＳＦ好きの大村敬一さんは、飲み会でいつも「ねえ木村さん、○○って知ってる？」と、重要な作品を紹介してくれた。磯部洋明さんには京大宇宙ユニットに誘っていただき、さまざまな宇宙関係の人たちとつながる機会を得た。宇宙ユニットの集まりに参加すると、私の古巣の理学部に戻ったような、ある種の安心感を感じるのである。また岡田浩樹さんを中心に活動する宇宙人類学研究会に参加することで、「宇宙人類学者」を名乗れるようになった。世界的にも希少な肩書きだろうが、それが「京大先生図鑑」ウェブページに掲載されたことを契機に、「爆笑問題の日曜サンデー」「日刊ゲンダイ」「さまぁ〜ずの神ギ問」などのメディアに出ることになったのも得がたい経験であった。

またSF関係では、早川書房「S-Fマガジン」編集長の清水直樹氏には直接お話を伺うことができた。SF評論家の大森望氏には、重要なファースト・コンタクトSFに関してメールでご教示をいただいた。宇宙人類学研究会の会合では、SF作家の野尻抱介、日高真紅、上田早夕里、小川一水の各氏、SF翻訳家の大野典宏氏とお話しする機会を得て、作品を書く経験について聞くことができた。

*

私のSF好きは生来の性格ではあろうが、小中学校の頃からいい作品を読むことができたことも大きかったと思う。兄は私と一二歳違い、私が小学生の頃に早稲田大学に通っていたのだが、帰省するたびに、創元推理文庫やらハヤカワSFシリーズを、何冊か買ってきてくれたのである。兄はSF読みではないが、いまから思えば、そのとき買ってもらった作品の選択は実に的確で、それが私のSFに関する素養をずいぶんと高めてくれたと思う。

文章を書く姿勢を教えてくれたのは、昨年六月に九五歳で亡くなった父である。教員を退職後に本格的に執筆活動をはじめ、『芋地蔵巡礼』『海道の絵馬——瀬戸内に咲く民草の花』『鏡と矛——大山祇神社信仰の歴史』の三部作（木村三千人著、すべて国書刊行会）をはじめとして、十数冊の本を書いたのだが、会うたびにいつも、私が次の本を書いているかということを聞いていた。本書を見せることが、少しの差でかなわなかったのは残念である。

私の身近な人たちには、さまざまな形でお世話になった。高橋和子、花村俊吉、木村翔の各氏からは、草稿に対する的確なコメントをいただいた。高橋城之助氏には、前著に引き続いて挿絵を描いていただいた。以上の方々に感謝申し上げたい。

二〇一八年八月

木村大治

木村大治（きむら・だいじ）
1960年愛媛県生まれ．京都大学大学院アジア・アフリカ地域研究研究科教授．専門は人類学，コミュニケーション論．1990年京都大学大学院理学研究科博士課程修了，理学博士．
著書に『共在感覚――アフリカの二つの社会における言語的相互行為から』（京都大学学術出版会，2003年），『インタラクションの境界と接続――サル・人・会話研究から』（共編，昭和堂，2010年），『括弧の意味論』（NTT出版，2011年），『宇宙人類学の挑戦――人類の未来を問う』（共編，昭和堂，2014年），『動物と出会う〈I〉出会いの相互行為』『動物と出会う〈II〉心と社会の生成』（編著，ナカニシヤ出版，2015年）等がある．

見知らぬものと出会う
ファースト・コンタクトの相互行為論

2018年9月26日　初　版

［検印廃止］

著　者　木村大治

発行所　一般財団法人　東京大学出版会
代表者　吉見俊哉
153-0041 東京都目黒区駒場4-5-29
http://www.utp.or.jp/
電話 03-6407-1069　Fax 03-6407-1991
振替 00160-6-59964

印刷所　株式会社三陽社
製本所　誠製本株式会社

ISBN 978-4-13-013152-0　Printed in Japan

索　引

↔：対になる言葉，反対語
cf.：関係のある言葉

さ行

た行

ま行

や行

ら行

わ行

参考文献

・翻訳あるいは転載されたものは，できる限り原著の書誌データを併記した．
・邦訳は，できる限り古いものを取り上げた．
・SF あるいは宇宙人譚に分類可能な作品には＊印をつけた．

日本語・邦訳文献

合原一究・粟野皓光・水本武志・坂東宜昭・大塚琢馬・柳楽浩平・奥乃博 2014「振動子モデルと音声可視化システムを用いたアマガエルの合唱法則の解析」『人工知能学会研究会資料 JSAI Technical Report SIG-Challenge-B303-09』．

浅井武（編）2002『サッカー　ファンタジスタの科学』光文社．

浅田彰 1983『構造と力——記号論を超えて』勁草書房．

浅田彰・佐和隆光・山口昌哉・黒田末寿・長野敬 1986『科学的方法論とは何か』中央公論社．

＊アシモフ I 1968-1970『銀河帝国の興亡　1-3』（厚木淳訳）東京創元社．（Asimov, I. 1951-1953. *Foundation, Foundation and Empire, Second Foundation*. Gnome Press. ※元の連載は 1942-1950 Astounding Magazine.）

イアコボーニ M 2009『ミラーニューロンの発見——「物まね細胞」が明かす驚きの脳科学』（塩原通緒訳）早川書房．（Iacoboni, M. 2008. *Mirroring People: The New Science of How We Connect with Others*. Farrar, Straus and Giroux.）

池田譲 2011『イカの心を探る——知の世界に生きる海の霊長類』NHK 出版．

＊石原藤夫 1967「高い音低い音」『ハイウェイ惑星』早川書房．

稲葉振一郎 2016『宇宙倫理学入門——人工知能はスペース・コロニーの夢を見るか』ナカニシヤ出版．

稲生平太郎 2013『定本　何かが空を飛んでいる』国書刊行会．

今西錦司 1974「生物の世界」『今西錦司全集　第 1 巻』講談社．（今西錦司 1941『生物の世界』弘文堂書房．）

＊岩明均 1997-1999『七夕の国　1-4』小学館．

＊ヴァン・ヴォクト A E 1978『宇宙船ビーグル号』早川書房．（van Vogt, A. E. 1950. *The Voyage of the Space Beagle*. Simon & Schuster.）

＊ヴァンダミア J 2014『全滅領域（サザーン・リーチ 1）』（酒井昭伸訳）早川書房．（VanderMeer, J. 2014. *Annihilation*. Farrar, Straus and Giroux.）

＊——2014『監視機構（サザーン・リーチ 2）』（酒井昭伸訳）早川書房．（VanderMeer, J. 2014. *Authority*. Farrar, Straus and Giroux.）

＊——2015『世界受容（サザーン・リーチ 3）』（酒井昭伸訳）早川書房．（VanderMeer, J. 2014. *Acceptance*. Farrar, Straus and Giroux.）

ウィトゲンシュタイン L 1975『論理哲学論考』（ウィトゲンシュタイン全集 1）（奥雅博訳）大修館書店．（Wittgenstein, L. 1922. *Tractatus Logico-philosophicus*. Kegan Paul.）

——1976『哲学探究』(ウィトゲンシュタイン全集 8)(藤本隆志訳)大修館書店.(Wittgenstein, L. 1953. *Philosophical Investigations.* Anscombe, G. E. M. & Rhees, R. (eds.) Basil Blackwell & Mott.)
*上橋菜穂子 1996『精霊の守り人』偕成社.
*——2006-2009『獣の奏者』講談社.
*ウェルズ H G 2005『宇宙戦争』(中村融訳)東京創元社.(Wells, H. G. 1898. *The War of the Worlds.* William Heinemann.)
*ヴォルテール 1988『ミクロメガス』(バベルの図書館 7)(川口顕弘訳)国書刊行会.(Voltaire 1752. *Micromégas.*)
*漆原友紀 2000-2008『蟲師　1-10』講談社.
エヴェレット DL 2012『ピダハン――「言語本能」を超える文化と世界観』(屋代通子訳)みすず書房.(Everett, D. 2008. *Don't Sleep, There are Snakes: Life and Language in the Amazonian Jungle.* Pantheon Books.)
*エフレーモフ I 1966「宇宙《あま》翔けるもの」『宇宙《あま》翔けるもの』(現代ソビエト SF 短編集)(袋一平訳)早川書房.(Ефремов, И. А. 1958. *Сердце Змеи, Правда.*)
*オーウェル G 1972『1984 年』(新庄哲夫訳)早川書房.(Orwell, G. 1949. *Nineteen Eighty-Four.* Secker & Warburg.)
大川隆法 2010『宇宙人との対話』幸福の科学出版.
大澤真幸 1990『意味と他者性』勁草書房.
——1996『虚構の時代の果て――オウムと世界最終戦争』筑摩書房.
——2008『不可能性の時代』岩波書店.
大庭健 1989『他者とは誰のことか――自己組織システムの倫理学』勁草書房.
岡田浩樹・木村大治・大村敬一(編)2014『宇宙人類学の挑戦――人類の未来を問う』昭和堂.
*カード O S 1987『エンダーのゲーム』(野口幸夫訳)早川書房.(Card, O. S. 1985. *Ender's Game.* Tor Books.)
*——1990『死者の代弁者(上・下)』(塚本淳二訳)早川書房.(Card, O. S. 1986. *Speaker for the Dead.* Tor Books.)
ガードナー M 1982「乱数オメガ」『数学ゲーム IV』(大熊正訳)日経サイエンス社.(Gardner, M. 1979. "The random number omega bids fair to hold the mysteries of the universe." *Scientific American,* 241 (5).)
——1992『新版　自然界における左と右』(坪井忠二・藤井昭彦・小島弘訳)紀伊國屋書店.(Gardner, M. 1990. *The New Ambidextrous Universe: Symmetry and Asymmetry from Mirror Reflections to Superstrings* (Third Revised Edition). W. H. Freeman & Com.)
加納隆至・加納典子 1987『エーリアの火――アフリカの密林の不思議な民話』どうぶつ社.
川喜田二郎 1967『発想法』中央公論社.
川人光男 1996『脳の計算理論』産業図書.
韓太舜 1987「情報圧縮とは何か」『数理科学(特集「情報圧縮」)』1987 年 8 月号,サイエンス社.
*神林長平 1984『戦闘妖精・雪風』早川書房.

＊―――1999『グッドラック　戦闘妖精・雪風』早川書房.
＊―――2009『アンブロークンアロー　戦闘妖精・雪風』早川書房.
＊干宝 2000『捜神記』（竹田晃訳）平凡社.（原著　4-5 世紀刊）
ギアーツ C 1987『文化の解釈学〈1〉〈2〉』岩波書店.（Geertz, C. 1973. *The Interpretation of Cultures*. Basic Books.）
ギアツ C 2002「反＝反相対主義――米国人類学会特別講演」『解釈人類学と反＝反相対主義』（小泉潤二訳）みすず書房.（Geertz, C. 1984. "Anti anti-relativism." *American Anthropologist*, 86 (2): 263-278.）
鬼界彰夫 2003『ウィトゲンシュタインはこう考えた――哲学的思考の全軌跡 1912-1951』講談社.
北西功一 2010「ピグミーという言葉の歴史――古代ギリシアから近世ヨーロッパまで」『山口大学教育学部研究論叢』60 (1): 39-56.
＊木下晋也 2008-2013『ポテン生活　1-10』講談社.
木原善彦 2006『UFO とポストモダン』平凡社.
木村大治 1997「情報・規則性・コミュニケーション――シャノンとベイトソンの対比を手がかりに」『コミュニケーションの自然誌』（谷泰編）新曜社.
―――2003a『共在感覚――アフリカの二つの社会における言語的相互行為から』京都大学学術出版会.
―――2003b「道具性の起源」『人間性の起源と進化』（西田正規・北村光二・山極寿一編）昭和堂.
―――2009「挨拶」『文化人類学事典』（日本文化人類学会編）丸善.
―――2010a「『Co-act』と『切断』――バカ・ピグミーとボンガンドにおける行為接続」『インタラクションの境界と接続――サル・人・会話研究から』（木村大治・中村美知夫・高梨克也編）昭和堂.
―――2010b「インタラクションと双対図式」『インタラクションの境界と接続――サル・人・会話研究から』（木村大治・中村美知夫・高梨克也編）昭和堂.
―――2011『括弧の意味論』NTT 出版.
―――2014「ファースト・コンタクトの人類学」『宇宙人類学の挑戦――人類の未来を問う』（岡田浩樹・木村大治・大村敬一編）昭和堂.
―――2015「はじめに　存在のもつれ」『動物と出会う II――心と社会の生成』（木村大治編）ナカニシヤ出版.
木村大治（編）2015a『動物と出会う I――出会いの相互行為』ナカニシヤ出版.
―――2015b『動物と出会う II――心と社会の生成』ナカニシヤ出版.
木村大治・森田真生・亀井伸孝 2013「数学における身体性」『身体化の人類学――認知・記憶・言語・他者』（菅原和孝編）世界思想社.
クーン T 1971『科学革命の構造』（中山茂訳）みすず書房.（Kuhn, T. S. 1962. *The Structure of Scientific Revolutions*. University of Chicago Press.）
串田秀也 2006『相互行為秩序と会話分析――「話し手」と「共-成員性」をめぐる参加の組織化』世界思想社.
グッドマン N 2008『世界制作の方法』（菅野盾樹訳）筑摩書房.（Goodman, N. 1978. *Ways*

of Worldmaking. Harvester Press.)
＊クラーク A C 2009「太陽系最後の日」『太陽系最後の日』(ザ・ベスト・オブ・アーサー・C・クラーク) 早川書房. (Clarke, A. C. 1946. "Rescue Party." *Astounding Science Fiction*.)
＊———1964『幼年期の終わり』(福島正実訳) 早川書房. (Clarke, A. C. 1953. *Childhood's End*. Ballantine Books.)
＊———1978「F はフランケンシュタインの番号」『太陽からの風』(山高昭・伊藤典夫訳) 早川書房. (Clarke, A. C. 1964. "Dial F for Frankenstein." *Playboy*. Playboy Enterprises.)
＊———1993『2001 年宇宙の旅』(伊藤典夫訳) 早川書房. (Clarke, A. C. 1968. *2001: A Space Odyssey*. UK: Hutchinson/US: New American Library.)
＊———1966『未来のプロフィル』(福島正実・川村哲郎訳) 早川書房. (Clarke, A. C. 1979. *Profiles of the Future*. Harper & Row.)
＊———1980『楽園の泉』(山高昭訳) 早川書房. (Clarke, A. C. 1979. *The Fountains of Paradise*. Victor Gollancz.)
＊———1996『遥かなる地球の歌』(山高昭訳) 早川書房. (Clarke, A. C. 1986. *The Songs of Distant Earth*. Grafton Books.)
グライス P 1998『論理と会話』(清塚邦彦訳) 勁草書房. (Grice, P. 1989. *Studies in the Way of Words*. Harvard University Press.)
蔵本由紀 2014『非線形科学——同期する世界』集英社.
クランシー S A 2006『なぜ人はエイリアンに誘拐されたと思うのか』(林雅代訳) 早川書房. (Clancy, S. A. 2005. *Abducted: How People Come to Believe They Were Kidnapped by Aliens*. Harvard University Press.)
クリプキ S 1983『ウィトゲンシュタインのパラドックス——規則・私的言語・他人の心』(黒崎宏訳) 産業図書. (Kripke, S. 1982. *Wittgenstein on Rules and Private Language*. Basil Blackwell Publishing.)
黒田末寿 1999『人類進化再考——社会生成の考古学』以文社.
クワイン W V O 1984『ことばと対象』(大出晁・宮館恵訳) 勁草書房. (Quine, W. V. O. 1960. *Word and Object*. MIT Press.)
ケーラー W 1962『類人猿の知恵試験』(宮孝一訳) 岩波書店. (Köhler, W. 1917. *Intelligenzprüfungen an Anthropoiden*. Royal Prussian Society of Sciences.)
ケストラー A 1983『ホロン革命』(田中三彦・吉岡佳子訳) 工作舎. (Koestler, A. 1978. *Janus: A Summing Up*. Hutchinson & Co.)
＊小松左京 1970「袋小路」『星殺し〈スター・キラー〉』早川書房.
CONTACT Japan (訳) 2008『異星人の正しい創り方』CONTACT Japan. (Schmidt, S. 1996. *Aliens and Alien Societies: A Writer's Guide to Creating Extraterrestrial Life-forms*. Writers Digest Books.)
サール J R 1986『言語行為——言語哲学への試論』(坂本百大・土屋俊訳) 勁草書房. (Searle, J. R. 1969. *Speech Acts: An Essay in the Philosophy of Language*. Cambridge University Press.)
＊貴家悠・橘賢一 2011-『テラフォーマーズ』(『ミラクルジャンプ』『週刊ヤングジャンプ』掲載) 集英社.

＊ジェイムズ・ティプトリー Jr. 1987「愛はさだめ，さだめは死」『愛はさだめ，さだめは死』（伊藤典夫・朝倉久志訳）早川書房．（James Tiptree, Jr. 1973. “Love Is the Plan the Plan Is Death.” *The Alien Condition*. Ballantine Books.）
＊シェール K H ほか 1971-『宇宙英雄ローダン・シリーズ』（松谷健二ほか訳）早川書房．（Scheer, K.-H. et al. 1961-. *Perry Rhodan*. Pabel-Moewig Verlag.）
＊シマック C D 1976『都市』（林克己・福島正実・三田村裕訳）早川書房．（Simak, C. D. 1952. *City*. Gnome Press.）
＊――1983『宇宙からの訪問者』（峰岸久訳）東京創元社．（Simak, C. D. 1980. *The Visitors*. Del Ray.）
『週刊 FLASH 2015 年 4 月 7・14 日号』（http://news.livedoor.com/article/detail/9955715/ 2018 年 4 月閲覧）
＊シラノ・ド・ベルジュラック S de 2005『日月両世界旅行記』（赤木昭三訳）岩波書店．（Cyrano de Bergerac, S. de 1657. *L' Histoire comique des États et Empires de la Lune.*; Cyrano de Bergerac, S. de 1662. *L' Histoire comique des États et Empires du Soleil.*）
杉島敬志（編）2001『人類学的実践の再構築――ポストコロニアル転回以後』世界思想社．
＊ストルガツキー A・ストルガツキー B 1983『ストーカー』（深見弾訳）早川書房．（Strugatsky, A. & Strugatsky, B. 1972. *Пикник на обочине. Молодая* гвардия.）
スペルベル D 1979『象徴表現とは何か――一般象徴表現論の試み』（菅野盾樹訳）紀伊國屋書店．（Sperber, D. 1974. *Le symbolisme en général*. Hermann.）
スペルベル D・ウイルソン D 1993『関連性理論――伝達と認知』（内田聖二・中逵俊明・宋南先・田中圭子訳）研究社出版．（Sperber, D. & Wilson, D. 1986. *Relevance: Communication and Cognition*. Harvard University Press.）
＊スミス C 1994「帰らぬク・メルのバラッド」『シェイヨルという名の星』（伊藤典夫訳）早川書房．（Smith, C. 1962. “The Ballad of Lost C'mell.” *Galaxy Magazine*. Galaxy Publishing.）
＊――1994「クラウン・タウンの死婦人」『シェイヨルという名の星』（伊藤典夫訳）早川書房．（Smith, C. 1964. “The Dead Lady of Clown Town.” *Galaxy Science Fiction*. Galaxy Publishing.）
＊スミス E E 1966『銀河パトロール隊』（小西宏訳）東京創元社．（Smith, E. E. 1937. *Galactic Patrol*. Astounding.）
＊――1966『グレー・レンズマン』（小西宏訳）東京創元社．（Smith, E. E. 1939. *Gray Lensman*. Astounding.）
＊――1966『第二段階レンズマン』（小西宏訳）東京創元社．（Smith, E. E. 1941. *Second Stage Lensmen*. Astounding.）
＊――1967『レンズの子ら』（小西宏訳）東京創元社．（Smith, E. E. 1947-1948. *Children of the Lens*. Astounding Stories.）
＊セイバーヘーゲン F 1980『バーサーカー 赤方偏移の仮面』（浅倉久志・岡部宏之訳）早川書房．（Saberhagen, F. 1967. *Berserker*. Ballantine.）
＊――1973『バーサーカー 皆殺し軍団』（岡部宏之訳）早川書房．（Saberhagen, F. 1969. *Brother Assassin*. Ballantine.）
＊――1990『バーサーカー 星のオルフェ』（浅倉久志・岡部宏之訳）早川書房．（Saber-

hagen, F. 1979. *The Ultimate Enemy*. Ace.)
＊セーガン C 1986『コンタクト（上・下)』（池央耿・高見浩訳）新潮社．（Sagan, C. 1985. *Contact*. Simon and Schuster.)
＊ソウヤー R J 2005『ホミニッド――原人』（内田昌之訳）早川書房．（Sawyer, R. J. 2002. *Hominids*. Tor Books.)
＊――2005『ヒューマン――人類』（内田昌之訳）早川書房．（Sawyer, R. J. 2003. *Humans*. Tor Books.)
＊――2005『ハイブリッド――新種』（内田昌之訳）早川書房．（Sawyer, R. J. 2003. *Hybrids*. Tor Books.)
ソシュール F de 1972『一般言語学講義』（小林英夫訳）岩波書店．（Saussure, F. de. 1916. *Cours de linguistique générale*. Bally, C. & Sechehaye, A. (eds.) Payot.)
園田浩司・木村大治 2018（未刊）「バカ語話者にみられる発話の借用――『発話の権利』は普遍なのか」『発話の権利』（定延利之編）ひつじ書房．
ターナー V 1976『儀礼の過程』（冨倉光雄訳）思索社．（Turner, V. 1969. *The Ritual Process*. Aldine Publishin Company.)
高梨克也 2010「インタラクションにおける偶有性と接続」『インタラクションの境界と接続――サル・人・会話研究から』（木村大治・中村美知夫・高梨克也編）昭和堂．
瀧保夫 1978『情報論I』岩波書店．
田中雅一・松田素二（編）2006『ミクロ人類学の実践――エイジェンシー／ネットワーク／身体』世界思想社．
谷川俊太郎 1952『二十億光年の孤独』創元社．
＊チャン T 2003「あなたの人生の物語」『あなたの人生の物語』（浅倉久志ほか訳）早川書房．（Chiang, T. 1998. *Story of Your Life*. Starlight 2.)
次田瞬 2013「形而上学的機能主義と心の哲学」『東京大学哲学研究室「論集」』31: 113–126.
＊筒井康隆 1982「最悪の接触（ワースト・コンタクト）」『宇宙衞生博覽會』新潮社．
デイヴィドソン D 2010「墓碑銘のすてきな乱れ」『真理・言語・歴史』（柏端達也・立花幸司・荒磯敏文・尾形まり花・成瀬尚志訳）春秋社．（Davidson, D. 1986. "A nice derangement of epitaphs." *Truth and Interpretation: Perspectives on the Philosophy of Donald Davidson*. LePore, E. (ed.) Blackwell, Oxford.)
＊ディック P K 1969『アンドロイドは電気羊の夢を見るか？』（浅倉久志訳）早川書房．（Dick, P. K. 1968. *Do Androids Dream of Electric Sheep?* Doubleday.)
＊ディレイニー S R 1977『バベル-17』（岡部宏之訳）早川書房．（Delany, S. R. 1966. *Babel-17*. Ace Books.)
＊手塚治虫 1981「ロビオとロビエット」『手塚治虫漫画全集 234 鉄腕アトム 14』講談社．（手塚治虫 1965「ロビオとロビエット（鉄腕アトム)」『少年』1965年5月号～9月号.)
＊――1965–1967「マグマ大使」『少年画報』少年画報社，1965年5月号～1967年8月号.
デネット D C 1996『志向姿勢の哲学――人は人の行動を読めるのか？』（若島正・河田学訳）白揚社．（Dennett, D. C. 1987. *The Intentional Stance*. MIT Press.)
トゥーミー D 2015『ありえない生きもの――生命の概念をくつがえす生物は存在するか？』（越智典子訳）白揚社．（Toomey, D. 2013. *Weird Life: The Search for Life That Is*

Very, Very Different from Our Own. W W Norton.)
永井均 1995『ウィトゲンシュタイン入門』筑摩書房.
中川聖一 1992『情報理論の基礎と応用』(電子工学・技術科学シリーズ 3) 近代科学社.
長沼毅・井田茂 2014『地球外生命――われわれは孤独か』岩波書店.
中村美知夫 2015「森の中で動物と出会う」『動物と出会う I――出会いの相互行為』(木村大治編) ナカニシヤ出版.
鳴沢真也 2009『宇宙から来た 72 秒のシグナル』KK ベストセラーズ.
――― 2013『宇宙人の探し方――地球外知的生命探査の科学とロマン』幻冬舎.
*ニーヴン L・パーネル J 1978『神の目の小さな塵 (上・下)』(池央耿訳) 東京創元社. (Niven, L. & Pournelle, J. 1974. *The Mote in God's Eye*. Simon & Schuster.)
西岡常一 1991『木に学べ――法隆寺・薬師寺の美』小学館.
*弐瓶勉 2009-2015『シドニアの騎士 (1-15)』講談社.
沼野充義 2017『スタニスワフ・レム ソラリス (100 分 de 名著)』NHK 出版.
ネーゲル T 1989『コウモリであるとはどのようなことか』(永井均訳) 勁草書房. (Nagel, T. 1979. "What is it like to be a bat?" *Mortal Questions*. Cambridge University Press.)
*野尻抱介 2002『太陽の簒奪者』早川書房.
パーソンズ T 1974『社会体系論』(佐藤勉訳) 青木書店. (Parsons, T. 1951. *The Social System*. Glencoe.)
*ハインライン R A 1967『宇宙の戦士』(矢野徹訳) 早川書房. (Heinline, R. A. 1959. *Starship Troopers*. G. P. Putnam's Sons.)
*――― 1969『月は無慈悲な夜の女王』(牧眞司訳) 早川書房. (Heinlein, R. A. 1966. *The Moon Is a Harsh Mistress*. G. P. Putnam's Sons.)
波佐間逸博 2015「東アフリカ牧畜世界における擬人化/擬獣化」『動物と出会う II――心と社会の生成』(木村大治編) ナカニシヤ出版.
長谷川裕一 1998『すごい科学で守ります!――特撮 SF 解釈講座』NHK 出版.
*フォワード R L 1982『竜の卵』(山高昭訳) 早川書房. (Forward, R. L. 1980. *Dragon's Egg*. Del Rey.)
*福島正実 (編) 1975『千億の世界』講談社.
藤原正彦・小川洋子 2005『世にも美しい数学入門』筑摩書房.
*ブラウン F 2005「さあ, 気ちがいになりなさい」『さあ, 気ちがいになりなさい』(異色作家短篇集 2) (星新一訳) 早川書房. (Brown, F. 1949. "Come and Go Mad." *Weird Tales*. July 1949.)
*――― 1976『火星人ゴーホーム』(稲葉明雄訳) 早川書房. (Brown, F. 1954. *Martians, Go Home*. Astounding Science Fiction.)
*フリン M 2010『異星人の郷 (上・下)』(嶋田洋一訳) 東京創元社. (Flynn, M. 2006. *Eifelheim*. Tor Books.)
*ブリン D 1985『スタータイド・ライジング (上・下)』(酒井昭伸訳) 早川書房. (Brin, D. 1983. *Startide Rising*. Bantam Books.)
ベイトソン G 2000「文化接触と分裂生成」『精神の生態学 改訂第 2 版』(佐藤良明訳) 思索社. (Bateson, G. 1935. "Culture, contact and schismogenesis." *Man*, 178-183.)

――1982『精神と自然――生きた世界の認識論』（佐藤良明訳）思索社．（Bateson, G. 1979. *Mind and Nature: A Necessary Unity.* Hampton Press.）

――2000『精神の生態学　改訂第 2 版』（佐藤良明訳）思索社．（Bateson, G. 1972. *Steps to an Ecology of Mind.* Harper & Row.）

*ホイル F 1958『暗黒星雲』（鈴木敬信訳）法政大学出版局．（Hoyle, F. 1957. *The Black Cloud.* William Heinemann.）

*ボーム L F 1975『オズのオズマ姫』（新井苑子訳）早川書房．（Baum, L. F. 1907. *Ozma of Oz.* Reilly & Britton.）

マクレイ N 1998『フォン・ノイマンの生涯』（渡辺正・芦田みどり訳）朝日新聞社．（Macrae, N. 1992. *John von Neumann.* Pantheon.）

松沢哲郎 1991『チンパンジー・マインド――心の認識の世界』岩波書店．

松田素二 2013「現代世界における人類学的実践の困難と可能性」『文化人類学』78-1: 1-25.

松野正子・二俣英五郎 1977『こぎつねコンとこだぬきポン』童心社．

マリノウスキー B 1967「原始言語における意味の問題」『意味の意味』（オグデン C・リチャーズ I／石橋幸太郎訳）新泉社．（Malinowski, B. 1923. "The problem of meaning in primitive languages." *The Meaning of Meaning.* Ogden, C. K. & Richards. I. A. Harcourt; Brace and Company.）

マルクス G 2001『異星人伝説――20 世紀を創ったハンガリー人』（盛田常夫訳）日本評論社．（Marx, G. 1997. *The Voice of the Martians.* Akadémiai Kiadó.）

マルコム N 1974『ウィトゲンシュタイン――天才哲学者の思い出』（板坂元訳）講談社．（Malcolm, N. 1958. *Ludwig Wittgenstein: A Memoir, with a Biographical Sketch by Georg Henrik von Wright.* Oxford University Press.）

*南山宏 1968『世界の円盤ミステリー』（世界怪奇スリラー全集 6）秋田書店．

*ミハイロフ V 1964「黒い鶴」『S-F マガジン 1964 年 2 月号』（袋一平訳）．早川書房．（Черные журавли 1963. *Владимир Дмнтриевич Михайлв.* Искателе.）

宮沢賢治 1934『ビジテリアン大祭』青空文庫（https://www.aozora.gr.jp/cards/000081/files/2589_25727.html）

明和政子 2004『なぜ「まね」をするのか』河出書房新社．

ミラー R 2015『宇宙画の 150 年史――宇宙・ロケット・エイリアン』（日暮雅通・山田和子訳）河出書房新社．（Miller, R 2014. *The Art of Space: The History of Space Art, from the Earliest Visions to the Graphics of the Modern Era.* Zenith Press.）

森政弘 1970「不気味の谷」『Energy』7（4）.

森本浩一 2004『デイヴィドソン――「言語」なんて存在するのだろうか』NHK 出版．

山田正紀 1974「抱負」『S-F マガジン 1974 年 7 月号』早川書房．

*――1974「神狩り」『S-F マガジン 1974 年 7 月号』早川書房．

ユング C G 1976『空飛ぶ円盤』（松代洋一訳）朝日出版社．（Jung, C. G. 1958. *Ein moderner Mythus: von Dingen, die am Himmel gesehen werden.* Rascher Verlag.）

ライル G 1987『心の概念』（坂本百大・井上治子・服部裕幸訳）みすず書房．（Ryle, G. 1949. *The Concept of Mind.* University of Chicago Press.）

*ラインスター M 1969「最初の接触」（伊藤典夫訳）『世界の SF（短篇集）現代篇』（福島正

実・伊藤典夫編）早川書房．（Leinster, M. 1945. *First Contact.* Astounding Science Fiction.）

＊ラスヴィッツ K 1971『両惑星物語』（松谷健二訳）早川書房．（Lasswityz, K. 1897. *Auf Zwei Planeten.* Felber.）

リーチ E 1974『人類学再考』（青木保・井上兼行訳）思索社．（Leach, E. R. 1961. *Rethinking Anthropology.* Robert Cunningham and Sons.）

Li, M & Vitányi, P M B 1994「Kolmogorov 記述量とその応用」『コンピュータ基礎理論ハンドブックI――アルゴリズムと複雑さ』（渡辺治訳）丸善．（Li, Ming & Vitányi, P. M. B. 1990. "Kolmogorov complexity and its applications." *Handbook of Theoretical Computer Science*（Vol. A）. MIT Press.）

リゾラッティ G・シニガリア C 2009『ミラーニューロン』（柴田裕之訳）紀伊國屋書店．（Rizzolatti, G. & Sinigaglia, C. 2006. *So quel che fai. Il cervello che agisce e i neuroni specchio.* Raffaello Cortina.）

ルーマン N 1993『社会システム理論』（佐藤勉監訳）恒星社厚生閣．（Luhmann, N. 1984. *Soziale Systeme.* Suhrkamp.）

＊ルキアノス 1989「本当の話」『本当の話――ルキアノス短編集』（呉茂一ほか訳）筑摩書房．（原著 167 年頃刊）

＊ル＝グウィン U K 2009『ゲド戦記（全 6 巻）』（清水真砂子訳）岩波書店．（Le Guin, U. K. 1968-2001. *Earthsea.* Parnassus Press, Atheneum Books, Harcourt Brace & Company..）

＊――1978『闇の左手』（小尾芙佐訳）早川書房．（Le Guin, U. K. 1969 *The Left Hand of Darkness.* Ace Books.）

レヴィ＝ストロース C 2001『親族の基本構造』（福井和美訳）青弓社．（Lévi-Strauss, C. 1949 *Les structures élémentaires de la parenté.* Presses Universitaires de France.）

＊レム S 2004『ソラリス』（沼野充義訳）国書刊行会．（Lem, S. 1961 *Solaris.* MON, Warker.）

渡辺茂 2016『美の起源――アートの行動生物学』共立出版．

＊ワトスン I 2004『エンベディング』（山形浩生訳）国書刊行会．（Watson, I. 1973 *The Embedding.* Gollancz.）

外国語文献

Block, N. 1980. "Introduction: What is functionalism?" *Readings in Philosophy of Psychology, Volume Two.* Block, N. (ed.) Harvard University Press.

Chick, G. 2014. "Biocultural prerequisites for the development of interstellar communication." *Archaeology, Anthropology, and Interstellar Communication.* Vakoch, D. A. (ed.) NASA.

Clark, H. H. 1996. *Using Language.* Cambridge University Press.

Cocconi, G. & Morrison, P. 1959. "Searching for interstellar communications." *Nature.* 184: 844-846.

Connolly, B. & Anderson, R. 1987. *First Contact: New Guinea's Highlanders Encounter the Outside World.* Viking.

Dick, S. J. 2014. "The role of anthropology in SETI: A historical view." *Archaeology, Anthropology, and Interstellar Communication.* Vakoch, D. A. (ed.) NASA.

Garfinkel, H. 1967. *Studies in Ethnomethodology.* Prentice-Hall.

Goffman, E. 1974. *Frame Analysis: An Essay on the Organization of Experience.* Harper & Row.

Hauser, M. D., Chomsky, N. & Fitch, W. T. 2002. "The faculty of language: What is it, who has it, and how did it evolve?" *Science*. 298: 1569–1579.

Kimura, D. 1990. "Verbal interaction of the Bongando in central Zaire: With special reference to their addressee-unspecified loud speech." *African Study Monographs,* 11 (1): 1–26.

———. 2003. "Bakas' mode of co-presence." *African Study Monographs Supplementary Issue,* 28.

Michael, D. N. 1961. *Proposed Studies on the Implications of Peaceful Space Activities for Human Affairs.* University of Michigan Library.

Nakamura, M. 2002 "Grooming-hand-clasp in Mahale M group chimpanzees: implication for culture in social behaviours." *Behavioural Diversity in Chimpanzees and Bonobos.* Boesch C, Hohmann G & Marchant L. F. (eds.) Cambridge University Press.

Premack, D. & Woodruff, G. 1978. "Does the chimpanzee have a theory of mind?" *The Behavioral and Brain Sciences,* 4: 515–526.

Sacks, H., Schegloff. E. A. & Jefferson, G. 1974. "A simplest systematics for organization of turn-taking for conversation." *Language,* 50 (4): 696–735.

Saint-Gelais, R. 2014. "Beyond linear B: The metasemiotic challenge of communication with extraterrestrial intelligence." *Archaeology, Anthropology, and Interstellar Communication.* Vakoch, D. A. (ed.) NASA.

Shannon, C. E. & Weaver, W. 1949. *The Mathematical Theory of Communication.* University of Illinois Press.

Slusser, G. E. & Rabkin, E. S. (eds.) 1987. *Aliens: The Anthropology of Science Fiction.* Southern Illinois University Press.

Traphagan, J. W. 2015. *Extraterrestrial Intelligence and Human Imagination.* Springer.

Vakoch, D. A. (ed.) 2014. *Archaeology, Anthropology, and Interstellar Communication.* NASA.

Whitman, Marina von Neumann 2012. *The Martian's Daughter: A Memoir.* University of Michigan Press.

映画・テレビシリーズ

*『E. T.』(*E. T. The Extra-Terrestrial*) 1982.

『ウィトゲンシュタイン』(*Wittgenstein*) 1993.

*『宇宙人王さんとの遭遇』(*L'arrivo di Wang*) 2011.

*『宇宙大作戦』(*Star Trek*) 1966–1969.

*『ウルトラマン』1966–1967.

*『エンダーのゲーム』(*Ender's Game*) 2013.

*『ゴジラ vs キングギドラ』1991.

*『コンタクト』(*Contact*) 1997.

*『猿の惑星』シリーズ（*Planet of the Apes* series）1968-.
*『新世紀エヴァンゲリオン』1995-1996.
*『ターミネーター』シリーズ（*Terminator* series）1984-.
*『第 9 地区』（*District 9*）2009.
*『トムとジェリー』（*Tom and Jerry*）1940-
*『2001 年宇宙の旅』（*2001: A Space Odyssey*）1968.
*『ブレードランナー』（*Blade Runner*）1982.
*『未知との遭遇』（*Close Encounters of the Third Kind*）1977.
*『メッセージ』（*Arrival*）2016.
*『惑星ソラリス』（*Солярис*）1972.